Gustavo Esteva

FIESTA –
jenseits von
Entwicklung, Hilfe
und Politik

Der Mexikaner Gustavo Esteva ist einer der prominentesten Kritiker der Theorie und Praxis von »Entwicklung« und »Hilfe« aus den hochindustrialisierten Ländern, weil sie die Initiative und Kreativität der »Unterentwickelten« bedrohen und zerstören.

Selbst einmal »Entwicklungsexperte« und anerkannter Spezialist für modernisierende Wirtschaftskonzepte, gab Esteva diesen Weg auf. Er wandte sich Gemeinschaften in ländlichen Gegenden Südmexikos und der Hauptstadt zu, wo er Lebensformen jenseits des Wirtschaftlichkeitsdenkens unserer Zeit und der gängigen Vorstellung von »Entwicklung« und »Hilfe« vorfand.

Aus dem Leben mit diesen Menschen schöpft er den Stoff für seine Analysen. Esteva, der sich selbst als *nomadisierenden Geschichtenerzähler* beschreibt, trägt seine Argumente mit der Präzision des Wissenschaftlers und doch spannend und witzig wie ein Literat vor.

Über den Autor:
Gustavo Esteva, geboren 1936 in Mexiko, D. F.; Enkel einer indianischen Großmutter aus Oaxaca. Zunächst aufstrebender Unternehmer und Wirtschaftsexperte, später Berater der mexikanischen Regierung und der UNO in Entwicklungsfragen. Abbruch dieser Karriere aufgrund seines Engagements in der Graswurzelbewegung Mexikos. Zusammenarbeit mit Ivan Illich.

Über die HerausgeberIn:
Markus Brunner, Ökonom und Politologe mit großen Zweifeln an der Anwendbarkeit klassischer Formalkategorien auf die Auseinandersetzung mit der »Dritten Welt«; u. a. Co-Autor des Anti-Entwicklungs-Readers eines Innsbrucker StudentInnenkreises.
Wolfgang Dietrich, Historiker, Jurist und Politologe; Autor zahlreicher einschlägiger Bücher und Aufsätze zu aktuellen Fragen Lateinamerikas; Universitätsdozent in Wien und Innsbruck.
Martina Kaller, als Historikerin und Philosophin Universitätsassistentin am »Lateinamerika-Lehrstuhl« in Wien; Verfasserin verschiedener Beiträge u. a. zur Eurozentrismuskritik und zur Identitätsdiskussion in Lateinamerika.

Gustavo Esteva

FIESTA –
jenseits von Entwicklung,
Hilfe und Politik

Herausgegeben und aus dem
Mexikanischen übersetzt von
Markus Brunner, Wolfgang Dietrich
und Martina Kaller

Brandes & Apsel / Südwind

Auf Wunsch informieren wir regelmäßig über das Verlagsprogramm.
Eine Postkarte an den Brandes & Apsel Verlag,
Nassauer Str. 1-3, D–6000 Frankfurt a. M. 50, genügt.

Die Deutsche Bibliothek – CIP-Einheitsaufnahme

FIESTA – jenseits von Entwicklung, Hilfe und Politik /
Gustavo Esteva. Hrsg. und aus dem Mexikan. übers. von
Markus Brunner, Wolfgang Dietrich, Martina Kaller. - 1. Aufl. -
Frankfurt a. M. : Brandes und Apsel ; Wien : Südwind, 1992
ISBN 3-86099-101-9
ISBN 3-900592-12-8 (nur für Österreich)
NE: Esteva, Gustavo; Brunner, Markus [Hrsg.]

1. Auflage 1992
© 1992 by Brandes & Apsel Verlag GmbH,
Nassauer Str. 1-3, D–6000 Frankfurt a. M. 50
Umschlaggestaltung: Voklhard Brandes, unter Verwendung eines Fotos
des Autors
Alle Bilder im Innenteil: Gustavo Esteva
Druck: Fuldaer Verlagsanstalt, Fulda
Gedruckt auf säurefreiem, alterungsbeständigem und chlorfreiem Papier

ISBN 3-86099-101-9
ISBN 3-900592-12-8 (nur für Österreich)

Inhalt

Brüchige Fassaden in Tepito dienen dem Freskenmaler Daniel Manrique als idealer Untergrund für seine Malerei.

Vorwort

Eine Sonnenfinsternis ist ein sehr seltenes Ereignis, das aber doch so oft stattfindet, daß die Menschen um die Natürlichkeit dieses Phänomens wissen. Der Mond schiebt sich zwischen Sonne und Erde und verdunkelt so den Himmel, wenn er eigentlich hell sein sollte. Alles deutet darauf hin, daß es zur Unzeit Nacht wird, doch es ist Tag, und die Sonne scheint.

Zum Zeitpunkt, als das aus Markus Brunner, Martina Kaller und Wolfgang Dietrich bestehende »Kernstück« jenes Teams, das – unterstützt vom Österreichischen Fonds zur Förderung von Wissenschaft und Forschung und in Zusammenarbeit mit Gerhard Drekonja vom Ludwig Boltzmann Institut für zeitgenössische Lateinamerikaforschung – »Österreichs Optionen in Zentralamerika« erforschen sollte, seine Arbeit aufnahm und nach einem gemeinsamen theoretischen Ansatz suchte, befand sich die Welt in einer Situation, die als Schlußphase einer ideologischen Sonnenfinsternis gedeutet werden könnte. Die ebenso vordergründige wie gewalttätige Auseinandersetzung um Ost- und Westnuancen der Fiktion einer universellen Moderne lag in ihren letzten Zügen. Das gab den Weg für jene einsamen Rufer frei, die schon Jahre zuvor darauf hingewiesen hatten, daß die globale Katastrophe so abwendbar wie das globale Paradies unerreichbar sei. Es sei nicht wirklich Nacht, sagten sie, sondern nur ein Mond namens »Entwicklung« verdunkle seit der welthistorisch kurzen Zeit von gut 40 Jahren den Horizont unserer Vorstellungen.

Wir ahnten, ja eigentlich wußten wir, daß es jenseits von Entwicklung etwas geben müsse. Natürlich hatten wir einschlägige Literatur gelesen, und natürlich brachten wir ein nicht geringes Maß an persönlicher Erfahrung in unser Projekt ein. Aber erst die Begegnung mit Gustavo Esteva erlaubte uns den Schritt vom Wissen um das Jenseits von Entwicklung zum Erkennen seiner Konturen. Daß jenseits dieses die Sinne verdunkelnden Mondes der »Entwicklung« ein schillerndes Licht vielfältigen Lebens scheint, das Gustavo an verschiedenen, konkreten Orten Mexikos fand, das es aber überall auf der Welt gibt, ist das zentrale Thema dieses Buches. Für unser Forschungsprojekt be-

deuten Estevas Texte die Abkehr von einer Perspektive ungewollt entwertender und entwürdigender Entwicklungsanstrengungen. Der volle Respekt vor der einst so vordergründig vertrauten und plötzlich wieder so wohlig fernen Welt derer, die andere »Unterentwickelte«, »Arme«, »Marginalisierte« oder wie auch immer nennen, die Gastlichkeit gegenüber und mit denen, die da an unserem Horizont auftauchen, wird unsere Sichtweise bestimmen.

Schon im Verlauf unserer Untersuchungen bemerkten wir, um wieviel wohler wir uns im Kontakt mit Menschen fühlten, deren Träume wir respektieren können, ohne sie auch nur zu kennen oder gar zu verstehen. Das Gefühl dieser Gastlichkeit, ohne entwickeln, modernisieren oder verändern zu wollen, tut so gut, daß wir uns entschlossen haben, die Texte Gustavos auch dem deutschsprachigen Publikum zugänglich zu machen.

Gerade heute, wo die alten Feindbilder zerbrochen sind und man uns dennoch phantasielosen Einheitsbrei aus längst vergangenen Zeiten in die Köpfe pressen will, suchen wir nach Perspektiven. Gustavo will kein Guru sein, und er will nicht, daß seine Sätze zu Emblemen verkürzt werden. Er will uns nicht fördern (pro-movieren), wie jemand, der glaubt, daß andere sich gar nicht oder falsch bewegen. Er geht davon aus, daß sich bei uns etwas bewegt, und er will sich mit uns bewegen (co-movieren). Er weist uns darauf hin, daß es die EINE Perspektive, nach der wir so verlangen, nicht gibt. Die Perspektive, also die Sichtweise des Beobachters, hängt immer vom jeweiligen Standort ab. Es gibt aber, auch wenn man uns das laufend vorsagt, keinen einheitlichen Standpunkt. Es gibt nicht DEN Norden und DEN Süden, sondern unzählige Norden, von denen jeder seinen Süden hat, und umgekehrt. Daher lädt uns Gustavo ein, nicht in einem fiktiven Nord-Süd-Dialog irgendetwas oder irgendwen zu bewegen, sondern uns selbst zu bewegen zusammen mit Gustavos Freunden im Tepito, in Oaxaca und mit Millionen anderen. Das »Jenseits der Entwicklung« ist längst da. Für uns Mitteleuropäer liegt im Augenblick die Kunst darin, an der Fiesta teilzunehmen, die jene Menschen feiern, die ins Post-Entwicklungszeitalter aufgebrochen sind. Gustavos Geschichten geben uns eine Idee, wie es dort, »...jenseits unserer (eigenen) Träume« sein könnte.

Wolfgang Dietrich
Guatemala, im August 1991

Den menschlichen Lebensraum wiedererlangen – oder: Die Hängematte

Ich möchte eine Geschichte erzählen und einige Gedanken dazu ausführen. Ich weiß allerdings nicht, *wessen* Geschichte es ist. Spreche ich überhaupt von *einer* Geschichte mit einer bestimmten Hauptfigur? Wer ist wirklich der Erzähler? Kann ich einem einzigen Subjekt die verschiedenen theoretischen Einsichten zuschreiben, die ich vor Augen habe?

Ich kann mir meine Leserschaft beim Schreiben dieser Zeilen gut vorstellen. Ich schreibe für meine Freunde, die einen gerechten Weltfrieden suchen. Ich schreibe für die, die an Frieden und Sicherheit interessiert sind, Begriffe, die durch ihre eigenen Werte neu definiert werden müssen. Ich schreibe für jene, welche die modernen sozialen Bewegungen untersuchen, während sie sich um die genannten und andere Dinge bemühen. Ich schreibe für die Aktivisten in der Gesellschaft und für die, die Interesse an der jüngsten Entfaltung des »Graswurzelaktivismus« haben, für die von den Aktivisten Aktivierten oder für die, die aus eigenem Antrieb in Bewegung geraten sind.

Da ich nicht die Sprache meines Volkes benutzen kann, um meine Geschichte zu erzählen, werde ich versuchen, diesen Nachteil durch einfache Bilder wettzumachen.

Zwei Extreme möchte ich unbedingt vermeiden: Meine Geschichte als Besonderheit und absolut einzigartig zu beschreiben, abgeschlossen in sich selbst und daher für andere nicht relevant; oder – noch schlimmer – offen oder verborgen so etwas wie ein »Modell«, ein »Paradigma«, eine »Methodologie«, ein »soziales Experiment«, eine »Fallstudie« zu erstellen, die von anderen imitiert oder reproduziert werden kann.

Das Problem, ein »Wir« zu sein

Während der siebziger Jahre konzentrierten die mexikanischen Campesinos ihre Kräfte auf den Wiederaufbau ihrer Organisationen auf lokaler Ebene und auf die Wiedergewinnung ihrer lokalen Räume.[1]

Leute, die vom anderen Ende der Bildungsskala kamen, begannen, die Campesinos auf ihrem neuen Weg zu begleiten. Es ging dabei nicht darum, sich einer politischen Partei oder Ideologie zu verschreiben, nicht um technischen Beistand oder gar Wohltätigkeit. Es ging darum, gemeinsam mit den Campesinos eine neue Lebensperspektive zu gewinnen. Wir waren einige jener Mittelklasse-Professionellen auf der Suche nach einem neuen Weg. Wir hatten die Nase voll von »Entwicklung« und ihren Institutionen, von politischen Parteien, von bürokratischen oder akademischen Karrieren. Wir versuchten, am Aufbau neuer, verschiedenartiger Formen sozialer Institutionen, die zu dieser Zeit aufblühten, teilzuhaben. Im höchsten Maß dezentrale Netze heterogener Organisationen entfalteten sich vor unseren Augen und verwandelten uns in deprofessionalisierte Intellektuelle. Und nun stoßen wir in unserem wachsenden Kreis von Ex-Wirtschaftswissenschaftern, ehemaligen Soziologen und ebensolchen Industriemanagern auf immer größere Probleme dabei, unseren früheren Kollegen verständlich zu machen, was wir bei den »Graswurzeln« lernten: Kein Indikator kann den Schmerz wiedergeben, der durch den Verlust des gemeinschaftlichen Selbstvertrauens, der Würde und der Solidarität entstanden ist – ein Verlust, der den unvermeidbaren Schatten eines jeden meßbaren Fortschritts darstellt. Ebenso kann kein Indikator die Geschichte der menschlichen Heilung und die tiefe Freude ausdrücken, die »wir« in der gastlicheren Welt, der »wir« anzugehören beginnen, finden.

Ich kann keine Indikatoren verwenden, um diesen Vorgang zu beschreiben, aber vielleicht ist es sinnvoll, einige Meilensteine aufzuzeigen. Mitte der siebziger Jahre waren »wir« nicht mehr als eine Ansammlung von Einzelpersonen, vereint durch unsere Arbeit mit den Campesinos und durch die Frustration nach unseren ambivalenten Erfolgen in den Institutionen: Je höher wir in der Hierarchie aufstiegen, desto weiter entfernten wir uns von den Campesinos und von dem, was wir eigentlich tun wollten. Wir spürten die Notwendigkeit, einen Freiraum für unsere Tätigkeit zu schaffen.

Um das zu erreichen, riefen wir eine Reihe von Organisationen (Non-governmental Organizations, NGOs) ins Leben und boten den Campesinos Hilfe und Expertisen an. Wir richteten dabei demokratische, repräsentative Körperschaften, Verwaltungshierarchien und Koordinationszentren ein, um unsere Arbeit leisten zu können. Wir entdeckten bald, daß diese Organisationen nicht so autonom waren, wie wir es beabsichtigt hatten. Es gab da einen verdeckten Paternalismus, solange wir mit der einen Hand unseren Lebensunterhalt verdienten und mit der anderen unsere Dienste »zur Verfügung stellen« wollten. Wir erkannten auch, daß die Gestaltung unserer Institutionen Eigeninitiative und unverzichtbare lebendige und kreative Impulse unterband. Wahrscheinlich hatten wir nichts anderes getan, als das Verwaltungsschema, das wir gewohnt waren, zu imitieren. Das kann vielleicht für die bürokratische Wiederholung einer äußeren Einmischung in das Leben der Campesinos nützlich sein – mit bester Absicht, versteht sich. Für Projekte, die Autonomie und von innen kommende Aktion anstrebten, war es aber untauglich.

Wir änderten daher unsere institutionelle Form und begannen, Netzwerke zu bilden. Vernetzung war zu dieser Zeit in Mode, und uns gefiel die Idee hinter dem Bild eines Netzes: Das Netz gibt den Schlüssel, wie Einrichtungen zu schaffen sind, die ohne interne oder externe politische, ideologische oder administrative Zentren auskommen. Die horizontale Verknüpfung und das Herstellen von Verbindungen, die lediglich angrenzende »Punkte« einander anschließen, vermeiden die Gefahr, jeden mit jedem verbinden zu müssen. Nach einiger Zeit fühlten wir uns aber auch mit diesem Bild nicht mehr wohl. Uns widerstrebte das »integrative« Prinzip, das als Tendenz innerhalb eines jeden Netzes auftaucht, weil es Homogenisierung und Heteronomie impliziert und zu Anhänglichkeit, Unterwürfigkeit und Zugehörigkeit verleitet – das Gegenteil von dem, was wir wollten. Wir entdeckten, daß Netze – wie Fischer und Spinnen nur zu gut wissen – zum Fangen gemacht sind, aber wir wollten nicht irgendetwas oder irgendwen fangen.

So begannen wir, die Hängematte als Metapher für unsere Tätigkeit zu benutzen. Das Bild der Hängematte vermittelt die Vorstellung des Horizontalen und des Fehlens eines Zentrums (außer des

Schwerpunkts), wie es ein Netz hat. Und es eröffnet andere Möglichkeiten. Die Hängematte ist dort, wo sie aufgehängt wird: Man ist nicht in ihr drinnen, nicht Teil von ihr oder Mitglied. Sie kann wann und wie immer benutzt werden – oder auch nicht. Man kann ihre Position verändern oder sie auch als Gepäck mitnehmen, wenn man reist. Vor allem aber hat die Hängematte die Eigenschaft, sich der Form ihres Benützers anzupassen.

»Wir« *sind* weder ein Netz noch eine Hängematte, wir *haben* eine Hängematte: eine flexible Konstruktion, die wir benützen, wann immer wir sie brauchen oder wollen. Aber wer sind »wir«? Meistens ist unsere Antwort, daß »wir« etwa 400 Gruppen von Campesinos, städtischen Marginalisierten und deprofessionalisierten Intellektuellen sind. »Wir« wissen, was »wir« nicht sind: eine Organisation, eine Partei, eine soziale Bewegung (wenn wir unterstellen, daß eine Bewegung verlangt, gemeinsame Ziele anzustreben).

Freundschaft und Vertrauen sind die beiden Säulen, auf denen die Stabilität der Beziehungen zwischen und unter unseren Gruppen beruht. Diese bleiben auch bestehen, wenn »wir« uns nicht jeden Tag sehen oder miteinander zu tun haben – wie das eben in einer jeden Freundschaft so ist. Das bedeutet nun aber offenkundig nicht, daß jeder mit jedem befreundet sein muß. Wir reden hier von etwa einer halben Million Menschen. Es bedeutet, daß die Mitglieder der einen Gruppe Freunde der Mitglieder der anderen sind, einige davon sind wieder Freunde einer dritten Gruppe und so weiter. »Wir« sind also durch Freundschaft und Vertrauen miteinander verbunden. »Wir« haben einander auf dem Weg kennengelernt und wurden Freunde, Compañeros.

Zuerst haben »wir« beschlossen, Organisationen zu gründen und unsere Beziehungen zu formalisieren, aber als »wir« sahen, daß uns das eingrenzte und behinderte – und manchmal unsere Freundschaft zerstörte –, haben »wir« dieses Modell aufgegeben und Netze geschaffen. Aber »wir« waren auf diesem Weg noch nicht viel weiter, als wir feststellten, daß Netze von Natur aus dazu neigen, formell zu werden und wiederum Organisationen auszubilden. So schufen »wir« die Hängematte, die nicht zwischen uns steht. Sie ist da, um von jedem Freund benützt zu werden, wann immer er sie braucht.

Aber wer sind »wir«? Die Frage bleibt offen. Wir haben keine Repräsentanten, die im Namen aller sprechen könnten. Niemand hat eine für alle sprechende Stimme. Isolierte Vertreter einzelner Gruppen, die »im Besitz« der Hängematte sind, können die anderen nicht repräsentieren. Ich kann nicht im Namen der Hängematte sprechen. Ich kann eigentlich dieses »wir« gar nicht benutzen. Wahrscheinlich werden einige der deprofessionalisierten Intellektuellen, die die Hängematte benutzen, sich mit meinem Text mehr identifizieren, andere weniger. Aber ich kann nicht einmal in deren Namen sprechen. Ich kann nur für mich selbst sprechen, selbst wenn ich aus praktischen Gründen meine formellen Mitgliedschaften aufzähle: die Funktionen im Vorstand einiger NGOs, die in die Hängematte eingebunden sind.

Gleichzeitig weiß ich sehr gut, daß ich nicht nur meine persönliche Sicht oder Erfahrung vorstelle. Mein »wir« ist ein sehr diffuses. Es ist kein majestätischer Plural, wie ihn der Papst benutzt. Es ist kein rhetorisches »wir«, wie das eines populistischen Politikers. Es ist kein formelles »wir«, wie von jemandem, der mit formeller Repräsentativkraft oder einem Mandat ausgestattet ist. Es ist ein »wir«, das dem der Mitglieder kultureller Gruppen entspricht, doch diese Analogie ist ungenau. Ich hoffe, daß die ausdrückliche Unbestimmtheit meines »wir« für die Geschichte, die ich erzählen möchte, kein unüberwindbares Hindernis sein wird.

Das Problem, ein »Selbst« zu sein

Ich wurde in einer Mittelklassefamilie in Mexiko-Stadt geboren und großgezogen. Ich bin in dem Bewußtsein aufgewachsen, ein individuelles Mitglied der Familie meines Vaters zu sein. Ich kann mich noch erinnern, wie anstrengend es war, der Abstraktheit eines 200 Jahre zurückreichenden Stammbaumes eine konkrete Bedeutung abzuringen. Ich wurde in meiner abstrakten Zugehörigkeit zu einem homogenisierten physischen und gesellschaftlichen Raum erzogen – zu Mexiko-Stadt, zu Mexiko, zur Menschheit –, in dem ich meine Konkretheit nur über die Zugehörigkeit zu »konkreten Gemeinschaften« erlangen konnte: meine Vecindad,[2] meine Schule, meine Klasse, mein Glaube, meine Partei... Man kann nicht wirklich ein konkretes Mitglied der bevölkerungsreichsten Stadt der Welt sein. Umgekehrt kann man die Gemeinschaft mit Men-

schen meiden, die am selben Ort leben oder eine ähnliche Rolle
oder Funktion haben (Schule, Nachbarn...). Man kann »Gemeinschaft« dann suchen, wenn man sie will.

Lange Zeit habe ich gemeinsam mit meinen Freunden – den
heute deprofessionalisierten Intellektuellen – dieses künstliche
Weltbild und die üblichen Scheuklappen der sozialwissenschaftli-
chen Formalkategorien angewendet, um die Aktionen und Reaktionen der Campesinos zu verstehen. Wir scheiterten am Widerspruch zwischen unserer bloßen Erfahrung und der Literatur über
Campesinos. In uns wuchs die Vermutung, daß die konventionelle
Sichtweise unweigerlich die Welt der Campesinos reduziert und
man damit die Möglichkeit verliert, sie zu verstehen. Wir begannen,
unseren eigenen Nasen mehr zu vertrauen als den Experten, und
»wir« gewannen eine andere Sichtweise. Konnte es sein, daß wir ursprünglich Dinge anders wahrgenommen hatten?

Die Mutter meiner Mutter, eine mexikanische Indianerin, mußte
immer vor den Augen meines Vaters versteckt werden, wenn sie zu
Besuch in die Stadt kam. Ich weiß bis heute nicht warum. Aber allein
diese Tatsache begründete für mich in den Jahren, in denen ich auf-
wuchs, zwei klar getrennte und verschieden definierte Welten.

Zuhause, in Mexiko-Stadt, ging ich zum Geschäft um die Ecke,
später zum Supermarkt oder zu Sears Roebuck. In den Ferien bat
ich, zu meiner Großmutter Dolores nach Oaxaca fahren zu dürfen,
wo ihre Familie am traditionellen Markt der Stadt einen Stand
hatte. Ich spielte mit anderen Kindern in der Umgebung des
Marktes. Da ich ein gut erzogenes Kind war, konnte ich meine
Großmutter nicht bitten, mir ein wunderschönes, am Markt feilge-
botenes Messer, das ich jeden Tag bewunderte, zu kaufen. Eines
Morgens sagte meine Großmutter: »Ich werde Dir *dein* Messer
kaufen.« Sie führte mich an der Hand zu genau *dem* Platz und
begann mit dem Mann dort ein langes Gespräch auf Zapotekisch.
Dann gingen wir wieder. Ich konnte natürlich nicht ein Wort sagen.
Am nächsten Morgen, nach einem weiteren langen Gespräch mit
dem Mann, diesmal in Spanisch, sagte sie: »Mein Enkel will *sein*
Messer.« »Gut«, antwortete er. Dann legte er mein angebetetes
Messer auf den Tisch rechts von ihm. Und wir gingen. Während
dieser Ferien sprach meine Großmutter jeden Morgen mit dem
Mann. Aber ich bekam kein Messer. Ein Jahr später, meinem

zweiten in Oaxaca, nahm mich meine Großmutter wieder bei der Hand und führte mich exakt zu *dem* Platz und sagte zu dem Mann: »Mein Enkel ist nun gekommen, um sein Messer zu holen.« Der Mann nahm das Messer von dem Platz, wo er es ein Jahr zuvor hingelegt hatte, meine Großmutter bezahlte den Preis, der offensichtlich ein Jahr vorher ausgehandelt worden war, und schließlich bekam ich mein Messer. Ich habe es noch immer.

Lange Zeit trug ich die Scheuklappen, die man mir in der Schule angelegt hatte. Ich begriff die Welt meiner Großmutter als eine Illustration der Prämoderne, wie sie üblicherweise beschrieben wird. Es war für mich aber ein unbefriedigendes Verständnis. Sie lebte in ihrer unterentwickelten Welt – eine, die ich respektierte und liebte, aber welche ich für mich und meine Kinder und auch für mein Land ablehnte. Es war eine Welt, die entwickelt werden mußte.

Wie ich vorher sagte, »wir«, das beschränkte »wir« der heute deprofessionalisierten Intellektuellen, scheiterte an seinem Versuch, die Welt der Campesinos auf konventionelle Art zu verstehen. Der Geruch einer anderen Möglichkeit brachte mich zurück zu meiner Kindheit. Ich versuchte, mich an das Mysterium dieser Zeit zu erinnern und es zum ersten Mal zu entschleiern. Ich nahm das als Herausforderung wahr, als Entdeckungsabenteuer, nicht als etwas, das ich schon wußte oder das ich auf konventionelle Vorstellungen reduzieren konnte. Ich fühlte mich sowohl vom Mysterium selbst als auch von seiner Beharrlichkeit herausgefordert. Wäre es nicht möglich, daß wir selbst vorher ein echtes Mysterium waren, das heißt, etwas, das wir nicht durch die Scheuklappen sehen können, die zu gebrauchen wir erzogen wurden? Ich sah plötzlich meine Großmutter wieder, und ich konnte erkennen, daß ich sie vorher mit denselben Augen gesehen hatte, aber ich war gezwungen worden, diese Sicht von ihr zu verdrängen oder zu vergessen.

Ich weiß nun, daß ich nicht gleichzeitig mit und ohne konventionelle Scheuklappen sehen kann. Meine Augen und die Sicht mit diesen Scheuklappen vermitteln mir vollkommen verschiedene Bilder. Ich kann nicht die einen auf die anderen reduzieren.

Jeder weiß, was man durch die Brille konventioneller Weisheit sieht, da sie nun einmal so beschaffen ist, daß jeder dieselben Bilder wahrnimmt. (Einige glauben sogar, daß man bei ihrem Gebrauch überhaupt nur die Brillen – nicht aber durch sie hindurch – sehen kann.) Es ist daher sinnlos, hier zu erzählen, was »wir« durch diese Brillen gesehen haben, obwohl »wir« uns einige Zeit mit unseren Beiträgen zur Literatur, die »wir« als originelle theoretische Erkenntnisse eingeschätzt haben, recht glücklich fühlten. Im Gegensatz dazu besteht der Sinn meiner Geschichte darin, davon zu sprechen, was »wir« mit unseren eigenen Augen gesehen haben.

»Wir« erkennen, daß die mexikanischen Campesinos immer noch Menschen sind, die in physischer wie kultureller Hinsicht in einem konkreten, gemeinschaftlichen Raum geboren werden, zu dem sie gehören und der zu ihnen gehört. Ihre Räume sind lokalisiert, also an einen bestimmten Platz gebunden, aber unbegrenzt, also ohne genau definierte Grenzen. Sie reisen viel. Einige gehen für Jahre in eine andere Stadt oder sogar in ein anderes Land, aber ihr Bezugspunkt bleibt die Gemeinschaft, zu der sie gehören und die zu ihnen gehört.

Diese Erkenntnis erschien uns offensichtlich sofort als eine umgekehrte Symmetrie der gängigen Sichtweise. In der Welt, in der »wir« ausgebildet wurden, war unser Raum nicht ortsgebunden, aber begrenzt. In dieser Welt der westlichen Tradition sehen wir physische und kulturelle Grenzen, die unser Verhältnis zu denen definieren, die außerhalb dieser Grenzen leben: die »anderen«, die Fremden. Aber dieser Raum hat keinen formellen und dauerhaften Standort. Innerhalb gegebener Grenzen kann ihn jeder definieren und verschieben. Unserer Erkenntnis nach wird der äußere Raum im Verständnis der Campesinos als ein Horizont und nicht als eine Grenze wahrgenommen. Ein Horizont ist kein geographischer oder topologischer Begriff, sondern ein historischer und kultureller. »Er ist ein kollektives Gewissen, völlig unabhängig von Geographie, ein kollektives Gedächtnis – wie Roger Bastide es nennen würde – in permanenter Umwandlung. Der Wettstreit zwischen dem hierarchischen Prinzip der Grenze (Festschreibung) und dem Horizont (Bewegung) ist eine Konstante (in gewissen Kulturen).«[3] Mit diesen Gedanken im Hinterkopf sahen »wir« die Herausforderung beim Aufbau von Institutionen darin, unterschiedlichen Realitäten und Wahrnehmungsweisen vollkommen offen zu begegnen. »Wir« benötigten eine eingebaute Flexibilität für unsere Instrumente, die unsere Unwissenheit darüber, wer die anderen sind und was sie wollen, berücksichtigt, um auf diese Art den Weg für eine ungestörte Koexistenz von überaus verschiedenen Wesen oder Einheiten zu

16

bereiten. »Wir« wählten die Hängematte als Bild, das metaphorisch die sehr spezifische Art von Pluralismus, die wir völlig in unsere Praxis aufzunehmen begannen, repräsentierte. Jede Institution und Organisation, sogar ein Netz oder Netzwerk, hat Zugangsbestimmungen: Das Mitglied oder der Benutzer muß sich diesen Regeln anpassen, die Form annehmen, die von der Institution oder Organisation geprägt wurde, sei es nun einer öffentlichen Agentur oder Dienstleistungseinrichtung, eines privaten Unternehmens, einer Kirche, einer politischen Partei, einer NGO oder einer karitativen Institution. Im Gegensatz dazu bestimmt die Hängematte nicht die Form des Benutzers, sondern paßt sich selbst jeder Form an. Und die Hängematte wird für Spaß und Entspannung benutzt, für eine Unterstützung, die an keine andere Bedingung geknüpft ist als die, zu wissen, wie man sie benutzt. Dieses Wissen kann darüber hinaus von jedem unabhängig erworben werden, wenn er oder sie erst einmal entdeckt hat, was es mit der Hängematte auf sich hat.

Statt Aufnahmebestimmungen gelten bei »uns« Freundschaft und Vertrauen. Das ist die Essenz, welche all diese Gruppen von Campesinos, städtischen Marginalisierten und deprofessionalisierten Intellektuellen verbindet und das erfolgreiche Zirkulieren von Ideen und Gütern unter ihnen bewirkt. Die Hängematte hat beispielsweise einen Fonds von etwa einer halben Million Dollar geschaffen, um Campesino-Projekte zu unterstützen und um als Reserve für Notfälle bereitzustehen. Jeden Morgen kann eine Campesino-Gruppe ins Büro des Fonds kommen und um »Kredit« anfragen. Sie kann der Hängematte schon bekannt sein, oder es können auch nur Freunde eines bekannten Campesinos sein. Keine zwei Stunden später haben sie den Scheck. Wenn der Fonds schon ausgeschöpft ist, nennt man ihnen ein Datum, an dem sie wiederkommen können, geschätzt auf der Basis der erwarteten Rückzahlungen des »entliehenen« Geldes. Der Ablauf erhält so den Charakter von Schenkungen: Für die Campesinos, wenn sie den Scheck bekommen, für den Fonds, wenn sie zurückzahlen. Bei Aushändigung des Schecks sagt man ihnen, daß der Fonds derselben Gruppe nur einmal Geld geben kann. (Wenn sie permanenten Kreditbedarf haben, kann die Hängematte als Hilfe für den Zugang zu Bankkrediten nützlich sein.) Es wird ihnen auch gesagt, daß der Fonds zur Hilfe für Campesino-Gruppen errichtet wurde und sich durch die Rückzahlung der vergebenen »Kredite« erhält. Nun, nach fünf

Jahren, wurde der ursprüngliche Fonds viermal umgesetzt, und 95% der ausgegebenen »Kredite« wurden wieder rückerstattet. Bisher hat keine Campesino-Gruppe die Rückzahlung verweigert. Die ausstehenden 5% betreffen Gruppen, die von besonders harten Umständen getroffen wurden. Der Fonds übt aber keinen Druck auf sie aus, den Kredit zurückzuzahlen.

Für viele Beobachter ist es eine Utopie, eine romantische Phantasie, nur auf Freundschaft und Vertrauen zu bauen. Sie glauben, daß so eine Einrichtung in einer »wirklich« ökonomischen Welt nicht funktionieren kann. Für die Betroffenen aber sind diese Stiftungen nicht nur Teil einer Überlebensstrategie, sondern sie kennzeichnen auch eine erfreuliche, vielversprechende und absolut pragmatische Lebensweise. Dagegen erscheint der Weg, sich an die Versprechungen der »Entwicklung« und an die Abhängigkeit von den Kräften des freien Marktes oder der öffentlichen Einrichtungen zu klammern, nicht nur als eine verrückte Phantasie, sondern auch als eine Sackgasse. Die Campesinos wissen sehr genau, daß sie – wenn überhaupt – nur sehr beschränkten Zugang zu den Gütern und Serviceleistungen haben, die mit »Entwicklung« zusammenhängen. Mit der »Krise« können sie mehr und mehr ihre Entbehrlichkeit für die ökonomische, formale Welt sehen, die ihrerseits schon zerfällt und über die Schattenseiten des Fortschritts jammert, die für die sogenannten Armen immer schon die einzig realen Seiten waren. Sie wissen auch, daß die sogenannte wirtschaftliche Welt nichts als eine Abstraktion ist. Sie haben entdeckt, daß der *homo oeconomicus* nur überleben kann, wenn er mit der Hilfe seiner Freunde rechnen kann. Und vielleicht teilen sie mit Plato das soziale Umfeld, das ihn sagen ließ:

»Die erste und höchste Form des Staates, der Regierung und des Gesetzes ist die, in der weitgehend gilt, was unsere Vorfahren als ›Freunde haben alle Dinge gemeinsam‹ bezeichneten.«

Ich muß an dieser Stelle in Erinnerung rufen, daß ich in der »wirklichen« Welt als Mestize, als Mensch gemischten Blutes klassifiziert werde. Ich bin mir nicht so sicher, ob ich das bin. Ich habe keine gemischten Vorstellungen über die Welt. Die Hängematte braucht nicht alle ihre Benützer auf eine einzige Form reduzieren. Ebenso bin ich selbst nicht gezwungen, nur eine bestimmte Art der Wahrnehmung anzunehmen, wenngleich ich mir bewußt sein muß, daß ich eben von einer in die andere springe, wenn ich das betreibe. So wie ich von einem »wir« zum nächsten wechsle, muß ich wohl auch in diesem Text klar machen, wann ich die besagten Scheuklappen trage und wann nicht.

Eine lebende Hängematte

Die Skala der Aktivitäten, die von der Hängematte getragen werden, ist nahezu unerschöpflich. Die Hängematte wird von ihren »Freunden« benutzt, um die Praxis des Getreideanbaus zu verbessern; um die Auswirkungen von Dünger und Pestiziden auf Land und Leute zu erforschen und um alternative Verfahren wie die der biologischen Landwirtschaft auszuprobieren und anzuwenden; um mit originellen Techniken Latrinen in städtischen Siedlungen zu bauen und einen Weltkongreß über die Erfahrungen im Latrinenbau zu organisieren; um Techniken für die unabhängige Konstruktion von Öfen in ländlichen Gegenden zu verbreiten, die sowohl den Schutz des Waldes als auch die Würde der Frau berücksichtigen; um den direkten Austausch von Gütern und Dienstleistungen zwischen bäuerlichen Gruppen und städtischen Konsumenten zu organisieren und durchzuführen; um kleine landwirtschaftliche Projekte oder auch die Rückkehr von Migranten, die einmal vom Land in die Stadt gegangen sind, zu finanzieren; um mitten in Mexiko-Stadt die Häuser der Erdbebenopfer von 1985 mit ursprünglichen, partizipatorischen und kreativen Formen rund um öffentliche Plätze und Einrichtungen wieder zu errichten; um dasselbe mit traditionellen Materialien und Konstruktionen in ländlichen Gegenden zu versuchen; um kleine, produktive Workshops verschiedenster Art in ländlichen und städtischen Gebieten zu planen und durchzuführen; um Zeitschriften zu publizieren, die die Ansichten und Erfahrungen einzelner Individuen oder von Gruppen wiedergeben, die in Verbindung mit der Hängematte stehen; um informelle Treffpunkte im urbanen Raum zu planen und zu organisieren, inklusive einer Bibliothek, eines Dokumentationszentrums für alternative Technologie und Landbau, einer Bücherei, eines Raums für Ausstellungen und Lesungen, eines kleinen Restaurants, wo der Koch ein französischer Anthropologe ist; um alte, traditionelle Musikinstrumente und Lieder zu sammeln, sie vor verschiedenster Hörerschaft in Stadt und Land zu spielen, ihre Aufführung durch Campesinos und Indios zu ermöglichen und eine Kombination mit modernen Musikinstrumenten zu versuchen; um den Wald für seine ursprünglichen, bäuerlichen Besitzer zu retten und die ökologische und produktive Nutzung des Waldes einzuführen; um Maßnahmen gegen Erosion und Verkarstung zu ergreifen; um alternative Verfahren für Mischanbau und die Diversifizierung des Saatguts zu erproben; um natürliche Heilmethoden verstärkt zu unterstützen; um den Gebrauch von Heilpflanzen auszuprobieren und zu verbreiten; um die Welt der traditionellen Hebamme technisch und gesellschaftlich zu stärken; um das lokale Wissen über Heilmethoden wechselseitig mit schulmedizinischem Wissen zu ergänzen; um verschiedene Lehr- und Lernmethoden zu versuchen; um Büchereien einzurichten oder zu verbessern; um den informellen Erfahrungs- und Ideenaustausch mit anderen über den Organisationsprozeß zu ermöglichen; um selbständig Kapazitäten und Notwendigkeiten neu zu definieren; um für die Menschenrechte zu kämpfen; um Kooperativen zu organisieren; um partizipatorisches »action research« zu unterstützen und seine Resultate auszuwerten; um Honig und Keramik an Schweizer Freunde zu exportieren; um Praktiken für Hinterhofgärten in Stadt und Land zu versuchen, damit die Familien ausreichend mit Basisgütern versorgt werden; um den gemeinsamen Gebrauch und die Sorgfalt im Umgang mit Wasser zu verbessern, Projekte zur Reinigung und Gewinnung von Trinkwasser miteingeschlossen; um Straßen zu bauen, die isolierte ländliche Gemeinden miteinander verbinden; um Räume zu schaffen, wo die Alten und die Teenager sich umeinander kümmern...

Ich kann leicht 100 Seiten mit dieser Aufzählung füllen, die aber ihre Bedeutung verliert, wenn man sie auf eine taxative Auflistung reduziert. Die willkürliche Auswahl von Beispielen, die ich gerade vorgetragen habe, gewährt uns einen kurzen Blick auf die Welt unserer Hängematte.

Um die Ökonomie der Campesinos zu beschreiben, so wie »wir« sie sahen, benützten »wir« für einige Zeit das Bild eines löchrigen Fasses. Die Campesinos schütteten ihre Lebensarbeitskraft in dieses Faß, aber alles lief wieder aus – sogar die Bauern selbst –, um zum Beispiel die Industrialisierung des Landes zu finanzieren. Als das Faß leer wurde und die Lebensmittelversorgung der selbst schon durch die Migration der Campesinos überfüllten Städte in Gefahr geriet, begann die Regierung, Geld und Projekte hineinzuschütten. Aber je schneller sie das alles hineinschüttete, desto leichter kam es bei den Löchern wieder heraus. Indem wir den Initiativen der Campesinos folgten, haben wir eine vielfältige und flexible Sammlung kleiner Korken angelegt, einen für jede Art von Loch. »Wir« haben ebenso ein völlig informelles Kommunikationssystem errichtet, um einen lebendigen Informationsaustausch zwischen allen Fässern aufrecht zu erhalten. Die Löcher selbst sind ja wohlbekannt. Die Literatur ist voll mit Beispielen. Das Finanzsystem, der Markt, Transport, Wahlen, öffentlicher Dienst, Gebrauch der Medien, Reisen, die Anwendung moderner Technologie... aus fast jedem Kontakt der Campesinos mit Nicht-Campesinos ergibt sich eine Möglichkeit, zerstört zu werden. Die Hängematte ist da, um benutzt zu werden, wenn man den Zerstörungsprozeß stoppen oder hemmen will. Sie kann auch auf verschiedene Arten für die regenerativen Prozesse benützt werden, die natürlich dann stattfinden, wenn das Faß sich wieder zu füllen beginnt.

Wenn »wir« gezwungen würden, die Aktivitäten der Hängematte mit bloß einem Wort zu umschreiben, könnten »wir« vielleicht beim Bild eines Heilmittels Zuflucht suchen – eines Heilmittels gegen die Ökonomisierung unserer Welt, die Entwicklung für uns immer bedeutet hat.

Was kommt jenseits von Entwicklung?

Im Laufe der letzten Jahre habe ich mit einer Gruppe von Freunden die Frage zu stellen versucht: Was kommt nach Entwicklung? Genauer: Was kommt jenseits von Entwicklung?[4]
Als ich kürzlich gezwungen war, meine Sicht dazu in nur einem Wort auszudrücken, antwortete ich: Gastlichkeit. Das westliche Ethos, dessen letzter Ausdruck Entwicklung ist, definiert eine ungastliche Welt. Niemand kann, eingebettet in ein solches Verständnis und verwurzelt in dessen Konstrukt, ein Individuum in einer kulturell und politisch durch Grenzen geteilten Welt sein. Nur in einem konkreten, fest umschriebenen und gemeinschaftlichen Raum, dem man zugehört, kann man wirklich gastlich zu anderen sein. Es ist möglich, einander zu tolerieren, aber Toleranz ist das Gegenteil von

Gastlichkeit. Zu anderen gastlich sein heißt nicht, ihnen zu folgen, für sie zu optieren, ihnen die Seele zu verschreiben. Es heißt lediglich, die anderen anzuerkennen und zu respektieren.

Als ich kürzlich mit meinem Freund Yoshi Sakamoto[5] sprach, gefiel ihm die Vorstellung von Gastlichkeit als einer Haltung jenseits von Entwicklung nicht sehr. Er fragte mich nach meiner Einstellung zur Option »Opfer«. Wahrscheinlich bezog er sich auf die Strömung in einigen Industrieländern, die ein Opfern des gegenwärtigen Lebensstandards angesichts der sogenannten Krise für nötig hält. Es kann natürlich auch sein, daß er sich auf eine der vielen anderen Bedeutungen bezog, die dieses Wort im Japanischen hat. Ich für meinen Teil mochte die Idee vom Opfer nicht. Jemandem etwas zu geben, ohne einem Befehl oder Zwang zu folgen, ist kein Opfer, sondern eine Freude. In technischer Hinsicht kann ich mir vorstellen, daß die Notwendigkeit der Industrieländer, Waffen und Güter zu exportieren, sie gegenüber Ländern wie Mexiko wenig gastlich macht. Daher werden sie durch das »Opfern« dieser Notwendigkeit gastlicher. Aber dieses »Opfer« könnte auch Gastlichkeit sich selbst gegenüber bedeuten, gegenüber den Menschen, die in den Industrieländern wohnen, sogar mehr als gegenüber »uns«.

In unserer Hängematte versuchen wir nicht, Entwicklung zu betreiben. »Wir« können keine Form von Hilfe akzeptieren. »Wir« versuchen nicht, irgendwelche allgemeinen, universellen Ziele zu erreichen. »Wir« leben mit den verschiedenen Hoffnungen und Vorstellungen eines jeden einzelnen, und »wir« sind gastlich zu allen. »Wir« können keine allgemeinen Werte als Richtlinien annehmen. Ich kenne sie ja sehr gut. Ich wurde mit den Werten der Welt meines Vaters erzogen – mit westlichen Werten. Aber dann wurde ich von der Welt meiner Großmutter herausgefordert, einer Welt, in der die konkreten kulturellen Muster, die das allgemeine Verhalten bestimmen, so tief im Alltag verankert sind, daß es unmöglich ist, sie in abstrakten Definitionen zu isolieren. Meine Großmutter war absolut unfähig, die sogenannten Werte der modernen Kultur, diese abstrakten Konstrukte, die irgendwann vor langer Zeit in Westeuropa formuliert wurden, zu erfassen. Sie konnte nicht in solchen Werten unterrichtet werden und starb glücklich, ohne sie je zu kennen. Am Ende des zwanzigsten Jahrhunderts muß man, wenn man den kulturellen Relativismus voll akzeptiert – und nach Louis Dumont haben wir ihn zu akzeptieren – auch dessen Konsequenzen akzeptieren: die Auflösung der Werte. Das bedeutet natürlich nicht das Fehlen von Leitprinzipien für das Leben in Gemeinschaft. Es bedeutet genau das Gegenteil: Sie in der Wahrnehmung und den alltäglichen Verhaltensmustern fest verwurzelt zu haben, anstatt zu versuchen, sie durch künstliche Konstruktionen, die vorgeblich universell und mehr oder weniger anachronistisch sind, zu ersetzen.

Wegen der Schäden, die Entwicklung angerichtet hat, ist es nicht ausreichend und manchmal sogar gefährlich, nur gastlich zu sein. Zusätzlich zur Neudefinition von Gastlichkeit und zur Bewirtung ungastlicher Menschen und Ideen müssen »wir« Heilmittel finden, um unsere beschädigten Lebensräume und die Umwelt wieder herzustellen und zu regenerieren. Während »wir« das angehen, müssen »wir« das Wesen der Werkzeuge, die »wir« gebrauchen, verändern. Es fand eine epistemologische Umwandlung statt, als die Gemeingüter zu Ressourcen wurden. Wenn wir Heilmittel anwenden, müssen wir einen neuen erkenntnistheoretischen Wandel auslösen, damit die sogenannten Ressourcen ihre Qualität als Gemeingüter wiedererlangen.

Da »wir« in eine ungastliche Welt gestellt sind, müssen »wir« kämpfen. Zusätzlich zu unseren lokalen Kämpfen, alte oder neue Gemeingüter zu schützen oder zu erhalten, fühlten »wir« die Notwendigkeit, von Zeit zu Zeit öffentliche Kampagnen zu organisieren.

Um ein Beispiel zu nennen: »Wir« bewirteten die Organisation der Lateinamerikanischen Sektion des Pesticide Action Network und versuchten aktiv, Information gegen den Gebrauch dieser gefährlichen Substanzen unter die Leute zu bringen. Der relative Erfolg dieser und anderer Netzwerke für das Verbot der Produktion und des Gebrauchs solcher Pestizide hatte aber einen Bumerangeffekt. Einige Firmen, deren Produktion von Pestiziden in Industrieländern lange Zeit überprüft wurde und die in unserem Land nicht länger verkaufen können, haben Knappheit bei einigen Sorten erzeugt, die traditionell von den Campesinos für die Schädlingskontrolle verwendet wurden. Wenn es ihnen gelingt, diese Sorten zu monopolisieren, werden »uns« später daraus ernsthafte Probleme erwachsen. Die Hängematte wird dann benutzt werden müssen, sie, nachdem sie getestet und verbessert worden sind, zu schützen und zu verbreiten.

»Wir« können nicht über viele öffentliche Kampagnen sprechen, die »wir« erfolgreich durchgeführt haben, da wir nicht als ihre Promotoren erscheinen wollen, um dann den Preis für die Akkumulation »politischer Macht« bezahlen zu müssen, die aus so einem Erfolg resultieren kann. »Wir« fanden, es sei besser und leichter, den politischen »Verdienst« jeder Kampagne zu verteilen. Manchmal wird der Inhalt ohnedies zu Allgemeingut, und niemand kann dafür »Besitzansprüche« anmelden; manchmal anerkennen »wir« es gerne, daß die anderen für ihre politischen Organisationen die »Patentrechte« auf das Problem beanspruchen, wenn »wir« bekommen haben, was »wir« wollten.

Die Hängematte braucht einen passenden Schutzschirm, um reibungslos funktionieren zu können. »Wir« haben entdeckt, daß die repräsentative Demokratie ganz gut dazu taugt, und »wir« unterstützen daher aktiv alle Versuche, sie zu verbessern. »Wir« müssen allerdings bekennen, daß eine Voraussetzung, das zu tun, in der Auffassung begründet ist, daß repräsentative Demokratie nicht »wirkliche« Demokratie oder ein Ideal ist, für das es sich zu kämpfen lohnte. Sie ist nur für »uns« und für die jetzige Zeit der passende Schutzschirm für unsere Tätigkeiten, der eine Reihe von Vorteilen gegenüber jeder Art von Diktatur aufweist.

In vielerlei Hinsicht lösen unsere Aktionen staatliche und marktwirtschaftlich orientierte Institutionen auf, insbesonders deren Zentralismus. Das heißt nicht, daß wir eine anarchistisches »Gesellschaftsbild« haben. Wir können nicht verstehen, was »Gesellschaft« bedeutet – da wir formale Kategorien, die Menschen und Ideen reduzieren, ablehnen – und wir neigen zu der Auffassung, daß »Anarchismus« ein Widerspruch in sich ist.[6] Wir erkennen, daß die staatlichen und die marktwirtschaftlich orientierten Institutionen unsere soziale, fremde Umwelt sind, die unserem Leben und unseren Projekten Grenzen setzen. Wir erkennen auch die Notwendigkeit, sie so umzuformen, wie »wir« sie brauchen. Aber wir gehen nicht so weit, einen globalen Entwurf für die nationale oder internationale Arena vorzustellen, vorzuschlagen oder einzusetzen. »Wir« fühlen uns unter dem demokratischen Schutzschirm, den wir haben, mehr oder minder wohl, und wir möchten etwas in dieser Art wohl weltweit errichtet sehen. »Wir« fühlen uns hingegen beunruhigt durch Pläne oder Projekte, die für eine ganz bestimmte Form einer nationalen oder internationalen Regierung kämpfen. »Wir«

ziehen es vor, diese »Realitäten« als unseren Horizont zu sehen – nicht als unsere Grenze – und zu ihnen gastlich zu sein.

Wie ich schon vorher sagte, waren die physischen und kulturellen Räume, die ursprünglich die Welt des Campesinos bestimmten, lokalisiert, an einen bestimmten Platz gebunden – aber unbegrenzt, ohne genau definierte Grenzen. Der äußere Raum wird hier als Horizont verstanden, nicht als Grenze. Unter diesen Voraussetzungen umschreibt Gastlichkeit eine Grundhaltung gegenüber dem anderen. Die präkolumbianischen Bauern hatten diese Grundhaltung, die modernen mexikanischen Campesinos haben sie ebenso, sei es in ländlichen Gemeinden, sei es in den Städten. Sie haben aus ihren jahrhundertealten Erfahrungen gelernt, daß sie einige Regeln der Gastlichkeit neu definieren müssen, um fremde Ideen, Werkzeuge, Güter und die Praktiken von Menschen, die Gastlichkeit nicht kennen und dazu neigen, anderen das als universelle Werte aufzudrängen, was sie selbst haben oder glauben, in ihre Welt aufzunehmen. Indem sie die Spanier freundlich aufnahmen, wurden diese Menschen kolonialisiert. Indem sie anderen Göttern Platz gaben, wurden ihre eigenen zerstört. Indem sie »Entwicklung« annahmen, wurden ihre Umwelt und ihr Lebensraum schwer beschädigt. Indem sie Saatgut »verbesserten«, verloren sie den genetischen Reichtum ihrer eigenen, jahrhundertealten Sammlung von Samen, mit der sie auf die ständigen Veränderungen ihrer Mikroklimata entsprechend reagieren konnten. Nach all diesen Erfahrungen scheint es wie ein Wunder, daß sie Gastlichkeit weiterhin als bestimmenden Charakterzug akzeptieren. Sie scheinen zu wissen, daß das mehr als eine Überlebensbedingung ist. Es ist überhaupt der einzige Weg zu leben. Jenseits von Entwicklung erkennt man das totale Scheitern dieses monströsen Experiments, und die Campesinos versuchen erfolgreich, eine gastlichere Welt wieder aufzubauen, indem sie ihren traditionellen Wegen folgen, jetzt aber bereichert durch die Lichter und Schatten der modernen Welt. Der *homo sapiens* und der *homo ludens* genießen nun das Bewußtsein, dem Alptraum entronnen zu sein, den der unmögliche Versuch darstellte, den *homo oeconomicus* auf der Erde zu etablieren.

Auf der Suche nach neuem Land

Bei einem kürzlich in Mexiko-Stadt abgehaltenen Workshop, an dem Vertreter von mehr als vierzig »Netzwerken« aus Zentral- und Südamerika teilnahmen, hörte ich eine wunderschöne Geschichte über einen Mann, der fragte, welche Bedeutung Juan Chiles[7] in seiner Zeit hatte. Wie konnte dieser Indio um 1700 seine sagenhaften Heldentaten vollbringen? Ein alter Mann der indianischen Gruppe, der die Frage gehört hatte, gab eine kryptische Antwort:

»Juan Chiles war ein weiser Mann«, sagte er, »er konnte Quechua verstehen, die Schriften Karl des Großen lesen und *labrar a cordel.*«[8] Die Geschichte beeindruckte uns alle. In der folgenden Diskussion entdeckte ich, daß die drei Linien, die die Weisheit von Juan Chiles definieren, auch als Schlüssel für unser gegenwärtiges theoretisches Anliegen verwendet werden können.

Quechua lernen

Sprache ist, sagt man, eine Angelegenheit des Denkens. Angelegenheit, englisch »matter«, stammt vom lateinischen »mater«. Sprache ist ein Produkt des Denkens, und Denken leitet das Handeln. Sprache ist daher ein bestimmender Faktor des Handelns.

Aber Wörter kommen nicht aus der Luft. Um das Wesen und die Bedeutung unseres Denkens und Handelns zu erkennen, müssen wir die Genese unserer Wörter ent-decken. Wir müssen deren Entstehung untersuchen, die Bedingungen, unter denen sie historisch und kulturell konstruiert wurden, nachzeichnen. Und dann müssen wir herausfinden, wie sie uns einverleibt wurden, mit welcher Absicht sie uns vor-geschlagen, unter welchen Bedingungen sie eingesetzt wurden. Wir müssen die Geschichte unserer Wörter schreiben; unter anderem um herauszufinden, ob die, die uns gelehrt werden, wirklich die unseren sind.

Die Geschichte der Wörter, der Sprache, der Wahrnehmungen ist ein dringliches Unterfangen für all jene, die dem Leben verpflichtet sind. Das ist keine Aufgabe für Akademiker und Experten, sondern ein Schöpfungsakt, der uns alle angeht. Hier ist kein Platz für ausschließenden Professionalismus; dieses Unternehmen verurteilt uns nicht zum Schweigen. Es erlaubt uns zumindest zwei Dinge: Auf Distanz zu den Wörtern zu gehen, die uns prägten. Nachdem wir einmal ihren Ursprung und die Bedingungen ihrer Entstehung gesehen haben, können wir sie anerkennen oder ablehnen. Wir können uns vor allem von den Wörtern abwenden, die als »Wahrheiten« auftreten, als Postulate, als Gesetze von universeller und zwingender Natur, von genereller und dauernder Anwendung, als ob sie eine Landplage wären...

Lernen Quechua zu enträtseln: In Mexiko existieren mehr als fünfzig ethnische Gruppen, die verschiedene Dialekte sprechen. Jede Vecindad in Mexiko-Stadt hat ihre eigene, ursprüngliche Sprache mit ihren spezifischen Ausdrucksformen, die nur von den jeweiligen Bewohnern beherrscht werden.

Revolutionäre aller Richtungen, Aktivisten und Sozialarbeiter, kurz: alle Kräfte des Wandels kennen – nur allzu häufig – lediglich die fremde Sprache, in der sie erzogen wurden. Sehr selten fragen sie nach der konkreten Substanz und Wertigkeit der Kategorien, die gleichermaßen von den verschiedensten Gruppierungen benutzt werden. Die formalen Kategorien von Staat und bürgerlicher Gesellschaft zum Beispiel werden üblicherweise als »wissenschaftliche« Ausdrucksweise akzeptiert, ohne deren Verbindung zu dem Herrschaftsprojekt herzustellen, das sie uns aufbürden, um uns in eine Form gesellschaftlicher Existenz zu versetzen, der wir nie angehörten und zu der viele von uns auch nicht gehören wollen.

Wir können die Wiederbelebung des Quechua, der vernakulären Rede, der gemeinen Sprache betreiben. Wir können die Welt der anderen respektieren. Wir können die Vorstellung, andere zu erziehen (= sie mit dem Code zu programmieren, in dem wir selbst erzogen wurden), aufgeben. Wir können alle Vorschläge für einen gemeinsamen Diskurs (der Gruppe, der Klasse, der Nation, der Region, des Südens...) bekämpfen. Und wenn wir fähig sind, unsere einheimische Sprache voll wiederzuentdecken, könnten wir versuchen, sie so zu enträtseln, wie der weise Mann, Juan Chiles, es verstand.

Das Lesen der Schriften Karls des Großen

Die Welt ist kein Traum, keine Prophezeiung, kein Projekt mehr. Sie ist real geworden, voll wahrer Wirklichkeit.

Zum Glück heißt das nicht, daß es bereits eine uniforme, homogene Welt gibt, auch wenn dies das Projekt und der Plan dessen, was wir Westen nennen, ist. Der Traum vom »globalen Dorf« (McLuhan) dauert noch an. Statt, wie in der Vergangenheit, die Welt durch Ideologie (Re-ligion, Zivilisation) zu vereinheitlichen, wird jetzt versucht, es über die Produktion zu erreichen: die globale Farm und die globale Fabrik, der Weltmarkt. Auch wenn dieses Projekt ziemlich fortgeschritten erscheint, ist es weit davon entfernt, sich voll durchzusetzen, und einige von uns beginnen zu vermuten, daß es bereits fehlgeschlagen sei, daß es historisch gesehen tot sei, am Ende seiner Kräfte. Es hat seine eigenen Grenzen überschritten.

Zu sagen, die Welt sei real, heißt, daß kulturelle Isolation ein Ding der Vergangenheit ist, daß es keine Gruppen, Völker, ethnische Gemeinschaften, Kulturen oder Gesellschaften mehr gibt, die völlig ohne »Kontakt« mit der »Außenwelt« leben. Zusätzlich bedeutet es, daß es eine Vermischung gibt, daß wir selbst ein soziales Gemisch im Weltmaßstab sind und daß es daher unvermeidlich Interaktion, wechselseitige Penetration und gegenseitige Abhängigkeit gibt.

Diese Realität stieß auf eine andere: Die politische Erfindung des zwanzigsten Jahrhunderts ist das totalitäre Regime, das in verschiedensten Nuancen und Formen schon den ganzen Planeten eingenommen hat. Die Polis war der Raum, in dem sich Bürger versammelten, um Angelegenheiten von allgemeinem Interesse, Belange der Stadtverwaltung, die alle betrafen, zu diskutieren. Viele Jahrhunderte lang hatte die Politik ihre eigene Bühne:

In einigen privilegierten Räumen diskutierten politische Akteure die Widersprüche und Konflikte der Politik, die sich von denen des täglichen Lebens klar unterschieden, welche wiederum ihre eigenen Räume und Akteure hatten – unantastbar für politische Aktivitäten oder Instanzen. Das alles gehört der Vergangenheit an. Das politische System, das für unsere Zeit charakteristisch ist, bewirkte eine Politisierung des täglichen Lebens, welches nun in all seinen Facetten direkt, unmittelbar und radikal politisch ist.

In diesem Sinne erscheint der Gegensatz lokal – global als ein sehr kurzsichtiges Konzept. Das »lokale« Verständnis kann sich selbst nicht mit ausreichender Tiefe in seiner strikt lokalen Existenz ohne »globale« Begriffe und Dimensionen wahrnehmen. Die lokale Entscheidung, ein bestimmtes Getreide mit einer bestimmten Technologie auf einem bestimmten Stück Land anzubauen, ist kurzsichtig, solange es nicht gewisse Kenntnisse über den nationalen und den Weltmarkt für Nahrungsmittel gibt, über die moderne, eigentliche Natur des Landbesitzes, über den Klassenkonflikt, in dem Produktionstätigkeiten eingelagert sind, über die ökologischen Implikationen der Landwirtschaft, über die möglichen technischen Optionen... Einer »globalen« Auffassung hingegen, die nicht in lokalen Begriffen ausgedrückt werden kann – und das in allen möglichen lokalen Kulturen –, fehlt ein hinlänglicher Realitätsbezug: Sie ist nichts als reine Spekulation, Ideologie. Ausdrücke, die so radikal abstrakt sind wie das »Wertgesetz« oder der »Klassenkampf«, erhalten erst ihre Bedeutung, wenn man mit ihnen als konzeptionellen Katalysatoren operiert, welche die Notwendigkeit konkreter und lokaler Inhalte herausholen, die sie augenscheinlich machen. Umgekehrt, was soll das mit Nord und Süd? In Bezug auf die lokale Sphäre müssen wir sofort über den Norden eines jeden Südens und den Süden eines jeden Nordens sprechen. Und dann reden wir von völlig verschiedenen Dingen!

Es zahlt sich aus, die Schriften Karl des Großen zu lesen, so wie der weise Juan Chiles es tat. Wenn man einmal ein richtiges »wir« ist, muß man auch die anderen erkennen. Nur indem wir versuchen, den oder die andere/n zu verstehen, können wir zu ihm oder ihr gastlich sein. Und wenn wir wissen, wie verbunden wir alle miteinander sind und wie wir entstanden sind, werden wir die anderen in uns selbst entdecken. Die anderen werden dann an unserem Horizont auftauchen, da und dort, nicht aber hinter Grenzen.

»Labrar a cordel« lernen

Wir wurden erzogen, *für* etwas zu leben (etwas zu beabsichtigen), nicht *durch* etwas. Zu leben, um ein Diplom oder einen Job zu bekommen, mehr und mehr Geld zu verdienen, Revolution zu machen, die Seele zu retten oder die Welt zu verbessern, für irgendetwas eben. Wir wurden dazu erzogen, in eine bestimmte Richtung zu gehen und nicht einfach nur hier zu sein. Unsere Gegenwart wurde in eine immer weiter entfernte Zukunft verlegt. Indem man die Gegenwart vor uns versteckte oder sie uns raubte, wurde uns eine Brücke zwischen Vergangenheit und Zukunft geschlagen, was reine Ideologie ist.

Ich weiß nichts über die Zukunft, außer, daß sie etwas ist, das nicht existiert und eines Tages für mich existieren wird – oder auch nicht. Ich kann nichts darüber sagen, und ich will ihren Schatten nicht über meiner Gegenwart spüren. Ich weiß nicht, was in einigen Tagen oder Jahren mit mir sein wird, noch weniger, was ich wollen werde, wie ich es wollen werde, wen ich lieben werde. Planer von oben und unten, von links und rechts, von Regierungen und Revolutionen sagen mir, daß sie wissen, was geschehen wird, was ich wollen werde und was alle wollen werden. Sie sagen, sie wissen, was im Interesse und was der Wille der Menschen sei – was sie wirklich wollen, wohin sie – sie alle – gehen wollen. Sie wähnen sich im Besitz einer speziellen Erleuchtung: Sie sind die Regierungen, erleuchtet durch demokratische Repräsentation oder Volksabstimmungen; oder sie sind die erleuchtete Avantgarde dessen, was sie selbst »wissenschaftliche Analyse der Realität« nennen. Ich teile weder das Vertrauen, das sie selbst in ihre Erleuchtung haben, noch halte ich mich selbst für erleuchtet. In meiner täglichen Erfahrung entdecke ich ständig die enormen Unterschiede zwischen den Vorstellungen, Absichten und Entwürfen meiner Freunde und Kollegen, und ich habe den Wert dieser Unterschiede zu schätzen gelernt. Ich will sie nicht unterdrücken, sie in ein einziges, gemeinsames Projekt zwingen, schon gar nicht, wenn diese Projekte sich auf Dinge beziehen, die so von Grund auf fremd für unsere Vorstellungen sind wie etwa die Nation, der Kontinent oder die Welt.

Anstelle von Erwartungen (der theoretischen und praktischen Kategorie ökonomische Art, durch die wir gelehrt werden, die Gegenwart in Zukunft zu verwandeln) habe ich Hoffnungen. An denen halte ich fest, verwerfe sie wieder und wechsle sie im Laufe der Zeit aus. Ich habe gelernt, mein Leben Tag für Tag zu leben. Dem Weg von Juan Chiles folgend versuche ich, »labrar a cordel« zu lernen. Ich möchte genau wissen, was ich zu tun habe und was ich tun will.

Auf dem Weg des Ent-deckens

»Wir« fühlen uns schon ganz wohl mit den Erkenntnissen, die mit der Vorstellung der Hängematte als einem heilsamen Unterfangen verbunden sind, oder auch damit, Gastlichkeit jenseits von Entwicklung zu finden. »Wir« freuen uns auch über die ständigen Überraschungen, die »wir« auf Juan Chiles' Weg finden, wenn »wir« unsere Wörter (und Wahrnehmungen) reinigen, das andere wieder kennenlernen, Raum und Gegenwart zurückgewinnen.

Um ein vollständigeres Bild unserer Stellung zu geben, wird es aber sinnvoll sein, auch von den Schwierigkeiten, die »wir« bei unserem Unterfangen haben, zu sprechen.

Revidierte Sprache

Es mag akademisch und arrogant klingen und zudem ziemlich einfältig, zu wissen, daß vor 3.000 Jahren die Namen der Tage den Göttern zugeordnet wurden: Mond wurde zu Montag, Mars zu Martes (Dienstag), Mercur zu Miércoles (Mittwoch) und so weiter. Aber die Geschichte anderer Namen ist nicht so unschuldig und hat nichts Akademisches an sich.

Wenn wir die Geschichte des Körpers schreiben, werden wir wahrscheinlich herausfinden, daß das gegenwärtige Körperverständnis unter bestimmten historischen Bedingungen während des achtzehnten Jahrhunderts entstanden ist. Damals wurde es notwendig, die Körper von Arbeitern und Arbeiterinnen sowie von Frauen allgemein zu kontrollieren. Im Falle der ersteren bedeutete dies, Produktionskräfte in Fabriken zu werden, für zweitere, sich in fruchtbare Reproduktionskräfte der Arbeit zu verwandeln. Als Männer und Frauen zu quantifizierbarer Population wurden, zu nützlicher Ressource, zum Objekt professioneller Aufmerksamkeit, entstand dieses Bild vom Körper. Die Erkenntnisse, die wir in der Doktorarbeit von Barbara Duden[9] bei ihrer sorgfältigen Überprüfung der »*Körpererfahrung*« in Deutschland am Ende des achtzehnten Jahrhunderts gewinnen, verlangen eine Neubesinnung unseres gesamten Verständnisses des Selbst und seiner Beziehung zur Umwelt. Wenn die »Körpererfahrung«, das heißt die Art, in der der Körper in jeder Kultur und jeder Zeit erfahren wird, als Verdichtung und Spiegel dieser ganzen Periode gesehen wird, müssen wir die moderne »Körpererfahrung« neu überprüfen, um festzustellen, was es mit der Modernität denn überhaupt auf sich hat. Indem »wir« die Geschichtlichkeit des Körpers entdecken, können »wir« unsere gegenwärtige Erfahrung in einem neuen Licht ausdrükken.[10]

Das nun in Mode gekommene Wort *Dezentralisierung* entstand als fundamentaler Bestandteil der Verwaltungstheorien im englischen und im französischen Imperium, um die Herrschaft der Metropole über die kolonialisierten Territorien zu verteidigen. Die praktische Geschichte der Bemühungen um Dezentralisierung hat diese Bedeutung beibehalten. »Wir« wissen, daß »wir« mit dem Gebrauch dieses Wortes sehr vorsichtig sein müssen. In den Namen unserer Hängematte setzten »wir« »Dezentralismus« an die Stelle von Dezentralisierung, aber »wir« waren nicht so recht zufrieden damit. Wir kehren immer wieder zu dieser Diskussion zurück.

Partizipation des Volkes und Kommunikation des Volkes sind Ausdrücke, zu denen viele »alternative« Gruppen Zuflucht gesucht haben, um ihre Intentionen und Praktiken zu beschreiben. »Wir« erkannten die Notwendigkeit, die theologische Genese von »Partizipation« (an Gott teilhaben) zu entdecken, die immer noch eine passive Bedeutung mit einem Schuß von Unterwürfigkeit gegenüber den sogenannten partizipatorischen Theorien und Praktiken impliziert.

Das Wort *Kommunikation* hat in seiner modernen Bedeutung eine junge Geschichte von gerade einem Vierteljahrhundert. Es bezieht sich auf die Absicht, die fast schon ein Attentat darstellt, Männer und Frauen in einen gemeinsamen Code, einen vereinfachten Code, zu zwängen: den Code der Beherrschung. Vielleicht werden »wir« über Beobachtung und Erfahrung entdecken, daß die Menschen – falls »wir« jemals dieses wunderschöne Wort zurückgewinnen – nicht partizipieren und nicht kommunizieren und daß die Anstrengung, Partizipation und Kommunikation voranzutreiben, Unterordnung und Unterwerfung impliziert.

Strukturwandel ist ein anderes Abfallprodukt der Wissenschaft, welches in die Alltagssprache eingezogen ist. Wie viele andere amöbenhaften Wörter (Entwicklung, Energie, Kommunikation, Sex...)

zirkuliert es ohne genaue Bedeutung, als eine vage aber positive Anspielung, die dem Gesprächspartner ein automatisches Verständnis unterstellt und deren Definition dabei in der Hand von Experten liegt. Wenn diese dann zu Rate gezogen werden, haben sie kein Problem, dieses Wort auf einen bloßen Algorithmus zu reduzieren, dessen Bedeutung vom Kontext abhängt, in dem er verwendet wird. So wurde der Gebrauch dieses Ausdrucks ein theoretisches Unding und ein manipulierendes Instrument, das dringend einer vollständigen Überprüfung bedarf.

Die Geschichte der *Erziehung* und weiter des *homo educandus* könnte uns Anhaltspunkte für die Bedingungen liefern, die die Schaffung einer neuen Art von Menschen erlaubten, die im Gegensatz zum *homo sapiens* oder *homo faber* steht, der ausgebildet werden muß, um existieren zu können. Auf diesem Pfad können wir zur Geschichte des Textes vorstoßen, in die Zeit, in der vernakuläre Sprache aufhörte, das zu sein, was sie war, um nun Code und Erinnerung zu werden: Die Zeit, in der die Wörter von den Subjekten, die sie aussprachen, getrennt wurden und als »verlorene« Objekte zu zirkulieren begannen. So können wir vielleicht entdecken, wie eine neue Art von Mensch geschaffen wurde: Einer, der die Wirklichkeit versteht, als ob sie ein Text wäre, der sich selbst versteht, als ob er ein Text wäre, sich selbst quält, um seine Identität über die Identifikation mit einem Text zu erreichen. Die vorherige Reduktion zum cartesianischen Individuum (zu einem Individuum, das nicht geteilt werden kann; das homogene Atom) fördert das Leben in einem Kon-text (das Individuum als ein Text kommuniziert mit anderen; kodiert, reduziert auf einen Code).

Mit Foucault erkannten »wir«, daß Macht nicht als »etwas« existiert, das irgendwo ist und das einige Personen, Gruppen oder Klassen besitzen. Wir akzeptierten mit ihm, daß sie vielmehr der Name ist, der einer bestimmten strategischen Situation gegeben wird, um die »Beziehungen oder die Kraft«, die in ihr existieren, festzulegen. »Wir« folgten ihm auch bei der Idee, die Kräfte auf die autonome Produktion von Wahrheit zu konzentrieren, unter der Annahme, daß Wahrheit nicht die Produktion wahrer Aussagen ist, sondern die Produktion von Aussagen, die von Menschen verwendet werden, um sich selbst und andere zu beherrschen. Bei der Lokalisierung dieser Kritik – in ihrer Bindung an einen bestimmten Ort – ist es möglich, beim Aufstand des untergeordneten Wissens zu beginnen, was eine solide Basis wäre. Indem Schulwissen mit lokalen Erinnerungen verwoben wird, kann so etwas wie »historisches Wissen für den Kampf« entstehen. Doch Foucault schrieb nicht die Geschichte von Macht und Beherrschung. Er ließ viele Fragen offen. Kann es sein, daß Macht in der Politikwissenschaft die Rolle spielt, die Phlogiston[11] in der Chemie des achtzehnten Jahrhunderts spielte?

Eine neuerliche, vollständige Überprüfung ist auch bei Kategorien wie soziale Klasse oder Klassenkampf notwendig. Wie wir alle zwar wissen, viele aber nicht wahr haben wollen, haben *soziale Klassen* als solche nie existiert. Der *Klassenkampf* hat nie stattgefunden. Das abstrakte Prinzip des Klassenkampfes hat historisch seinen Wert bewiesen, um einige Konflikte in den sogenannten Klassengesellschaften zu erklären. Aber die Essenz der Kategorie ist wirtschaftlich: Von Klassen zu sprechen bedeutet, eine wirtschaftliche Klassifikation der Gesellschaft vorzunehmen. Und Männer, Frauen oder »Gesellschaft« sollten nicht auf ökonomische Sphären reduziert werden, auch wenn dies im Kopf schon geschehen ist und in der Praxis versucht wurde. Der Wert der Klassenanalyse, die das Wesen konkreter gesellschaftlicher Widersprüche untersucht, wird zu einem Hindernis für das Handeln, wenn es zu einem organisatorischen Prinzip erklärt werden soll. Konkrete gesellschaftliche Kämpfe sind keine Klassenkämpfe, obwohl sie – ob sie es wollen oder nicht, ob sie es wissen oder nicht – immer Klasseninhalte ausdrücken. Wenn wir einmal fähig sein werden, die Grenzen der Wirtschaft zu zeichnen, um die Unmöglichkeit einer Existenz des *homo oeconomicus* zu feiern, werden wir auch die Klassentheorie und Klassenanalyse überdenken müssen.

Rückkehr aus der Zukunft

> »*Wenn du mich nicht fragst, was Zeit ist, weiß ich, was sie ist; wenn du mich fragst, was Zeit ist, weiß ich es nicht mehr.*« *(Augustinus)*

Manchmal wird behauptet, daß es nicht möglich sei, den Menschen den Glauben an die Zukunft zu nehmen. Geschichte, sagt man, sei dem Menschen eigen. Man sagt, daß wir zwar nicht wüßten, wann der »Sieg« kommen werde, aber daß wir wüßten, daß er kommen werde. Als zum Beispiel Sandino begann, sagt man, wußte er nicht, wann er gewinnen würde, aber er wußte, daß auf lange Sicht das Volk »triumphieren« würde. »Wir« für unseren Teil können dieser linearen Vision von Geschichte nicht mehr länger trauen. Das ist ein blinder Glaube, den »wir« als Gefahr einschätzen. Was »wir« wissen, ist, daß ganze Völker verloren haben: Sie sind vom Erdboden verschwunden. Sie würden sich in ihren Gräbern umdrehen, wenn sie solche Phrasen hörten. Zum Beispiel ist die Behauptung, daß das amerikanische Volk gewinnen werde, daß es im Besitz seiner eigenen Zukunft sei, eine kriminelle und demagogische Phrase. Die meisten Völker, die einmal das Land bewohnten, das heute USA genannt wird, sind verschwunden. Diese Völker haben nichts gewonnen. Der »Sieg« anderer Menschen wird nicht der ihre sein und nichts von ihrer Niederlage wettmachen. Und wenn Volk nur ein Begriff höchster Abstraktion ist, um sich auf alle Menschen zu beziehen, die in verschiedensten Zeiten ausgebeutet oder unterdrückt worden sind, und wenn wir sagen, daß einige irgendwann, zu einem unbestimmten Zeitpunkt, die Unterdrückung überwinden werden und ihr Triumph dann der aller sein wird, einschließlich derer, die vorher ausgelöscht worden sind, dann sagen wir Dinge, die nur für Sonntagsreden und zur Manipulation taugen. Sie haben keine wirkliche und keine historische Bedeutung.

In Wirklichkeit geht es um den Besitz des eigenen Raums. Dies ist es, so scheint mir, was Indios, Campesinos und Marginalisierte versuchen. In ihrem Raum (der gleichzeitig physisch und kulturell ist) realisieren sie ihre Projekte, die genau darin bestehen, ihr Leben zu führen. Sie haben Träume und Hoffnungen und wissen ganz gut, was die Konsequenzen ihrer Handlungen sind. Deshalb sorgen sie für das Land im umweltbewußten Sinn des Wortes. Aber sie wissen, daß ihnen die Zukunft nicht gehört. Mit ihnen haben »wir« gelernt, daß die Gruppen, die sich im Besitz von Raum und Zeit wähnen, totalitäre Unterdrücker sind.

Das Extrembeispiel ist Hitler, der den Plan formulierte, den ganzen Raum der Welt für ein Jahrtausend zu besitzen. Viele zeitgenössische Regierungen auf der ganzen Welt fühlen sich zu diesem Modell hingezogen, auch wenn sie dieses Ansinnen hinter einem breiten Spektrum von Nuancierungen und Formen verbergen, von denen einige die Illusion wecken, daß es da keine Unterdrückung gäbe.

Da die Welt real ist (aufgrund der gegenwärtigen Verflechtung aller »Gesellschaften«), impliziert eine brauchbare Vorhersage der Zukunft vorab das Wissen, was in der ganzen Welt geschehen wird. Regierungsplaner oder revolutionäre oder alternative Gruppen, die in der Annahme, daß Geschichte oder Wissenschaft auf ihrer Seite wären, mit der Zukunft spielen, gehen mit den wirklichen Hoffnungen der Menschen hausieren und geben ihnen dafür Versprechungen oder Anweisungen. Populisten tauschen Hoffnung gegen Versprechungen; Technokraten zahlen nicht mit Versprechungen, sondern mit Anweisungen.

»Wir« wurden in der Illusion erzogen, die Zeit für uns bewältigen zu müssen, um das Interesse an der Bewältigung des Raumes zu verlieren, der dann von allen und niemandem besetzt wurde. (Die Verwandlung der Welt in ein Hotel; die Stadt gegen die Vecindad; die Schaffung »menschlicher Einheiten«, die automatisiert, homogenisiert und von einem Platz zum anderen verfrachtet werden, ohne je an einem Ort zu bleiben; kein Raum ist der ihrige, weil sie zu keinem Raum gehören.) »Wir« lernen jetzt wieder, unseren Raum zurückzugewinnen und zu bewältigen. Und während »wir« das lernen, haben »wir« festgestellt, daß das, was wir im Hinblick auf die autonome Produktion von Wahrheit vollbringen, nicht ausreicht, wie auch die Hängematte nicht genug ist. Beides hilft uns dabei, uns radikal von der institutionellen und ideologischen Welt zu lösen, die uns zu kontrollieren versucht und uns gegeneinander ausspielt und blockiert. Doch dieser Abkoppelungsprozeß kann scheinbar nur durch authentisches kulturelles Schaffen wirksam werden, und das wiederum braucht Schutzschirme, die es begünstigen. Als »wir« versuchten, diese Schirme zu bauen, stolperten »wir« in die Kampagnenform kollektiven Handelns, wie ich schon vorher sagte. Anstelle von Organisationen der zweiten Ebene[12] (Föderationen, Unionen, Assoziationen, Parteien...), mit denen »wir« bittere Erfahrungen gemacht hatten, versuchten »wir«, kurzfristige oder auf ein Problem konzentrierte Kampagnen zu organisieren und diese untereinander abzustimmen: erstere durch kurze und zeitlich und räumlich genau festgelegte Meetings für den Austausch von Ideen und Erfahrungen oder spezifischen «Kämpfen«, die man gemeinsam führt; letztere durch die Annahme gemeinsamer Entscheidungen nach einer systematischen Beratung, die auf ein spezifisches, genau definiertes Ziel gerichtet ist, von dem »wir« eine klare Vorstellung und an dem »wir« ein gemeinsames Interesse haben. Gelegentlich haben »wir« bemerkt, daß diese »spezifischen« Übereinstimmungen von vielen geteilt werden, wenn sie sich auf das beziehen, was »wir« nicht wollen: Wir wollen keine Repression, Ausbeutung, Zügellosigkeit, Gewalt... Bezüglich dessen, was wir wollen, ist es möglich, komplexe Vereinbarungen in kleinen Gruppen zu erreichen. Sobald die Gruppe wächst, wird diese Übereinkunft simpler. Auf der Ebene der »Massen« bleibt nur noch der »Funke des Lebens«, und den muß man aufsaugen. Unter denen, die in Netzen oder Netzwerken verankert sind, scheint es Punkte der Konvergenz, der Heterogenität und der Divergenz zu geben. Sie stimmen überein, was den »radikalen Wandel« betrifft, obwohl sie nicht sicher sind, was das bedeutet; sie verstehen sich leicht, wenn es gegen Unterdrückung, Ausbeutung, Ungerechtigkeit oder Gewalt geht; sie stimmen auch in der Haltung überein, dem Volk in seinem Kampf und seinen Konflikten beizustehen und sich selbst dem Leben zu widmen. Obwohl schlecht definiert, gibt es Übereinstimmung in dieser allgemeinen Hinsicht und in der Überzeugung von der Sinnhaftigkeit dieser Netze, die mehr oder weniger formell gebaut werden. Dann gibt es eine klare und willkommene Heterogenität hinsichtlich der konkreten Prozeduren und der Formen der Beziehungen und vor allem in den Träumen von der »neuen Gesellschaft«, also in dem, was positiv gewollt ist. Schließlich gibt es Divergenzen hinsichtlich der möglichen Rolle dieser »Netze«. Einige sehen sie als nützliche taktische Einrichtungen für globale Strategien, deren hauptsächliche Bedeutung aber in Organisationen anderer Art liegt: Avantgarden, politische Lenkung, Parteien, Organisationen der zweiten Ebene, Fronten und so weiter. Die, die in solchen Kategorien denken, neigen dazu, die Mittel vom Zweck zu trennen: Sie denken zum Beispiel, daß man Frieden durch Krieg schaffen könne oder daß Demokratie über eine »zeitweise« vertikale, nicht-partizipatorische Strategie erreichbar sei. Andere – wie »wir« – denken, daß unsere Netze oder Hängematten ein Weg zu leben und zu handeln sind. »Wir« vertrauen den Organisationen der zweiten oder dritten Ebene nicht, nicht den Avantgarden und nicht den erleuchteten Führern. »Wir« glauben, daß es unmöglich ist, die Mittel vom Zweck zu trennen. Und viele von »uns« sind entschlossen, heute zu verändern, in welchem Ausmaß auch immer es möglich ist, und daß dieses Ausmaß heute und nicht morgen zu diskutieren ist. »Wir« denken auch, daß »wir« nicht nur verändern dürfen. »Wir« müssen die Art des Veränderns verändern: Die Art des Veränderns wird die Dynamik und die Bedeutung des Wandels bestimmen, den wir durchführen wollen und müssen.

Und da befinden wir uns jetzt. Auf dem Weg von Juan Chiles.

Auf der Suche nach neuen Gemeinschaften

Laßt mich damit aufhören, womit ich begonnen habe: Wer sind »wir«? Wie ich erklärte, fühle ich mich nicht wohl dabei, einfach von der Hängematte zu sprechen und dadurch die vielen »wir« auf ein einziges zu reduzieren. Ich habe auch unsere Sicht dessen erklärt, wie Campesinos und Ex-Campesinos als Mitglieder und Teile von Gemeinschaften geboren und aufgezogen werden und wie das ihre Lebens- und Erkenntnisweise bestimmt. Ich fühlte so etwas, natürlich ohne es zu wissen, als ich bei meiner Großmutter war. Aber sie lebt nicht mehr. Ich kann nicht mehr bei ihr sein, außer wenn ich sie in mir selbst erkenne. Ich kann den Unterschied zwischen diesem Gefühl und dem, das entsteht, wenn ich mit meinen »modernen« Freunden, den nun deprofessionalisierten Intellektuellen der Hängematte, beisammen bin, unmittelbar spüren. Wie kann der Status des beschränkten »wir« der nun deprofessionalisierten Intellektuellen beschrieben werden?

In der Zielsetzung der Hängematte, mit den Korken die Löcher des Fasses zu stopfen, wie auch ganz allgemein sind die Aktivitäten der nun deprofessionalisierten Intellektuellen immer der Angelpunkt. Mit dieser Vorstellung sprechen wir einige Dinge an:

Von Pro-motion zu Co-motion: Etwas zu fördern (promote), bedeutet immer, etwas in eine vorher bestimmte Richtung zu bewegen. Im Zusammenhang mit Menschen heißt das, daß sie sich vorher entweder gar nicht oder in eine falsche Richtung bewegt haben. Nach unserer Erfahrung gibt es keine bewegungslosen Menschen, und daher können wir nicht die Rolle eines primum movens für die Bewegung der Menschen spielen. Gleichzeitig wollen »wir« nicht versuchen, die Menschen irgendwohin zu bringen, sie zu mobilisieren, Mobs zu organisieren. »Wir« können nicht beanspruchen, daß »wir« wissen, was sie nicht wissen, aber wissen sollten: Was sie wollen oder nicht, was sie zu ihrem besten brauchen. Im Angelpunkt zu sein heißt, daß »wir« statt Promotion Comotion suchen: »Wir« bewegen uns selbst mit ihnen. Da wir nur dadurch bewegt sind, daß wir bei ihnen sind, akzeptieren wir auch, von ihnen bewegt zu werden.

Keine Intervention: Als Mexikaner sind »wir« stolz auf die hartnäckige Verteidigung des Prinzips der Nichteinmischung in die internen Angelegenheiten anderer Völker, eines Grundprinzips der Außenpolitik unseres Landes während der letzten 100 Jahre. Benito Juárez formulierte nach der französischen und amerikanischen Intervention in Mexiko die Maxime: »Respekt gegenüber den Rechten anderer Völker bedeutet Friede.« Heute kann die Welt diese Maxime nur in ironischer Weise wiederholen, um nicht in irgendeine Form des Zynismus zu verfallen. Aber nachdem »wir« einmal Gastlichkeit von den Campesinos gelernt hatten, lernten »wir« auch, gastlich zu ihnen zu sein. »Wir« vermeiden bewußt und sorgfältig jede Art der Intervention oder auch nur der Partizipation an den »inneren Angelegenheiten« einer jeden Gruppe innerhalb der Hängematte. Dieser Ansatz gibt »uns« mehr Freiheiten, Initiativen zu setzen und Optionen von außen, vom Angelpunkt zu schaffen.

Die Hängematte schafft nicht wirklich Raum für Menschen, für Campesinos oder städtische Marginalisierte, sondern sie regeneriert diesen Raum. Gemäß unserer Einsichten sind sie Gemeinschaften und gehören kulturell und physisch einem Raum an, der ihnen gehört. Indem sie die Hängematte benutzen, können sie den Schaden, der ihnen durch Entwicklung zugefügt wurde, aufhalten oder reduzieren, um sodann die Regenerierung ihres Lebens und ihrer Projekte zu beginnen.

Die Hängematte wird von Zeit zu Zeit auch von einigen »affinity groups« benutzt. Sie sind Überlebende der Kommunen-Bewegung der sechziger und siebziger Jahre. Einige wenige von ihnen sind recht erfolgreich in den »Gemeinschaften«, die sie gegründet haben. Ihre Experimente des sozialen Wandels sind manchmal faszinierend und immer interessant. Sie sind aber nicht die offene oder bevorzugte Option für jene in der Hängematte, die nicht aus einer Kommune hervorgegangen sind.

So etwas wie Gemeinschaften neuer Art tauchen durch die Freundschaft und das Vertrauen auf, die »unsere« Verbindung mit den Campesinos und den Marginalisierten kennzeichnen. Schritt für Schritt verändern jene Gruppen von Experten, die immer noch denselben institutionellen Vorstellungen anhängen, mit denen »wir« vor einem Jahrzehnt begonnen haben, oder die heute noch immer nicht fähig sind, sich selbst zu deprofessionalisieren, ihre Ansätze und versuchen, ihre Organisationsschemata dem Geist der Hängematte anzupassen. Jene unter »uns«, die schon vollständig deprofessionalisierte Intellektuelle genannt werden können, versuchen ständig, neue Gemeinschaften zu schaffen.

Diese neuen Gemeinschaften haben sowohl kulturell als auch physisch einen konkreten, kollektiven Raum – und haben ihn nicht. Sie haben einen Raum: Sie sind ortsgebunden. Aber »wir« – jene, die eine spezifische Gemeinschaft bilden – leben nicht immer an diesem Ort, da »wir« auch andere Räume, andere Gemeinschaften haben. Es scheint, daß die Option für Menschen, die durch Wirtschaft und Modernität bereits individualisiert sind, nicht die traditionelle Gemeinschaft sein kann, sondern die Erfindung neuer, vielfältiger Gemeinschaften. Gemeinschaftlichkeit kann innerhalb verschiedener Sphären und Realitäten konstituiert und gelebt werden. Einige von »uns« teilen innerhalb der Hängematte ein gemeinsames Interesse in nur einer bestimmten Art von Aktivität, indem sie in derselben Region, sei es auf dem Land, sei es im Barrio, leben oder arbeiten, dieselben Dinge mit denselben Menschen tun, oder sich um das Zusammenleben in bestimmten kulturellen und physischen Räumen bemühen.

Einige dieser im Entstehen begriffenen Räume unserer neuen Gemeinschaften beanspruchen bei einigen von uns in nur einem Punkt die meiste Zeit. So etwas wie eine neue Gemeinschaft entstand zum Beispiel für eine nicht geringe Anzahl von deprofessionalisierten Intellektuellen innerhalb der Hängematte mit dem Wiederaufbauprozeß nach dem Erdbeben vom 19. September 1985 in Mexiko-Stadt, in Guerrero, Oaxaca und Jalisco. Aber es gibt auch »Institutionen« ganz anderer Art.

Vielleicht können wir die von Lee Swenson jeden Montag in der Virginia Street in Berkeley organisierten Treffen, um über öffentliche Lesungen zu diskutieren, so bezeichnen; die zweimal im Monat stattfindenden Zusammenkünfte bei Gerald Tolck in Les

Fonges, nahe Delemont in der Südjura/Schweiz, um zum Beispiel über die Bedeutung des Über-Entwicklung-Hinausgehens für den Jura zu diskutieren, wo doch nun die Japaner die Uhrenproduktion zu monopolisieren beginnen; die Donnerstag-Tertulias, die wir im »El Disparate«, beim Essen, das uns ein französischer Anthropologe zubereitet, haben und wo »wir« eine Reihe von Begriffen wie Entwicklung, Kommunikation, Struktur, Sex, Problem, Krise oder so lustige Slogans wie Revolution, Strukturwandel, aufwärts und vorwärts, wir, die Leute von den Vereinten Nationen... nicht länger verwenden können.

Gegenwärtig kann ich eigentlich nicht viel mehr über diese »neuen Gemeinschaften« sagen, nur irgendwie ihre Form umreißen. Wie ich vorher sagte, reflektiert »Lokalismus« für uns ein kurzsichtiges Verständnis, das die Natur des lokalen Prozesses und seine Verbindung mit anderen nicht erkennt. »Wir« sehen uns anderen Schwierigkeiten gegenüber, was den »Globalismus« betrifft. »Wir« sind vor allem besorgt, weil »wir« uns kein globales Bild vorstellen können, das nicht eine ungastliche Reduktion der anderen Auffassungen auf die Ebene des eigenen Verständnisses wäre.

Vor einigen Jahren wandten »wir« uns vom Gebrauch des wunderschönen Begriffes *Sozialismus* ab, als er in einer Myriade von Bedeutungen, viele davon widersprüchlich, explodierte, wohl aber auch wegen seines ökonomischen Leitprinzips. »Wir« taten das, so schien uns, ohne die vitalen Impulse dahinter zu verlieren, die in dem Wort stecken. Unsere gegenwärtige Schwierigkeit ist allgemeinerer Natur. »Wir« können uns kein einziges Wort und keinen einzigen Slogan von wirklich universeller und klarer Bedeutung vorstellen.

Frieden, eines der besten Wörter in jeder Sprache, bedeutet heute so viele unterschiedliche Dinge für verschiedene Leute, daß »wir« ihm nicht länger trauen können – auch nicht den Anstrengungen, die in seinem Namen unternommen werden. Es ist nicht mehr der Friede, den die Menschen in der Zeit der mittelalterlichen Kriege meinten. Er hat eine andere Bedeutung für den amerikanischen Präsidenten als für den sowjetischen, für die Franzosen als für die Japaner, für Nelson Mandela oder Gandhi, für die Sandinisten oder die Contras, für Zapoteken oder Angolaner. Entwicklung ist nur eine pax oeconomica. Sie ist ein permanenter Kriegszustand.

»Wir« können sehr leicht anerkennen, daß dasselbe mit Gastlichkeit, Heilmittel, Horizont geschehen kann. »Wir« schlagen diese Wörter auch nicht als neue Slogans vor. »Wir« beschreiben nur »unseren« Ansatz, um unsere Erfahrungen mit anderen zu teilen. Die sogenannte Transnationalisierung von Wirtschaft und Gesellschaft tritt als ein Produkt der Tendenzen auf, die dem Wachstumszwang des Kapitals innewohnen (einige würden sagen: als ein Ausdruck des Wesens des Kapitalismus). Ob das nun so ist oder nicht, und sogar wenn die gegenteiligen Symptome sich vermehren, es scheint einen Trend zu geben, die etablierten Grenzen durch Wirtschaft aufzulösen. Gleichzeitig taten die Menschen vor langer Zeit genau dasselbe und nützen nun die durch ökonomische Zwänge entstandenen Räume für ihre eigenen Zwecke. »Uns« gefällt diese Tendenz. »Wir« hegen die Hoffnung – nicht die Erwartung –, daß es möglich ist, das Verständnis des Horizonts wieder zu entdecken und Gastlichkeit zu regenerieren.

Ich hoffe, dieses spontane Statement wird nicht als Plädoyer für einen neuen, modischen Slogan interpretiert werden: »Eine gastlichere Welt«, der dann in jene Sammlung von Slogans einer »friedlichen«, »tragfähigen« oder sonstigen Welt für alternative Zuhörer eingeht, die immer noch versuchen, einen mobilisierenden Mythos zu konstruieren, der dann die Massen auf der ganzen Welt leiten soll.

Ich wollte eine Geschichte erzählen und darüber reden. Das ist einfach meine Geschichte. Ich hoffe, sie wird als solche verstanden – und nur als das...

Anmerkungen der Übersetzer

[1] Siehe dazu ausführlich: »Mexikos Staat und politisches System« in diesem Band.

[2] *Vecindad*: als Vecindad werden die Häuser bezeichnet, die um einen Innenhof herum angelegt sind. Vecindad beschreibt aber auch das spezifische Zusammengehörigkeitsgefühl, das sich aus dem Zusammenleben verschiedener Familien in dieser (Wohn-)Einheit ergibt.

[3] Steger, Hans Albert: Horizontes Compañeros; einleitendes Papier zum internationalen Kolloquium über die Problematik von Zentraleuropa (5. bis 7. März 1986)

[4] Im Originaltext beschreibt Esteva an dieser Stelle die Auswirkungen von Entwicklung auf den ländlichen Raum in Mexiko und die Bedrohung, die Entwicklung für Campesinos darstellt. Ausführlicher findet sich diese Textpassage in: »Mexikos Staat und politisches System« und im »Gespräch mit Gustavo Esteva«.

[5] Siehe dazu: »Mexikos Staat und politisches System.«

[6] Man kann doch nicht wirklich Regierungen als solche ablehnen und dann aktiv und vielleicht sogar gewaltsam versuchen, das Leben der anderen mit der Auffassung, wie das Leben ohne Regierung zu sein hat, zu beherrschen. Allerdings haben »wir« versucht, uns mit einigen schönen und komplexen Inhalten zu bereichern, die in anarchistischen Erfahrungen und im anarchistischen Denken enthalten sind. »Wir« können jedoch keinem ihrer Katechismen folgen.

[7] Bei der Geschichte Juan Chiles handelt es sich um eine Anekdote. Vielleicht hat ein Mann dieses Namens wirklich gelebt, ein Quechua-Indianer, der die neue Welt der Europäer intellektuell verstanden hat, also die Schriften Karl des Großen gelesen hat. Vielleicht existiert Juan Chiles wie ein versprengtes Symbol in unseren Vorstellungen, etwa als potentielle Romanfigur und Held der Transition à la Mixtli, dem »Atzteken« von Gary Jennings. Das, was Esteva mit diesem Bild ausdrücken will, geht über die persönliche Zuordnung von Fähigkeiten hinaus und meint für jemanden, dessen Hirn von der westlichen Zivilisation kolonialisiert worden ist, etwas schier Unglaubliches: Ein Mensch hat die drei wesentlichen Kulturräume – Natur, eigene Gesellschaft und fremde Gesellschaft –, die ihn bestimmen, gastlich in sich vereint und sich darin eingerichtet.

[8] *Labrar*: bearbeiten; *Cordel*: Seil, Schnur; *Labrar a cordel* bezieht sich auf eine vollendete Form, den Acker zu bestellen. Der Ausdruck dient als Metapher für die kulturelle Leistung, das Sein und das Leben mit und von der Erde mit der eigenen gesellschaftlichen Hervorbringung – Kultur – in Einklang zu bringen (siehe dazu: Merchant, Carolyn: *Der Tod der Natur. Öko-*

logie, Frauen und neuzeitliche Naturwissenschaft; München, 1987). Esteva selbst hält diese Redewendung über eine »reizvolle, traditionelle Form des Anbaus« für unübersetzbar.

[9] Duden, Barbara: *Die praxisleitenden Vorstellungen eines Eisenacher Arztes vom Körperinneren und die Klagen seiner Patienten um 1730, 1720-1750*; Berlin, 1985

[10] Im Originaltext folgt an dieser Stelle eine Herleitung und Kritik des Begriffes »Entwicklung«, die sich in diesem Band im Kapitel: »Entwicklung und Hilfe einstellen« ausführlicher wiederholt und daher hier ausgespart wurde.

[11] Die Phlogiston-Theorie wurde 1669 von Johannes Joachim Becher aufgestellt und von G.E. Stahl erweitert. Sie besagt, daß alle brennbaren Stoffe »Phlogiston« enthalten, das beim Verbrennen oder Verrosten entweicht und das »Phlegma« zurückläßt. Diese Theorie wurde mehr als hundert Jahre allgemein anerkannt, weil sie half, die engen Grenzen der Iatrochemie zu überwinden. Der Einfluß des Luftsauerstoffes bei der Verbrennung wurde nicht erkannt, bis A.L. Lavoisier 1775 Verbrennung oder Rosten als Oxydationsvorgang beschrieb und die Phlogiston-Theorie damit widerlegte.

[12] Gustavo Esteva unterscheidet drei Ebenen der politischen Partizipation in Demokratien. Die vorteilhafteste für Basisorganisationen stellt die erste Ebene der direkten Demokratieausübung dar. Auf dieser Ebene unterstehen die Repräsentanten der direkten Kontrolle ihrer Wähler und sind auch leichter abwählbar, wenn sie das ihnen anvertraute Mandat nicht im Sinne der Wähler ausüben. Die zweite Ebene der demokratischen Partizipation ist jene, wo der Wähler sich für eine Partei entscheidet, die ihrerseits den Repräsentanten bestimmt und kontrolliert. Die dritte Ebene besteht darin, wenn Parteien oder entsprechende Repräsentativkörperschaften ihrerseits ein Gremium bestellen. Auf dieser Ebene hat der Wähler praktisch keinen Einfluß mehr, weil sie sich völlig seiner Kontrolle entzieht.

44

Laßt uns mit dem Homo Communis[1] feiern!

Das Rumoren

Ein Rumoren geht um in den Barrios, in den Dörfern, den Vecindades, den Städten. Ausgehend von Villa Salvador, Lima, Barrio Espino, San Juan de Puerto Rico, Tepito/Mexiko und tausend anderen Orten, hört man es jetzt auch schon in der Virginia Street/Berkeley, in Port la Galère/Frankreich, in Hebenhausen/BRD, in Okinawa/Japan. Die Medien wissen nicht, wie sie damit umgehen sollen. Es ist ein Rumoren, das im Klatsch, in Witzen, im Blinzeln, im Lächeln ausgedrückt wird, ein Rumoren, das wir nicht erklären können. Was ist, wenn...?

Überlebensstrategie? Reine Subsistenz? Manchmal unsichtbar, manchmal als »Problem« gesehen, lange Zeit das häßliche Gesicht der modernen Gesellschaft, nutzloser Abfall von nichts und niemandem, steriles Relikt aus der Vergangenheit, klassisches Ziel von Kriegen gegen die Armut, die bislang immer verloren wurden; plötzlich, mitten im Elektronikzeitalter, entstand eine neue Sicht der Dinge. Einige haben sie gerade als »die Lösung« entdeckt. Andere finden hier die letzte Front für die eigene Arroganz, das letzte Territorium, das es zu erobern gilt. Andere wieder bestehen darauf, daß sie die letzte Zuflucht der reinen Freude und süßen Freiheit gefunden hätten, fürchten aber, daß es nur eine Zuflucht ist und nicht lange dauern wird.

Aber was ist, wenn...?

Jenseits der Ränder

Der Mensch, der nur in der mündlichen Überlieferung lebte, ist vor langer Zeit gestorben. Mit einigen wenigen Ausnahmen, die in ihrer

Zeit den Anthropologen, die sie entdeckten und studierten, Freude bereiteten und Prestige verschafften, verschwand er im Laufe des letzten Jahrtausends von der Erde, weil er sich dem Alphabet ergab.

Wenn analphabete Campesinos in einem kleinen Dorf einen ihrer sehr häufigen Agrarkonflikte lösen müssen, rufen sie nach einem der Alten, der eifrig die »ursprünglichen Vereinbarungen«, die einmal mit dem ehemaligen Königreich getroffen wurden, betrachtet. Die gewohnheitsrechtlichen Landzuweisungen gelten wie Dokumente.

Engagierte indianische Intellektuelle widmen sich heute hingebungsvoll der Errettung der Literatur ihres Volkes, die sie aber oft erst selbst erfinden müssen. Sie versuchen auch, einem ethnischen Bewußtsein in den Texten Platz einzuräumen – etwas, das für den Menschen, der in mündlichen Überlieferungsformen lebte, vielleicht so unvorstellbar war wie Erinnerungen, die in Textform wiedergegeben werden.

Während sie versuchten, sich selbst dem neuen Reich des Alphabets anzupassen, verformten die mündlichen Überlieferungskulturen ihre Traditionen, ohne diese dabei zu verlassen, und auf diese Art erhielten sie ihre Wurzeln. Daraus entstand der *traditionelle Mensch.* Er zollt der grammatikalisierten Sprache durch seinen literarischen Geist, den nun Alphabeten und Analphabeten teilen, Tribut. Er ist von der textlichen Erinnerung und vom Bewußtsein durch Text in vielen Facetten seines täglichen Lebens abhängig. Aber er lebt immer noch im Kontext: Er ist immer noch in einer Tradition verwurzelt, in einer Gemeinschaft, er ist immer noch eine Person *und* Teil einer Gemeinschaft.

Durch Jahrhunderte konnte der traditionelle Mensch bleiben, was er war, und er konnte jedem Versuch der Zersetzung widerstehen. Nur durch Tod, Genozid, Pocken oder Gewehre konnte er zerstört werden. Keine Form der Kolonialisierung war gewitzt genug, um seine *traditionelle Seele,* sein literarisches, traditionelles Bewußtsein einzufangen oder zu stehlen.

Doch dann kam Entwicklung. In der Nachkriegszeit wurde der traditionelle Mensch binnen weniger Jahrzehnte ausgerottet. Niemand kann uns sagen, wie der Mensch, der in mündlichen Überlieferungsformen lebte, war. Im Gegensatz dazu können uns aber einige ältere Leute in über den Planeten verteilten, isolierteren Orten noch vom traditionellen Menschen erzählen: Sie erzählen uns, wie das Leben in der Zeit war, als sie jung waren. Doch das ist irreführend. Das, was sie aus ihrer Erinnerung erzählen, ist eine schon vom modernen Verständnis und von Nostalgie beeinträchtigte Sicht. Als Spezies ist der traditionelle Mensch ebenso ausgestorben wie sein Vorgänger. Er ist schon außerhalb unserer Reichweite.

Doch nicht vollständig. Die neue Spezies, der *homo oeconomicus*, der ökonomische Mensch, kann nicht für sich alleine existieren. Erst in den Körpern anderer wird er zur Person. Lange Zeit fand er seine Inkarnation im traditionellen Menschen, indem er diesen in einen »Beinahe-Menschen«, in einen fehlerhaften Akt der Schöpfung verwandelte, in jemanden, der noch nicht ganz das ist, was er werden wird. In der Nachkriegszeit schuf aber das globale Experiment namens »Entwicklung« erfolgreich die Illusion, daß der homo oeconomicus schließlich doch noch als physische Realität entstanden wäre. Nachdem der Mensch die Gesellschaft um die Wirtschaft herum organisiert hatte, begann er, ein Spiegel seiner eigenen Kreation zu werden, ein Geist, ein Hybrid, eine Un-person – *der* individualisierte *homo oeconomicus* war nun das Maß aller Dinge.

Aber nicht überall. Nur einer von sechs Menschen auf der Welt ist »entwickelt«. Die anderen fünf haben üblicherweise ein ambivalentes Verhältnis zu Entwicklung. Manchmal wehren sie sich entschieden dagegen, um ihren traditionellen Lebensstil zu schützen. Manchmal kämpfen sie um die Eingliederung in die entwickelte Gesellschaft, um Schulen, Gesundheitszentren, Straßen, Jobs. Entwicklung zerstörte ihre natürliche und soziale Umwelt oder fügte ihr schweren Schaden zu, konnte diese Menschen aber nicht in die entwickelte Welt eingliedern. Auf dieses Scheitern, jetzt Krise genannt, reagierten sie mit gesellschaftlichen Visionen. Die Leute merkten, daß sie keine traditionellen Menschen mehr waren, aber genausowenig waren sie ökonomische. So entstand ein neuer Typ Mensch. Er hat noch keinen Namen. Vielleicht ist er ganz einfach ein Mensch. Man kann ihn als *homo communis* – »gemeinen Menschen« – bezeichnen, unter der Voraussetzung, daß man ihn als Gegenteil zum »ordentlichen« Menschen versteht. »Gemein« verhält sich zu Gemeinschaft, wie »ordentlich« zu Ordnung. Der *homo communis* steht zum *homo oeconomicus* im gleichen Verhältnis wie Umgangssprache zu Hochsprache.

Geborgen in den Ritzen der Gesellschaft, war der *homo commu-*

nis zuerst unsichtbar. Als es immer mehr wurden und seine Allgegenwart es unmöglich machte, ihn nicht wahrzunehmen, bezeichnete man ihn als »marginalen Menschen«.

Dieser Ausdruck taucht in der soziologischen Literatur der zwanziger Jahre auf (Park 1928, Stonequist 1935) und sollte die Schwierigkeiten beschreiben, denen sich Einwanderer und ethnische Minderheiten beim Eintritt in die amerikanische Gesellschaft mitten in der großen Depression gegenübersahen. Der Ausdruck bezog sich auf psychische Konflikte, die bei Situationen des Aufeinanderprallens von Kulturen entstanden. Eine solche Situation kann auch beim Übergang vom »traditionellen« Menschen mit seinen kulturellen Mustern, die in seiner Mentalität und seinem Verhalten wurzeln, zum *homo oeconomicus*, der jegliche Bindung an Tradition in sich ausmerzen muß, als durch »Persönlichkeitsspaltung« bedingter, psychischer Konflikt auftreten.

Es war also nicht völlig willkürlich, daß die Migranten, die in den fünfziger Jahren in den lateinamerikanischen Städten auftauchten, »Marginalisierte« genannt wurden: Es waren Campesinos, die nach ihrer Arbeit für die Entwickler in Urbanisierungsprojekten auf eigene Faust in den Städten blieben. Sie wurden als Siedler am Rand (margin) der Stadt wahrgenommen und blieben somit auch am Rand von Entwicklung, Modernität, Politik und Wirtschaft. Aber sie waren zu viele, und sie waren überall, nicht nur an den Rändern. In den sechziger Jahren, als die International Labour Organization (ILO) »Marginalisierte« in Kenia studierte und sie in jeder Faser der Gesellschaft fand, verwarf sie den Begriff der Marginalisierten und nannte sie »Informelle«. Der »informelle« Mensch, wie schon der marginalisierte, verunsicherte die Sozialwissenschaften und die Politik, die ihn hervorgebracht hatten, ihn aber in all den Jahren als vorübergehendes und untergeordnetes Phänomen der Gesellschaften des Südens verstand.

In den achtziger Jahren fanden die »Informellen« jedoch erneut Beachtung. Die Illusion eines neuen Verständnisses wurde schnell verallgemeinert. Dadurch wurde das Phänomen bald überall auf der Welt festgestellt. Neue Begriffe wurden geprägt, um es zu beschreiben: Schattenwirtschaft, zweite Wirtschaft, Untergrundwirtschaft, informeller oder sozialer Sektor, dritter Sektor. Mit diesen Hülsen identifizierten Wissenschafter und Politiker eine »Realität«, die nach ihren eigenen Kriterien 15-20% der Wirtschaft des Nordens und 50-70% der des Südens darstellte und die ungeachtet dessen jenseits der volkswirtschaftlichen Gesamtrechnung und resistent gegen die Versuche, in formelle Kategorien gefaßt zu werden, existierte.

Die neuen Begriffe versuchten, diese demographischen und sozialen Realitäten in den Ordnungsrahmen des ökonomischen Menschen zu zwängen, sogar dann, wenn sie als dessen Perversion, als dessen »Überbleibsel« oder als dessen Vorstufe (als jemand, »der noch nicht ist, aber werden wird«), als eine Form der Vergangenheit oder der Zukunft angesehen wurden. Niemand sah die gesellschaftliche Erfindung, die inzwischen stattgefunden hatte.

Der *homo communis* ist noch nicht als neue menschliche Spezies akzeptiert. Einige verstehen ihn als Marionette der Wirtschaft – des Marktes oder des Plans –, die dem Schlag ihrer Trommel folgt; einem Schlag, der ihm jedoch viel zu schnell ist. Einige sehen ihn als Relikt der Vergangenheit und definieren seine Räume daher als letzte Front, das letzte noch von der Wirtschaft zu erobernde Land, die letzte Chance für wirtschaftliche Expansion.

Alle anerkennen die charakteristische Kreativität und Erfindungsgabe in den »Winkeln der Armut«, in denen der *homo communis* lebt. Sie bewundern seine »Überlebensstrategien« und seine Fähigkeit zur »reinen Subsistenz«. Viele bewundern auch die Kraft seiner Initiativen und seine Dynamik, zum Prozeß des Wandels beizutragen, der ihn, wie sie meinen, auf gleichberechtigter Basis in die wirtschaftliche Gesellschaft bringen *muß*, das heißt für ihn, den Status eines voll entwickelten, ökonomischen Menschen anzunehmen. Aber niemand will ihn in seinen eigenen Begriffen sehen, als eine Art Mensch, der erst kürzlich auf unserem Planten aufgetreten ist, der nicht durch das gelobte Land der Ökonomie fortschreitet, sondern der in eine andere Richtung geht. Fast niemand traut sich, den *homo communis* zu erkennen oder zu bemerken.

Er muß der Gesellschaft vorgestellt werden. Er wurde als das beschrieben, was er im Vergleich zum *homo oeconomicus* nicht ist. Am Tag seiner Präsentation muß das Gegenteil geschehen: die Betonung seiner positiven Eigenschaften. Im realen Leben, in dem die Eigenschaften, die dem traditionellen Menschen, dem ökonomischen Menschen und dem *homo communis* zugeschrieben werden, vermischt und ungenau sind, haben konkrete Personen nur unklare Verhaltensmuster. Aber sie können legitim mit einem dieser Idealtypen identifiziert werden, wenn entsprechende Charakterzüge in ihrem allgemeinen Benehmen vorherrschen.

Der *homo communis* bewältigt seinen Raum. Anstatt die Zeit zu bewältigen, kennt und erkennt er bis zum letzten Winkel den Raum, den er bewohnt. Dieser Raum, dem er angehört, gehört ihm. Folglich versucht er, ihn zu beleben, das heißt, ihn zu verändern, ihn zu seinem Lebensraum zu machen. Er erhält nicht die »Haus-Hotel-Anwesen«-Rolle, die normalerweise der *homo oeconomicus* einnimmt. Anstatt wie dieser im Schatten der Zukunft zu leben, anstatt also von einer früheren zu einer späteren Stufe überzugehen, lebt der *homo communis* in der Gegenwart, seinem Raum verbunden. Er weiß, daß das Sein immer nur in der Gegenwart stattfindet, und nimmt auf diese Art eine radikale Ungewißheit über die Zukunft in Kauf – das Mysterium dessen, was kommt. Er anerkennt die Vergangenheit als etwas, das notwendigerweise stattgefunden hat und in der Form der Tradition oder als Präzedenzfall andauert, aber er verwandelt sie auch in seine Gegenwart, indem er aus seiner Erinnerung nimmt oder lebt, was er unter seinen gegenwärtigen Bedingungen braucht. Da er seine Vergangenheit anerkennt und in der Gegenwart lebt, kann er seine Hoffnungen nähren: Er nährt sie, sie brauchen nicht zu darben. Er sorgt für sie, hier und jetzt, er hegt sie oder gibt sie auf, *in der Gegenwart*. Er weiß, daß die Zukunft möglich oder sogar wahrscheinlich ist, aber nie sicher. Für ihn ist die Zukunft nie ein Faktum, wie es die Gegenwart ist, in der er lebt. Deshalb distanziert er sich von den Erwartungen, die den ökonomischen Menschen charakterisieren, welcher dauernd seine Gegenwart zukünftigen Ereignissen unterordnet, die die tägliche Orientierung seines Lebens bestimmen, als ob sie schon Realität wären.

Der homo communis hat eine persönliche Form der Interaktion: Er belebt seine Welt mit dem täglichen Gefühl der Vertrautheit, des gewöhnlichen und handlichen Umgangs mit Dingen. Er geht mit anderen, die zu seiner Welt – die in der Tat seine Welt ist – gehören, um wie mit sich selbst und lebt in ständiger Interaktion mit ihnen. Er versucht sogar, dieses Benehmen im Umgang mit der institutionalisierten Welt, die den Alltag des ökonomischen Menschen bestimmt, anzuwenden. Dieser ist dauernd mit abstrakten Kategorien konfrontiert und versucht ständig, die sich aus den jeweiligen Umständen ergebende Personifizierung auf die entsprechende Kategorie zu reduzieren. Tatsächlich handelt der *homo oeconomicus* mit

Kategorien und nicht mit Personen: mit Bürgern, Arbeitern, Angestellten, Untergebenen, Verkäufern, Käufern, Passagieren, Beamten, Verwandten. Er hofft für jedes dieser Individuen, das eine der Kategorien personifiziert, daß es nicht mehr als diese Kategorie sei und daß es nicht von der definierenden Norm abweiche. Er hofft für den Bürger, daß er als solcher normiert existiere, für den Beamten, daß er die Sache nicht personalisiere, für den Käufer oder Verkäufer, daß er nur sei, was die Kategorie vorsieht. Der *homo communis* macht regelmäßig Schwierigkeiten, wenn er in der institutionalisierten Welt das Gegenteil von dem versucht, was seine Lebensumstände vorschreiben würden, wenn er diese Welt durch die Personalisierung seines Handelns, was zu seinen ureigensten Lebensnotwendigkeiten gehört, geradezu auflöst.

Der *homo communis* improvisiert anstatt zu planen. Der *homo oeconomicus*, der im Schatten der Zukunft lebt, ordnet und schematisiert sein tägliches Handeln in einer Abfolge von Schritten, die ihn zum zukünftigen Status, der sein Leben bestimmen wird, bringen *müssen*. Der *homo communis* interagiert im Gegensatz dazu mit seiner unmittelbaren Realität. Er improvisiert sein jeweiliges Verhalten und paßt es der Dynamik der Dinge an, mit denen er jeweils zu tun hat. Er erkennt in einer solchen Interaktion die lebendige Kombination von Tradition und Hoffnung, von Beharrlichkeit und Überraschung oder Wandel.

Nur jene, die das können, sind auch zur Improvisation fähig, jene also, die ihre eigene Art im Umgang mit Dingen haben und daher auf der Basis von Erfahrung deren wechselhafte, ungewisse und unvorhersehbare Natur anerkennen. Nur die, die nicht in der fixen Vorstellung gefangen sind, Zukunft in Gegenwart verwandeln zu müssen – soviel Zukunft wie möglich in die Gegenwart zu pressen – sind zur Improvisation fähig. Da sie erkennen, daß alle Dinge ihre eigene Zeit – ihren eigenen Rhythmus – haben, können sie mit ihnen einen Dialog eingehen. Ein Campesino improvisiert. Er plant seine Ernte nie. Wenn er zu einer günstigen Zeit sät und richtig erkennt, was das Land und die Pflanzen von ihm verlangen, wird er auf den Ertrag seiner Arbeit *hoffen*, aber er weiß, daß er ihn nicht *erwarten* kann. Ein Mechaniker in der Stadt, der zum ersten Mal mit einem Auto einer ihm unbekannten Marke zu tun hat, improvisiert. Er weiß, daß er weder die Ersatzteile noch das Handbuch hat, aber er ist sich bewußt, daß er, wenn er sich auf seine einschlägige Erfahrung beruft, hoffen kann, über Versuche zum Erfolg zu gelangen.

Der in Kategorien lebende *homo oeconomicus* kann nur die leblosen Formen gesellschaftlicher Existenz annehmen, welche durch die Verdichtung und Hierarchisierung der Institutionen, die er durchläuft, erzeugt werden. Er ist nur eine Nummer, Teil einer institutionalisierten Maschinerie, die sich durch die Abstrahierung von Individuen bestimmt. Sie identifiziert über ihre Homogenität und ihre uniformierenden Standards die Individuen. Der *homo oeconomicus* existiert in der Masse: Massen von Bürgern, Arbeitern, Eigentümern, Käufern, Konsumenten, Rundfunkhörern... Er führt die Tatsache, jemand zu sein, auf eine spezielle, einzigartige, individuelle Kombination seiner Massenexistenz zurück. Der *homo communis* hingegen *besitzt* Organisationen: Er schafft sie gemeinsam mit anderen, die so sind wie er selbst, weil personalisierte Formen des Seins anerkannt werden, die sich nicht auf abstrakte Kategorien reduzieren lassen. Ohne äußere Kraft, die sie organisiert, kann eine Menge von Billiardkugeln nicht zusammengehalten werden, kein Kartenhaus kann so das leiseste Lüftchen überstehen.

Was der *homo oeconomicus seine* Organisationen nennt – politische Parteien, Firmen, Clubs, Armeen, Gewerkschaften – sind soziale Konstruktionen, die darauf abzielen, diejenigen, die sie bilden, radikal zu reduzieren. Menschen werden hier in die Schablone gepreßt, die ihnen die Mitgliedschaft oder die ideologische Zugehörigkeit verpaßt. Das bedeutet, daß der Schritt oder der Mechanismus, mit dem sie in die »Organisation« aufgenommen werden, von ihnen verlangt, daß sie zu etwas werden, was sie nicht sind, weil ihr Sein auf das reduziert wird, was der Mechanismus festlegt. Der *homo communis* will im Gegensatz dazu dauernd sein, was er ist, und er lebt daher in *seinen* Organisationen, seinen eigenen gesellschaftlichen Konstruktionen, die er selbst schafft und mit der Dynamik seiner Existenz verändert. Das sind Organisationen, die nach innen und nach außen eine unterschiedliche Existenz bewahren, die in ihrer eigenen Dynamik ruht und nicht auf einer aufgesetzten, äußeren Parole. Der *homo communis* existiert in der radikalen Heterogenität seines Seins – dem Gegenteil der dem modernen Menschen eigenen Homogenisierung – und das erlaubt ihm, in Vielfalt zu leben, im Gegensatz zur Uniformität des ökonomischen Menschen.

Der *homo communis* unterhält eine aktive Interaktion mit seiner sozialen und natürlichen Umwelt, die auf seiner Autonomie beruht. Im Gegensatz dazu neigt der *homo oeconomicus* zu einer Existenz in passiver Abhängigkeit von den Institutionen, die ihn definieren. Derjenige, der sich selbst mit seinen eigenen Normen regiert, ist autonom: Er formt seine Normen in Übereinstimmung mit Tradition, Brauchtum und Kultur, die veränderungsfähig sind. Der *homo communis* lebt in Autonomie und distanziert sich von der Heteronomie, die er im ökonomischen Kontext, der ihn umgibt, akzeptieren muß. Dort werden Normen wie unpersönliche Perpendikel gesetzt, die wie Befehle auf die Individuen niedergehen. Sie können diese Normen nicht modifizieren, und der Großteil von ihnen hat die Illusion der Selbstbestimmung nur, indem er Nummern meditiert.

Der *homo communis* identifiziert sich über den und mit dem physischen und kulturellen Raum, in dem er lebt, und er umgibt ihn mit Rändern, aber nicht mit Grenzen. Er ist an einen bestimmten Ort gebunden, der als vertrauter Raum existiert, aber dieser Raum ist nach seinen Horizonten hin offen. Diese Sichtweise des Horizonts von innen führt den gemeinen Menschen zur Gastlichkeit gegenüber dem anderen, dem Außenstehenden, der von jenseits des Horizonts kommt, von dem er jedoch nicht durch irgendwelche Grenzen getrennt ist – Grenzen, in denen der *homo oeconomicus* gefangen ist und die seine Welt so ungastlich machen.

In seinem Raum teilt der *homo communis* mit anderen die Freude des Lebens, und gemeinsam mit ihnen meistert er die Kunst des Leidens. Deshalb kann er ästhetisch sein, im Gegensatz zu der unästhetischen Verfassung, die den modernen Menschen charakterisiert, der in seiner abgeleiteten Indifferenz aus Angst vor Schmerz und Tod gefangen bleibt.

Raum – Zeit, Gegenwart – Zukunft, Personalisierung – Institutionalisierung, Autonomie – Heteronomie, Improvisation – Planung, Hoffnung – Erwartung, Ästhetik – Häßlichkeit, Organisationen – leblose Formen, aktive Interaktion – passive Abhängigkeit, Heterogenität – Homogenität, Horizonte – Grenzen, Gastlichkeit – Ungastlichkeit, Lebensfreude und Kunst des Leidens – Indifferenz und Angst vor Schmerz und Tod; mit diesen Gegensatzpaaren läßt sich ein idealtypischer Vergleich zwischen dem *homo communis* und dem *homo oeconomicus* aufstellen; doch sind das keine Gegenpole von der Art eines Strukturdualismus, wie er von den Sozialwissenschaften formuliert wird, wenn sie sich die Welt in Geschlechter, Klassen oder Schichten geteilt vorzustellen versuchen. Als abstrakte Idealtypen existieren der *homo communis* und der *homo oeconomicus* nur auf dem Papier. Wirkliche Menschen vereinen in verschiedener Ausprägung die Charaktere beider Typen in sich, aber einer dominiert dabei. Die Eigenschaften dieses Typs werden gegenüber den anderen vorherrschend, sie ordnen die anderen unter und lassen sie manchmal kaum noch existieren – sie marginalisieren sie, begrenzen sie, unterwerfen sie. Der *homo oeconomicus* verwirklichte sich im traditionellen Menschen. Aber da der *homo oeconomicus* für sich selbst nicht existieren kann, hielt er sich selbst mit einem Körper verbunden, der nicht der seine war. So mag gegen seinen Willen die eine oder andere Eigenschaft, die er vom traditionellen Menschen geerbt hat, in ihm auftauchen. Ebenso manifestieren sich in ihm Eigenschaften, die zum *homo communis* passen. Da er aber dauernd versucht, sich auf die den Idealtypus bestimmende charakteristische Art zu verhalten, kann er ökonomischer Mensch genannt werden.

Die gesellschaftliche Neuerung, die der *homo communis* formulierte, stammt von seiner Fähigkeit, die fehlende Gelegenheit der vollen Assimilierung in den Status des *homo oeconomicus* in die Chance verwandelt zu haben, historische soziale Räume zu regenerieren und sie zu seinem angepaßten Lebensraum zu machen. Der *homo communis* schuf Räume nach seiner eigenen Vorstellung, nicht als Spiegelbilder der Wirtschaft. Daher rührt die Notwendigkeit, daß die, welche man Marginalisierte nennt, die Wirtschaft an ihre eigenen Ränder verbannen – sie marginalisieren – und so ihre historische Errungenschaft – ihre neuen Gemeinschaften – schützen.

Ein neues Bewußtsein

Für die sogenannten Marginalisierten war das Bild der Welt, gesehen durch die Brille der Ökonomie, immer verwirrend und spaßig. Es hat sie nie wirklich gestört, als Relikte der Vergangenheit qualifiziert oder disqualifiziert zu werden, da sie voll in ihrer Tradition leben, ihre historischen Wurzeln spüren. Die »Menschen ohne Geschichte« lieben es, wenn es nötig sein sollte, Geschichte für ihre eigenen Zwecke neu zu erfinden. Negativ definiert zu werden (also *inf*ormell, *unter*entwickelt, arbeits*los*, *un*bezahlt, *il*legal, *kein* Steuerzahler, *nicht* in der volkswirtschaftlichen Gesamtrechnung, *keine* soziale Klasse, *nicht* zentral, *nicht* organisiert...) oder durch die eigenen Mängel (an Kapital, an Unternehmergeist, an politischem Bewußtsein, an Organisation, an Bildung, an politischer Partizipation, an Infrastruktur, an Rationalität...) beschrieben zu werden; das heißt, eigentlich gar nicht gesehen zu werden, war gewiß nicht sehr angenehm. Aber »die Menschen ohne Geschichte« können in dieser sozialen Unsichtbarkeit gedeihen, und sie durchbrechen, wenn es nötig ist. Wirklich aufgerüttelt wurden sie erst, als sie der Ausrottung preisgegeben wurden. Die Auffassung, daß sie zuerst untergeordnet und dann »einverleibt« werden, daß sie als das, was sie sind, verschwinden müssen, war mit einer akademischen Übung überhaupt nicht mehr zu vergleichen. Im wirklichen Leben bedeutete das eine permanente Bedrohung, welche die Vernichtung ihrer Lebensweisen und ihrer Umwelt miteinschloß.

In vielen Fällen hatte die Kolonialzeit ihre Lebensformen schwer angegriffen und zerstört, gleichzeitig respektierte sie aber viele ihrer Traditionen. Die »Menschen ohne Geschichte« erkannten nun ihre Schwäche und wollten diese »Rückständigkeit« im Vergleich zu den Kolonialherren nicht. Die Auffassung, ein Überbleibsel des Fortschrittes zu sein, muß sehr frustrierend vor allem für jene gewesen sein, die schon vom Fortschrittsglauben befangen waren. Aber in den vierziger Jahren dieses Jahrhunderts, nach der großen Depression und gegen Ende des Krieges, wagten einige von ihnen den Versuch, sich selbst neu zu definieren. Politische Vorschläge wie die von Gandhi in Indien und Cárdenas in Mexiko versuchten, für ihre Völker einen alternativen Weg zu zeichnen, damit diese wieder auf eigenen Füßen und in eine selbstbestimmte Richtung gehen konnten, unterstützt von ihrer eigenen Tradition und Erfahrung.

Sie waren gerade ein paar Schritte auf diesem Weg gegangen, als die Karten wieder neu gemischt wurden. Die Wirtschaft entwarf für den US-Präsidenten Truman einen technischen Plan in jener Tradition, die vom Bürgertum des achtzehnten Jahrhunderts vorbereitet worden war. Mit der Rede, die später »Vierpunkteprogramm« genannt wurde, begann Truman die politische Kampagne für ein globales soziales Experiment. Nie zuvor hatte ein Wort noch am Tage seiner Prägung eine derart universelle Akzeptanz erfahren wie der Begriff »Unterentwicklung«. Über Nacht waren vier Fünftel der Welt »unterentwickelt«. Seit damals – und das mehrere Jahrzehnte hindurch – war die Mehrheit der Weltbevölkerung in die unwürdige Position derer versetzt, die auf einem Weg sind, den andere besser kennen, zu einem Ziel, das andere bereits erreicht haben. Entwicklung bedeutet für die Marginalisierten immer zumindest, einer unbestimmten, unaussprechlichen, unwürdigen Situation zu entkommen, die man »Unterentwicklung« nennt. Als Ersatz für ihre Traditionen und ihre Experimente hat man ihnen eine magische Formel angeboten, die »nicht jetzt« lautet. Rostow konstruierte dafür ein fantastisches Glitzerbild, in dem er ihnen anbot, Schritt für Schritt voll flugtaugliche, wirtschaftliche Insekten zu werden. Dieses Licht blendete sie. Einige Jahrzehnte lang nahmen sie eine ambivalente Haltung gegenüber der »Einverleibung« an, also gegenüber dem Versuch, zum *homo oeconomicus* innerhalb des Weltmarktes aufzusteigen. Zum Schutz ihrer Umwelt und ihrer Lebensform widerstanden sie manchmal der Entwicklung. Bei anderen Gelegenheiten, wenn sie von den Versprechungen der Entwickler eingelullt wurden, verlangten sie nach ihrer Einverleibung. Die Einverleibung war erfolgreich – für eine Minderheit. Die anderen wurden in die neuen Ränder der »unterentwickelten« Gesellschaften verwandelt, die ihrerseits an den Rändern der Welt liegen. Sie gelangten also an den Rand der Ränder.

Dann kam das Ende des Entwicklungszeitalters, die sogenannte Krise. Während die siebziger Jahre die Dekade der Verwirrung mit täglich neuen Etiketten und Strategien für die alten Entwicklungsinhalte waren, boten die achtziger Jahre die Chance für ein neues Bewußtsein. Was viele immer schon vermutet hatten, aber nicht zu sagen wagten, wurde jetzt unübersehbar: Entwicklung stinkt. Ein neues Establishment von Experten dokumentierte die an sich schon bekannten Fakten. Die Experten benutzten dabei so viel Duftwasser, wie sie konnten, um die Ergebnisse ihrer Untersuchungen schönzufärben, aber sie lieferten dennoch genug analytische Hilfe zu der einfachen Einsicht für die »Unterentwickelten«: Entwicklung ist ein gesellschaftliches Experiment im Weltmaßstab, das für die Mehrheit der Betroffenen entsetzlich fehlgeschlagen ist. Ihre »Eingliederung« in den Weltmarkt zu fairen und gleichen Bedingungen ist zunehmend undurchführbar, während sich der Abstand zwischen Zentrum und Peripherie konstant vergrößert. Die Realisierung der Entwicklungsziele wird nun auf einen zeitlich immer weiter entfernten Punkt verschoben – laut Weltbank etwa 3.224 Jahre für Mauretanien –, wodurch ihre wahre Natur bloßgelegt wird: Entwicklung ist ein heimtückischer Mythos, dessen bloße Existenz die Mehrheit der Weltbevölkerung bedroht, da er ihre üble Lage in einen chronischen Alptraum verwandelt – das ist die entwürdigende Modernisierung der Armut. Die achtziger Jahre, das »verlorene Jahrzehnt der Entwicklung«, waren auch die Dekade der Herausbildung eines neuen Bewußtseins gegenüber dem Mythos, nachdem die »strukturelle Unmöglichkeit«, die Entwicklungsziele zu erreichen, voll und ganz belegt war.

Die ersten fünf Jahre der sogenannten Krise brachten die dreißig Jahre alten, zur Förderung der Entwicklung entworfenen Arrangements in völlige Unordnung. Die Mittelklasse, der lebende Beweis für die Machbarkeit von Entwicklung, verlor beinahe alles, was sie vorher für ihre Errungenschaften gehalten hatte. Viele Marginalisierte sahen sich selbst sowohl ihrer traditionellen Umwelt als auch der Krümel entzogen, die ihnen die Entwickler üblicherweise zukommen lassen hatten. Frustration, Desillusionierung, Zerstörung und Haß keimten überall.

Inmitten dieser Turbulenzen erstarkte aber bei vielen Marginalisierten ein neues Bewußtsein und formte ihr Selbstverständnis und ihren Widerstand. Sie entdeckten neue Formen, dem Elend selbst und dem Prozeß, der Elend erzeugt, zu widerstehen. Wenn Entwertung, das Geheimnis der ökonomischen Wertschöpfung, ihre Geschicke einfach in Mängel verwandelt hatte, suchten sie das auf den Kopf zu stellen, indem sie Mängel in Hoffnung verwandelten. Ihre Tradition der Solidarität, die ein Hindernis für Entwicklung ist, wurde nun zu einer Kraft, die sie pflegten. Ihr erstarktes Bewußtsein veranlaßte sie zur Suche nach den Teilen ihrer Kultur, die sie immer noch haben – trotz Entwicklung, deren gefährliche Illusionen sie jetzt aufgeben. So begannen sie, ihre eigenen Errungenschaften wieder zu schätzen. Sie erkannten in der Paralyse der Entwicklung Schäden und Turbulenzen, aber auch eine Chance auf Erneuerung. Ihnen ist tatsächlich nichts geblieben – außer ihren eigenen Lebensweisen. Die Entwickler beanspruchen immer noch, ihre Lebensweisen zu Tode »entwickeln« zu wollen, aber sie haben kein Geld mehr, um diese Drohung wahr zu machen. Indem die »Marginalisierten« aus den Träumen anderer abgesprungen sind, haben sie Würde und Selbstvertrauen wiederentdeckt und träumen jetzt wieder von ihren eigenen Hoffnungen, die so viel besser zu ihrer alltäglichen Lage passen.

Ihre Erfahrung des Überlebens ist ein schlagender Beweis, der die herkömmliche Auffassung widerlegt. Trotz Entwicklung gelang es ihnen irgendwie, ihre Autonomie zu schützen und zu bereichern. Indem die »Krise« sichtbar machte, wie sie das erreichten, ermöglichte sie ihnen, wieder Vertrauen in ihre Erkenntnisweisen zu gewinnen, die sie zu verachten gelernt hatten. So nahe waren sie ihnen noch, so gedemütigt waren sie aber durch die vorherrschende metropolitane Sichtweise. Das wohlbekannte Versagen des Bildungssystems erlaubt ihnen nun sogar, ihren Bedarf und ihre Wünsche für das Lernen, das nicht mehr mit Standardschulen in Verbindung gebracht wird, neu zu definieren. Der Zusammenbruch des Transportwesens aufgrund fehlender Geldmittel brachte sie zurück in die Barrios und Gemeinden, wo sie nun ihre autonome Mobilität wiederentdecken. Sie sprechen wieder, drücken sich durch Blicke, Worte und Berührungen aus, statt über die ärmlichen Kommunikationsmittel zu »kommunizieren«.

Diese Veränderungen wurden angesichts der neuen Herausforderungen immer augenscheinlicher. In den siebziger Jahren zielte ihr Kampf immer noch auf den Aufbau einer »modernen« sozialen Klasse ab. Der klassische Campesino starb, das »Lumpenproletariat« wurde marginalisiert. Ihr Platz wurde von neuen »proletarischen« Campesinos und »Marginalisierten« eingenommen, deren Mobilisierung oft den Erfolg hatte, bessere Bedingungen im Verkehr mit Kapital und Staat zu erreichen. Manchmal liebäugelten sie mit dem Markt, manchmal mit öffentlichen Institutionen. Üblicherweise verbesserten sie ihre eigenen Lebensweisen aber nur vorübergehend.

In den achtziger Jahren wurden sie in ihrer neuen Bewegung jenseits von Entwicklung Zeugen einer eindrucksvollen Sammlung von Erfolgsstories, die mit der »Krise« aufkamen, oder sie erlebten diese überhaupt selbst. Ein neues Nachdenken über ihre Erfahrung wurde notwendig, um all dieses Glück überhaupt verstehen zu können. Nicht nur die Entwickler, die Wirtschaft an sich offenbarte sich ihnen als Bedrohung. In diesem neuen Bild erschien ihre bloße Existenz als eine Schranke für die Wirtschaft. Als die Lähmung der Entwicklung ihnen die Chance zur Erholung gab, wurde offenkundig, daß sie – trotz Kolonialisierung und Entwicklung – überlebt hatten, wenn und weil es ihnen möglich gewesen war, die Wirtschaft für sich selbst zu marginalisieren. Wann immer sie überlebten, blieben die verschiedenen Formen und Grade der »Einverleibung« in die Wirtschaft *außerhalb* der Zentren ihrer sozialen Gebilde, die immer noch in den eigenen Mustern der Interaktion verwurzelt waren.

Nachdem sie ihre Fähigkeit erkannt hatten, die Wirtschaft in ihrem konkreten Raum einzugrenzen, wurde es ihnen auch möglich, einige konkrete Interaktionen, die den Übergriff der Wirtschaft in ihr Leben begrenzten, unter jenen, die voll unter die ökonomische Logik subsumiert waren, zu identifizieren. Die »Ökonomisierung« war ganz und gar nicht vollständig. Um in seinem ökonomischen Gefängnis zu überleben, mußte der vermeintliche *homo oeconomicus* der modernen Gesellschaft sich an andere als ökonomische Realitäten klammern, in denen die wirtschaftliche Logik des Lebens personifiziert werden muß, um überhaupt leben zu können.

So tauchte eine konkrete Hoffnung auf neue politische Koalitionen an ihrem Horizont auf.

Die Einsperrer einsperren[2]

Die Beschränkung der ökonomischen Sphäre ist für den *homo communis* an den Rändern, das heißt für die Mehrheit der Menschen auf der Welt, keine mechanische, keine rein reaktive Antwort auf die Invasion der Wirtschaft in ihre Leben. Sie sind keine Marionetten. Sie begreifen ihren Widerstand als kreative Rekonstruktion grundlegender Formen sozialer Interaktion mit dem Ziel, sich von ihren ökonomischen Fesseln zu befreien. Daher haben sie in ihren Vecindades, in den Dörfern und Barrios neue Gemeinschaften gebildet, die es ihnen erlauben, nach ihren eigenen Vorstellungen zu leben.

In diesen neuen Gemeinschaften gibt es Formen sozialer Interaktion, die erst in der Nachkriegszeit auftauchten. Aber die Menschen in diesen neuen Räumen sind die Erben eines mannigfaltigen

Spektrums von Gemeinschaften, Gemeinden und sogar ganzen Kulturen, die durch die industrielle, wirtschaftliche Form der Interaktion zerstört worden sind. Nach der Vernichtung ihrer Subsistenzsysteme versuchten sie, vom industriellen Modell abweichende Muster der Versorgung zu übernehmen. Das Unvermögen sowohl der industriellen Gesellschaft als auch der Relikte traditioneller Formen der Interaktion, die Versorgung zu gewährleisten, war die Voraussetzung für jene gesellschaftliche Erfindung, deren Festigung und Aufblühen später durch die sogenannte »Krise« von Entwicklung stimuliert wurde.

Für die Menschen an den Rändern ist es zur bloßen Überlebensbedingung geworden, sich von der ökonomischen Logik – von Markt oder Plan – zu lösen. Sie werden gezwungen, ihre ökonomische Interaktion auf Bereiche außerhalb der Räume, in denen sie ihre eigenen Lebensweisen organisieren, zu beschränken. Diese Räume waren während des Entwicklungszeitalters ihre letzte Zuflucht. Nach der Erfahrung, was es bedeutet, in der ökonomischen Gesellschaft überleben zu müssen, sind sie nun dankbar für das, was sie in diesen Zufluchtsstätten finden, und versuchen, sie wiederzubeleben.

Nach der Gleichsetzung von Bildung mit dem Erreichen von Diplomen – gemäß der ökonomischen Definition des Lernens – mangelte es ihnen an Lehrern und Schulen; nun, nachdem sie das Lernen wieder in ihre Kultur eingebettet haben, genießen sie den Überfluß ständiger Bereicherung ihres Wissens mit ein wenig Unterstützung von Freunden, die ihnen Erfahrungen und Hilfsmittel von außerhalb ihrer Kultur bringen.

Nach der Gleichsetzung von Gesundheit mit der Abhängigkeit von medizinischen Einrichtungen mangelte es ihnen an Ärzten, Gesundheitszentren, Spitälern und Arzneimitteln; nun, nachdem sie Gesundheit wieder als die autonome Fähigkeit, im Einklang mit der Umwelt zu leben, erkannt haben, regenerieren sie ihre eigenen Heilverfahren auf der Basis des traditionellen Wissens ihrer eigenen Naturheiler und der vielfältigen Heilkraft ihrer natürlichen Umwelt. Das schließt etwas Hilfe von seiten ihrer Freunde nicht aus, wenn etwas außerhalb ihrer Reichweite liegt oder wenn ihr traditioneller Bereich externe Hilfe benötigt.

Nach der Gleichsetzung von Essen mit technischen Aktivitäten der Produktion und der Konsumtion, die an die Vermittlung des

Marktes oder des Staates gebunden waren, fehlte es ihnen an Einkommen, und sie litten an Nahrungsmittelknappheit; nun regenerieren und bereichern sie ihre Beziehungen untereinander und mit der Umwelt, stärken so ihr Leben und ihr Land und bewältigen den Mangel, unter dem sie immer noch leiden, normalerweise gut. Diese Knappheit verweist darauf, wieviel Zeit und Anstrengung erforderlich sind, um die von Entwicklung angerichteten Schäden zu beheben; sie resultiert aber auch aus der vorübergehenden Unfähigkeit der Menschen, aus den zerstörerischen ökonomischen Interaktionen, die sie immer noch aufrechterhalten müssen, auszubrechen. Es ist zum Beispiel nicht so einfach, aus der kommerziellen Produktion von Feldfrüchten auszusteigen oder die Bindung an Kredite oder industrielle Inputs aufzugeben; doch der Mischanbau hilft, sowohl Land als auch Kultur in nicht allzu langer Zeit zu regenerieren, und überdies ermöglicht er eine rasche Verbesserung der Ernährungslage.

Campesinos und Graswurzelgruppen in den Städten teilen jetzt mit den Leuten, die aus dem wirtschaftlichen Zentrum verdrängt wurden, die zehntausend Tricks, die sie gelernt haben, um die Wirtschaft zu beschränken, das ökonomische Glaubensbekenntnis zu verspotten und moderne Technologie zu refunktionalisieren und neu zu gestalten. Die »Krise« fegte Menschen von den Gehaltslisten, die bereits in Abhängigkeit von Gehältern und Markt erzogen worden waren, Menschen also, die keine soziale Verankerung mehr hatten, die ihnen ein selbständiges Überleben erlaubt hätte. Die Marginalisierten sehen sich nun mit der schwierigen Aufgabe konfrontiert, diese Leute aufnehmen zu müssen. Dieser Prozeß stellt große Anforderungen an alle und übt einen immensen Druck aus, aber er bietet ihnen auch kreative Gelegenheiten für eine Erneuerung, wenn sie erst einmal entdeckt haben, wie nützlich sie für einander sein können.

Die grundlegende Logik menschlicher Interaktion innerhalb der neuen Gemeinschaften verhindert, daß in ihnen Knappheit auftritt. Sie setzen keine unbeschränkten Ziele, da ihre Ziele nichts anderes sind als die Kehrseite ihrer Mittel – deren direkter Ausdruck. Wenn ihre Mittel so beschränkt sind, wie sie es nun einmal sind, können ihre Ziele nicht unbeschränkt sein. Innerhalb der neuen Gemeinschaften werden Bedürfnisse mit Begriffen definiert, die Aktivitäten beschreiben, welche Wünsche, Fähigkeiten und Interaktion mit anderen und der Umwelt beinhalten. Bedürfnisse werden nicht in eine von der Realität abgehobene Sphäre verlegt: Knappheit oder Erwartungen auf der einen Seite, deren Befriediger auf der anderen, verbunden durch Markt oder Plan.

Eine der interessantesten Facetten der voranschreitenden Regeneration in den neuen Gemeinschaften, die vom *homo communis* geschaffen wurden, ist genau diese Wiedererlangung der eigenen Definition von Bedürfnissen, die durch »Entwicklung« in der Wahrnehmung oder in der Praxis zerstört worden waren. Indem sie jene Formen der Interaktion, die im sozialen Gefüge verwurzelt sind, stärken und das ökonomische Prinzip des Austausches von Äquivalenten durchbrechen, gewinnen sie ihre autonome Lebensweise zurück. Indem sie Formen des Handels, die außerhalb der Gesetze von Markt oder Plan funktionieren, regenerieren und reinstallieren, bereichern sie einerseits ihr tägliches Leben und begrenzen den Einfluß und den Umfang wirtschaftlicher Tätigkeiten, die sie immer noch aufrechterhalten müssen. Andererseits verringern sie die Unterordnung ihrer Zeit und der Früchte ihrer Arbeit unter das Regime der Warenproduktion.

In ihren neuen Gemeinschaften siedeln und wohnen die einfachen Menschen, statt unter Wohnungsnot zu leiden. Eine lange Tradition unterstützt jene Aktivitäten, die eine faszinierende Illustration einfallsreicher Initiativen und freundschaftlicher Interaktion zwischen Menschen, Familien, Freunden, informellen Gruppen, etablierten Gemeinden und der Gesellschaft als ganzes bieten. In Lateinamerika unterstützte die Tradition des ländlichen Wohnens die Neuerungen, die zum Aufblühen des urbanen Wohnens zur Zeit der durch »Entwicklung« hervorgerufenen demographischen »Explosion« führte.

Millionen neuer Siedler schufen ihre neuen Gemeinschaften an modernen oder historischen Plätzen lateinamerikanischer Städte. Die Modernisierung versuchte, ihre Praktiken durch die Schaffung von Bedürfnissen (eine wachsende Wohnungsknappheit) und deren Befriediger (eine boomende Wohnbauindustrie) zu ersetzen. Dieser Versuch modernisierte die Städte, brachte Autos, Fabriken, Einkaufszentren und Schnellstraßen, versagte aber bei seinem vorgegebenen Ziel, »Wohnungen für die Armen zu schaffen«, sowohl in quantitativer wie auch in qualitativer Hinsicht. 70 % der 1980 in Mexiko existierenden Häuser wurden von ihren Bewohnern selbst erbaut. Diese Erfahrung läßt die faktische Beseitigung des Marktes für Land, Arbeitskraft und Geld an den Orten solchen Wohnens erkennen.

Der Hauptakteur der Wirtschaft, der *homo oeconomicus*, findet keine machbaren Antworten auf die »Krise« und reagiert oftmals mit Trübsinn, Erschöpfung, sogar Verzweiflung. Er fällt andauernd auf das politische Spiel von Forderungen und Versprechungen oder auf das wirtschaftliche Spiel, die Gegenwart für die Zukunft und Hoffnungen für Erwartungen zu verkaufen, herein. Im Gegensatz dazu löst der führende Akteur der neuen Gemeinschaften, der *homo communis*, den Mangel auf oder verhindert ihn durch die einfallsreichen Anstrengungen, die er unternimmt, um mit mißlichen Lagen fertig zu werden. Er erwartet lediglich Freiräume oder beschränkte Hilfe für seine Initiativen. Er kann diese Initiativen in politischen Koalitionen verbinden, die immer besser dazu in der Lage sind, die Politik neu zu orientieren und den politischen Stil zu verändern. Unterstützt durch die jüngsten Erfahrungen kann das neue Bewußtsein der Marginalisierten auch andere wecken und dadurch diese Koalitionen bis zu dem kritischen Punkt verbreitern, an dem eine Umkehrung wirtschaftlicher Dominanz machbar wird.

Moderne Gesellschaften sind als ganze in den ökonomischen Mechanismus – den Markt oder den Plan – verstrickt, welcher umgekehrt als selbstregulierte, von der Gesellschaft abgehobene Sphäre sozialer Realität erscheint. Aber dieser ökonomische Mechanismus, der das Leben der Menschen beherrscht, ist von außerökonomischen Realitäten nicht unabhängig. Der *homo oeconomicus* ist eigentlich eine unwirkliche Spezies. In reiner Form kann er nicht überleben, und der Versuch, ein ökonomischer Mensch zu sein, bedeutet immer eine radikale Reduktion des Menschen.

Die Wirtschaft, von der die Wirtschaftswissenschaftler sprechen, ist nichts weiter als eine Reihe von Gesetzen, durch die moderne Gesellschaften regiert werden. Menschen und Gesellschaften sind nicht ökonomisch, auch nicht nach der Schaffung von Institutionen und Formen der Interaktion, die ökonomischer Natur sind, ja nicht einmal, nachdem sie die Wirtschaft institutionalisiert haben. Diese wirtschaftlichen Gesetze leiten sich von einer chronischen Knappheit moderner Gesellschaften ab. Viel mehr als ein ehernes Gesetz jeder menschlichen Gesellschaft ist Knappheit ein zufälliges historisches Ereignis: Sie hatte einen Anfang, und sie kann ein Ende haben. Die Zeit für ihr Ende ist nun gekommen. Jetzt ist die Zeit der Ränder angebrochen, die Zeit des *homo communis!*

Der *homo communis* an den Rändern war fähig, trotz der Wirtschaft eine andere Logik am Leben zu erhalten, ein anderes Set von Regeln. Im Gegensatz zur Wirtschaft ist seine Logik im sozialen Gefüge eingebettet. Die Zeit ist reif, der Wirtschaft ihren Platz zuzuweisen: einen marginalen Platz. So wie es uns die Marginalisierten bereits vorgemacht haben.

Anmerkungen der Übersetzer

[1] Im Gegensatz zu Ivan Illich (»Recht auf Gemeinheit«), der den Ausdruck »gemeiner Mensch« auch im Deutschen verwendet, hat Gustavo Esteva abgelehnt, diese Übersetzungsvariante zu übernehmen und das Gegensatzpaar: *homo communis* versus *homo oeconomicus* für geeignet befunden. Esteva beschreibt mit diesen Ausdrücken Archetypen. Man wird weder dem *homo communis* noch dem *homo oeconomicus* in Reinkultur begegnen. Das widerspräche der Heterogenität menschlicher Lebenswelten. Der englische Begriff »common man« steht in enger Verbindung zu jener Form des landwirtschaftlich genützten Gemeindelandes, das man in England »commons« nennt. In dem Maß, in dem sich die englischen »commons« vom spanischen »ejido« und von der deutschen »Allmende« unterscheiden, trifft der »hombre común« oder der »gemeine Mensch« nicht das, was Esteva mit »common man« meint. Siehe dazu auch seine Ausführungen in: »Mexikos Staat und politisches System.«

[2] Dieser letzte Abschnitt wurde nach Absprache mit Gustavo Esteva gemäß den Veränderungen in einem jüngeren Text »The Secrets of Development«, der in dieser Publikation nicht erscheint, hier integriert.

Hilfe und Entwicklung stoppen!
Eine Antwort auf den Hunger

»Es fehlt an Weizen, es fehlen Lebensmittel. Männer, die zu Dieben geworden sind, bestehlen ihre Nachbarn. Die Menschen wollen laufen und können nicht gehen. Die Kinder weinen. Die Jungen schwanken wie Alte. Ihre Beine geben nach, und sie schleppen sich elendiglich dahin. Ihr Geist ist zerstört. Der Rat der Ältesten ist unbesetzt. Die Vorratskammern sind leer, nur ein Lufthauch weht durch.«

So berichtet das älteste Dokument über den Hunger, geschrieben auf einem Stein. Einige Jahrhunderte vor Abraham ließ ein Pharao diesen Verzweiflungsschrei in Granit meißeln.Dieses aufrüttelnde Zeugnis ist neben vielen anderen herangezogen worden, um aufzuzeigen, daß Hunger und Mangel die ständigen »alten Begleiter des Menschen« sind. Ich nehme mir vor, diese ideologische Dreistigkeit aufzudecken. Ich behaupte, daß der Hunger dieser Menschen, die in der Nähe des heutigen Äthiopien gelebt haben und dort gestorben sind, nichts mit dem modernen Hunger gemein hat. Wie immer trügt der Schein. Die Angewohnheit, die Vergangenheit mit unserem aktuellen Verständnis zu kolonialisieren, bildet einen Schleier, durch den wir die Umstände, welche jene Menschen erduldeten, nicht mit ungetrübten Augen sehen können. Derselbe Schleier verdeckt und verzerrt auch unseren momentanen Zustand.

Vor einem Jahrhundert haben die Wirtschaftswissenschaftler mit Erfolg eine ähnliche Herausforderung angenommen: Sie weigerten sich, Kategorien und spezifische Wahrnehmungen des aufkeimenden Kapitalismus rückwirkend zu verwenden, wenn sie sich auf präkapitalistische Gesellschaften bezogen. Aber die Frage der Knappheit ließen sie dabei offen. So traf es die historische Anthropologie, gegen die Ökonomen und das, was diese in ihrer Wissenschaft betreiben, Stellung zu beziehen.

Der Hunger und die moderne Knappheit haben einen gar nicht weit zurückliegenden Ursprung. Sie sind die Frucht von »Entwicklung«, deren Konzepte bis heute vorgeben, Hunger und Mangel zu bekämpfen. Man wendet also weiterhin eine Medizin an, die eigentlich die Ursache des Problems ist, welches auf diese Weise nur noch verschärft statt gelöst wird. Wir müssen einen Blick auf die Entstehung des Mythos werfen, um den ideologischen Teufelskreis zu durchbrechen, in dem sich die auf Hunger und Knappheit bezogenen Ideen und Aktionen bewegen. Danach werden wir sehen, daß wir nur dann in der Lage sein werden, den aktuellen Herausforderungen ernsthaft zu begegnen, wenn wir Hilfe und Entwicklung radikal stoppen, wie ich es in diesem Essay vorschlage.

I. Entwicklung als Quelle von Knappheit

1. Die Erfindung der Knappheit

Entwicklung wurde gelegentlich wie ein Gesetz formuliert, das sich über das ideologische Mittel der Metapher artikuliert, um sozialen Prozessen ähnlich wie Naturprozessen Vorbestimmtheit und Automatismus zuzuschreiben. Ob ein solches Unterfangen nun statthaft war oder nicht, Entwicklung wurde auf die konventionellste Weise als gangbares Projekt präsentiert, als Formel, die versuchte, individuelles und kollektives Streben nach Wohlstand zusammenzufassen und dies in Zielvorgaben für Ernährung, Gesundheit, Erziehung, Wohnung, Verkehr und anderem mehr wie auch in einer Strategie zur Erreichung dieser Ziele auszudrücken. Wenngleich die Definition der Ziele selbst eine Vielfalt meist abstrakter und allgemeiner Formen annahm, erforderte ihre Einbindung in eine Strategie, sie in praktischen Begriffen zu formulieren. Folglich präsentierte man sie wie ein Spiel von Normen über Erfordernisse, welche in Paketform, mehr oder weniger als Waren und Dienstleistungen spezifiziert, abgepackt werden konnten. Die Strategie selbst konzentrierte sich dann auf die Mittel zur Produktion und Verteilung dieser Pakete in Übereinstimmung mit den Normen.

Die Notwendigkeit von Entwicklungsmaßnahmen wurde gewöhnlich unter der Annahme von Knappheit und Insuffizienz postuliert. Der gerade aktuelle Zustand galt als unzureichend, weil entweder individuell oder kollektiv nicht die Quantität oder die Qualität von Waren und Dienstleistungen konsumiert wurde, die diese Normen als notwendige Mindestanforderungen beschrieben.

In erster Linie wurde Knappheit als Problem der Quantität wahrgenommen, wenn also nicht so viele Waren und Dienstleistungen produziert wurden, wie es die Normen verlangten. Die Strategie zielte darauf ab, mehr zu produzieren (Entwicklung als Wirtschaftswachstum). Als dann Mangel inmitten von Überfluß festgestellt wurde, fand man es angebracht, dieses Problem zu überdenken. Man deutete es als Verteilungsproblem. Man erkannte, daß die laufende Produktion von Waren und Dienstleistungen ausreichend war (oder es leicht sein konnte), aber es zeigte sich, daß diese nicht allen in einem Ausmaß zugänglich waren, wie es den Normen entsprochen hätte. Einige hatten keinen Zugang, und die Strategie sollte eine Lösung dafür finden. Dasselbe gilt zum Beispiel heute für die Erklärung von Hungersnöten der Nachkriegszeit (Amartya Sen) und dient als Grundlage für den entsprechenden Vorschlag: Wirtschaftswachstum *mit* sozialem Fortschritt – Entwicklung als Strukturwandel.

Diese Argumentationen wurden vor allem verwendet, um sich auf die Bedingungen von Unterentwicklung als Verlängerung eines vorangegangenen Zustands zu beziehen. So sagte man, ohne es genauer zu untersuchen, daß die unterentwickelten Gesellschaften die Normen niemals erfüllt hätten. Um sie zu erfüllen, müßten sie sich entwickeln. Es wurde trotzdem auch nötig, sich über das verstärkte Auftreten von Hunger und Knappheit nicht nur in unterentwickelten sondern auch in entwickelten Gesellschaften, welche sie doch schon hinter sich gelassen haben müßten, klar zu werden. Man meinte damals, man könnte diese Tatsache einem ungewöhnlichen Anstieg des Bedarfs (zum Beispiel als Folge des Bevölkerungswachstums) oder einem ungewöhnlichen Kapazitätenverfall (etwa aufgrund von Naturkatastrophen) zuschreiben. Die Strategie richtete sich folglich darauf, ersteren zu senken und die Kapazitäten zu steigern. In diesem Zusammenhang wurde Hilfe von außen als zeitlich beschränktes Mittel für die Phase der Not und des Übergangs verstanden, um ein ganz bestimmtes Ziel zu erreichen, das »Gleichgewicht« zwischen Kapazitäten und Bedarf wiederzuerlangen. Da sich das bis heute als unerreichbar herausgestellt hat, wurde Hilfe permanent und institutionalisiert betrieben – je nach Dringlichkeit der Umstände hinsichtlich Zeit und Raum, Hunger und Knappheit, mit unterschiedlicher Intensität und unterschiedlichem Charakter.

Die Dokumentationen über die Kontraproduktivität der Hilfeformeln, welche die Mechanismen aufzeigen, durch die Hunger und Knappheit noch akzentuiert wurden, und die in einigen Fällen nicht einmal ansatzweise die Probleme linderten, verlagerten die Bemühungen in den strukturellen Bereich, wo Unterentwicklung schon diagnostoziert worden war. Eine Vielzahl von erklärenden Hypothesen entstanden: die Muster der ursprünglichen Kapitalakkumulation, der ungleiche Tausch, die Internationalisierung von Kapital, die unkritische Anwendung der These vom komparativen Kostenvorteil, das Erbrecht und die Plünderungsmentalität der herrschenden Klassen in den neuen Nationalstaaten, die technische Revolution ohne sozialen Wandel, welche das Gleichgewicht von Geburt und Sterblichkeit modifizierte und das Bevölkerungswachstum über die Produktivitätskapazitäten hinausschnellen ließ, die staatliche Einmischung in den Markt und anderes mehr. Ein guter Teil der analytischen Beiträge, die auf diesen erklärenden Hypothesen beruhten, brachte Licht in die laufenden Prozesse und beschrieb ihre Operationsmechanismen effektiv, aber sie verharrten fast immer auf der Schwelle zu jener kritischen Prüfung, die weiterhin ausblieb. Ihre Ansätze zum Strukturwandel haben bis heute sekundäre Anpassungen der Entwicklungsstrategien vorgeschlagen, welche die grundsätzliche Ausrichtung dieser Strategien unangetastet lassen. Der Fall der aktuellen Hungersnöte in Afrika illustriert ihre Grenzen. In der letzten Dekade wurden unter den verschiedensten politischen Systemen und Regierungen sämtliche Ausformungen der gängigen Strategien mit dem heute bekannten Resultat auf die Probe gestellt. Innerhalb der konventionellen analytischen Rahmenbedingungen muß ein Ausweg aus der bestehenden Situation auf höchst unwahrscheinliche und zufällige Faktoren vertrauen, etwa auf eine spürbare günstige und anhaltende Veränderung der klimatischen Bedingungen oder der internationalen Wirtschaftslage. Daher rührt der allgemeine Pessimismus, der sich in den Entwicklungshilfeorganisationen eingeschlichen hat.

All diese Überlegungen werden von der Annahme der Knappheit beherrscht. Im Umfeld von Entwicklungsprozessen oder -strategien soll der Marktmechanismus für die einen, die soziale und bewußte staatliche Einmischung für die anderen die angemessene Verwendung der knappen Ressourcen ermöglichen, um knappe Güter zu erzeugen, die als dem Bedarf angepaßt erachtet werden. Unterstellt wird ein rein wirtschaftlicher Charakter von Bedürfnissen. Wirtschaft braucht Knappheit als Grundbedingung, da sie in Theorie und Praxis als optimale Verwendung knapper Ressourcen für alternative Ziele verstanden wird.

Diese Annahme wird in den gängigen Formulierungen gar nicht mehr ausdrücklich erwähnt, weil dem Verständnis, daß Knappheit der notwendige Begleiter der *conditio humana* sei, eine gewisse Offensichtlichkeit zugeschrieben wird. Untersuchungen, welche den historischen Charakter dieser Annahme aufgezeigt haben, wurden als akademische Pedanterie verstanden. Sie haben aber dokumentiert, daß jene Gesellschaften, die sich streng genommen wirtschaftlich nennen können, wirtschaftlich definierte und determinierte Gesellschaften, Gesellschaften mit intensiver Nutzung von Gütern, gerade erst seit drei Jahrhunderten existieren und ihre spezifischen Voraussetzungen nur für eine Handvoll von Gesellschaften charakteristisch, vorherrschend und allgemein sind.

Knappheit und Wirtschaft als Grundannahmen verseuchen aber sämtliche modernen Institutionen. Trotzdem wurde das nicht überall kulturell gleich tiefgreifend übernommen. Es gibt keinen Grund, ihre unvermeidliche Verallgemeinerung und noch viel weniger ihre uneingeschränkte Gültigkeit zu postulieren. Beim Studium der historischen Bedingungen, aus denen heraus sie entstanden sind, ist es möglich, die Voraussetzungen ihres Untergangs zu erkennen.

Vorerst ist es aber sinnvoll, verschiedene Begriffe einzuführen, um den modernen Hunger und die Knappheit von früher zur Beschreibung natürlicher und sozialer Katastrophen gebrauchten Begriffen zu unterscheiden. Man kann behaupten, daß der zitierte Pharao nicht Knappheit gemeint hat, sofern wir diesen Begriff auf seine moderne Verwendung hin reduzieren. Der Pharao hatte gesagt: »Es fehlt an Weizen«, und nicht: »Weizen ist knapp«. Die letztere Version hätten nur die ideologischen Brillen des Übersetzers in den Mund des Pharaos gelegt. Zu jenen Zeiten konnte ein plötzlicher und absoluter Mangel entstehen – aber keine Knappheit. Diese ist chronisch, anhaltend und bestimmend für die sozialen Umstände der Existenz, wie man sie ausschließlich in der modernen Zivilisation beobachten kann, denn nur sie hat die Prämisse vom grenzenlosen Charakter der materiellen Bedürfnisse der Menschen hervorgebracht.

Vorausgesetzt, daß Knappheit aus dem Verhältnis von Angebot zu Nachfrage entsteht, verurteilt die Annahme grenzenloser Nachfrage zu permanenter Knappheit. Nur eine kulturelle Definition der Grenzen des »materiellen« Bedarfs des Menschen könnte die Knappheit überwinden. Eine derartige Definition schließt offensichtlich die technischen und sozialen Mittel mit ein, welche das Aufkommen von Knappheit unter normalen Bedingungen verhindern und es erlauben, Zufällen zu begegnen.

An diesem Punkt der Überlegungen angelangt, ist die öffentlich geführte, relativ neue Diskussion über die »Grenzen der Entwicklung« zwar sachgemäß, jedoch kurzsichtig. Zwar ist anzunehmen, daß sie mit dem Gefühl zusammenhängt, daß die oben zitierte Prämisse der Knappheit unsinnig ist, dennoch ist es ihr nicht gelungen, sie zu verwerfen. Die Konzentration auf die Überprüfung der offensichtlichen und realen Grenzen der gegenwärtig und potentiell zur Verfügung stehenden Mittel, welche der Entwicklungsethos zu vernichten trachtet, um die Grenzenlosigkeit des Bedarfs glaubwürdig zu machen, verleitet gewissermaßen dazu, den Zustand dauernder Knappheit als Bewußtseinsnorm und unvermeidliches Merkmal moderner Gesellschaften zu akzeptieren. Studien, die dieser Diskussion Platz eingeräumt haben, enthalten eine gesunde Warnung vor der herrschenden Irrationalität. Trotzdem konnten sie, bis zu einem gewissen Grad zu recht, als Krücken der Legitimierung eines offenkundig ungerechten Zustandes gesehen werden, da sie in der kritischen Überprüfung ihrer Prämissen zu kurz gegriffen haben. Dadurch verändert Knappheit nur die Form, ohne das Antlitz der Unterdrückung preiszugeben, während der Bedarf weiterhin Gegenstand der herrschenden Definition bleibt.

Auch in der Welt, in der ich lebe, in einem Raum, geschaffen von Campesinos, »marginalisierten« Stadtbewohnern und deprofessionalisierten Intellektuellen, ist unser Verständnis unweigerlich von der Annahme der Knappheit und ihrer Prämissen verseucht, wenngleich im allgemeinen nicht jene konventionelle Phraseologie angewendet wird, wie ich sie in den vorangegangenen Absätzen benützt habe. Ich bin in der urbanen Mittelklasse mit dem Mythos Entwicklung aufgewachsen. Ich wurde dazu erzogen, seine Ziele zu verfolgen. Ich lernte, mein eigenes Leben und das von anderen auf die Erreichung dieser Ziele auszurichten. Dennoch brachte der Kontakt mit anderen Kulturen die Dogmen, mit denen ich groß geworden bin, zum Schwanken. Ich bin Menschen und Gruppen begegnet, bei denen es als peinlich angesehen wird, »materielle« Wünsche als unbeschränkt zu bezeichnen. Ich habe mich in kulturellen Räumen eingerichtet, wo die wirtschaftlichen Beziehungen den kulturellen, die nicht durch sie beeinträchtigt werden konnten, eindeutig untergeordnet sind. Ich habe die Unfähigkeit wirtschaftlicher Formalkategorien entdeckt, mit denen sich die Verhaltensweisen, die sich meinen Augen offenbarten, nicht beschreiben ließen. Zweifelsohne sind diese Verhaltensweisen auch von Gütern geprägt und abhängig, was ebenso auf Realitäten wie Erwartungen zutrifft. Die Unmöglichkeit jedoch, sie intensiv zu nutzen, hat das kraftvolle Überleben kultureller Verhaltensmuster im Alltag über die wirtschaftlichen Beziehungen hinaus gesichert.

Die Überproduktion ist knapper geworden und tritt als eine Unterbrechung oder Schwächung der »modernisierenden« Impulse auf. Das nennen wir heute Krise. Sie stellt für uns und unsere Welt eine Bedrohung dar. Wir aber haben mit der Wiederbelebung unserer traditionellen Verhaltensmuster den Motor für unsere Kraft, alltägliche Turbulenzen zu bewältigen, entdeckt. Unsere kulturell bestimmten Grenzen einer wirtschaftlich definierten Nachfrage wurden stets disqualifiziert. Sie wurden als Apathie, Konformismus und vor allem als ernstes »Hindernis für Entwicklung«, typisch für eine »prämoderne Mentalität«, angesehen. Wir selbst hatten schon begonnen, das so zu sehen, aber plötzlich, nahezu von einem Tag auf den anderen, wurde daraus eine ausgesprochen realistische Haltung. Wenngleich sich bei uns einige Inhalte dieses Mythos beharrlich aufrecht halten und wir immer noch einige unserer Erwartungen in Begriffen konventioneller Forderungen definieren – mehr Schulen, mehr Gesundheitszentren, mehr, bessere und billigere Nahrungsmittel, mehr Wohnungen –, ist es nicht mehr so einfach, uns zur Verwirklichung illusorischer Ziele einzuspannen. Wir haben nun viele andere, konkrete Dinge, mit denen wir uns beschäftigen.

2. Die Definition des Bedarfs

Die Bestimmung menschlicher Bedürfnisse sollte zweifellos der

Kern aller Humanwissenschaften sein. Die entsprechenden Forschungen und Spekulationen sollten um diese Frage kreisen. Die Tatsache, daß es sich dabei aber um »weiße Flecken« in der Wissenschaft handelt, könnte vielleicht darauf zurückzuführen sein, daß eine rigorose Erforschung der Bedürfnisse den Anspruch der universellen Gültigkeit der Sozialwissenschaften in Frage stellen würde, wie es in Wirklichkeit ja schon geschehen ist. Gerade das führte aber zur Umgehung des Problems, indem die fehlenden Grundlagen bei der theoretischen und analytischen Konstruktion durch konventionelle und willkürliche Annahmen ersetzt wurden.

Die mit viel Prestige ausgestattete Grundbedürfnistheorie wurde unter anderem deshalb nicht voll anerkannt, weil sie die herrschenden Konzepte implizit kritisierte. Der eigentliche Knoten dieser Theorie bleibt ungelöst. Es gibt keine Entwicklungsstrategie, die, wenn sie diese Bezeichnung verdient, als zentrales Element nicht auch irgendeine Definition von »Minimalerfordernissen« für die Befriedigung von Grundbedürfnissen der Bevölkerung aufweist.

Sehr ernste Kritiken an den diversen Quantifizierungsmethoden von Grundbedürfnissen haben sich bewahrheitet. Zwanzig Jahre nachdem Josué de Castro der Welt seine moralischen Forderungen präsentiert hatte, veröffentlichte Colin Clark über die internationalen Institutionen deren Reinterpretation. Genau zu der Zeit wurde die britische Durchschnittsernährung als normative Richtlinie herangezogen, um Hunger zu definieren, obwohl man um die völlige Unangemessenheit dieser Richtlinien und die offensichtliche Impertinenz gegenüber den betroffenen Menschen wußte. Wieder sind zwanzig Jahre verstrichen. In diesem Zeitraum hat sich die fehlende Ernsthaftigkeit bei der Erstellung der internationalen Ernährungsrichtlinien bewiesen. In ihrem Dunstkreis keimten unter anderem auch so gefeierte Veränderungsstrategien wie das »Mexikanische Ernährungssystem« (Sistema Alimentario Mexicano/SAM). Die ausdrückliche Anerkennung dieser Kritik hat jedoch nicht dazu geführt, von der Vorgangsweise, welche auf einer willkürlichen Definition der Grundbedürfnisse basiert, abzulassen. Teilweise kann man das auch darauf zurückführen, daß die Kritik die entsprechenden Grundannahmen selbst nicht berührt.

Diejenigen, die sich damit beschäftigen, »Grundbedürfnisse zu errechnen«, um Strategien, die zu deren Befriedigung führen sollen, aufzuzeigen, können diese Kritik an fehlender Präzision problemlos akzeptieren, weil sie Präzisison gar nicht erst anstreben. Ihnen reicht eine gewisse Annäherung. Die offensichtliche Sinnlosigkeit dieser allgemeinen Durchschnittswerte glauben sie über eine Segmentierung und Schichteneinteilung der Bevölkerung ausgleichen zu können, wodurch die Durchschnittswerte der Wirklichkeit angenähert werden sollen. So verlangen es die praktischen Berechnungsvorschläge, die nicht genau sein müssen. Sie akzeptieren ohne Zögern das Unding, abstrakte Forderungen wie den minimalen Kalorienwert in homogenen Warenkörben auszudrücken, die nicht den heterogenen individuellen und kollektiven Bedürfnissen entsprechen. Diese Tatsache besorgt sie nicht sonderlich, weil sie glauben, daß eine Diversifikation der Warenkörbe genüge, um das Problem zu lösen. Mit solchen Argumenten fordern sie wiederum den praktischen Wert ihrer Vorstellungen ein, unabhängig von den jeweiligen theoretischen und methodischen Schwächen.

Um die ungesunden Implikationen solcher Praktiken und ihren Mangel an Schlüssigkeit und Ernsthaftigkeit zu beweisen, genügt es nicht, sich auf die empirische Beobachtung oder die Erfahrungen, welche diesen Praktiken widersprechen, zu berufen. Es reicht ebensowenig, die autoritären Tendenzen, die sie als verwirrenden Ersatz für ihre Wirklichkeitsferne beinhalten, aufzuzeigen. Es ist unumgänglich, diese Angelegenheit, die in Theorie und Praxis das Attentat auf das menschliche Leben dieses Planeten im Namen der industriellen Modernität erlaubt hat, ans Tageslicht zu bringen. Die Annahme von Knappheit und ihrer Prämissen (die Unbeschränktheit der »materiellen« Bedürfnisse eines Menschen) stellt zunächst eine radikale Trennung von Bedürfnissen und Fähigkeiten her, was Entfremdung bewirkt. Dann versucht sie, beide aufzulösen, um den Menschen an einen Mechanismus zu binden, der verrückt macht, weil er versucht, jegliche kulturelle Bestimmung zu hintertreiben. Der Versuch, die historische Abhängigkeit der menschlichen Bedürfnisse von den Möglichkeiten, diese zu befriedigen, zu trennen und letztere über eine gigantische soziokulturelle Demontage der menschlichen Kontrolle zu entziehen, hat eine »Situation der Knappheit«, die keine historischen Vorläufer kennt, erst geschaffen.

Diese »Situation der Knappheit« könnte nur dann überwunden werden, wenn der wachsende Graben, der sich zwischen Bedürfnissen und realen Möglichkeiten aufgetan hat, überwunden würde.

Die letzte Etappe der Vorgeschichte von Entwicklung läßt sich als Bedarfszuweisung für »Eingeborene«, deren Konsum für die Expansion des industriellen Europa unerläßlich war, definieren. Das wird von der dem industriellen Ethos eigenen Annahme unterstützt, daß eine universell gültige und homogene Definition der menschlichen Bedürfnisse erstellbar sei. Diese Annahme war maßgeblich für den militärischen Kolonialismus verantwortlich und beschrieb anschließend die halb-friedliche Kolonialisierung, auch Unterentwicklung genannt. Aber sie beschränkte sich nicht auf die Kolonien oder die Unterentwickelten. Sie vollzog sich noch viel tiefgehender in den kolonisierenden Gesellschaften. Nur in diesen wurde die industrielle Definition des Bedarfs praktisch universell, bis sie sich in illusorische und frustrierende Zielvorstellungen verwandelte, die aus der Gegenwart eine immer weiter entfernte Zukunft gemacht haben.

Die Welt, in der ich lebe, konsumiert weder Kalorien noch verfügt sie über Spitalsbetten im Verhältnis 1:1000 Einwohner. Trotzdem verfallen wir immer wieder diesen Trugbildern, indem wir uns um Zugang zu genormten Lebensmitteln bemühen – junk food natürlich eingeschlossen – und Gesundheitszentren verlangen, die uns eigentlich krank machen. Im allgemeinen ist unseren Forderungen wenig Erfolg beschieden. Das erlaubt uns, unsere Bedürfnisse weiterhin in Abstimmung mit unseren Möglichkeiten zu definieren und zu befriedigen. Die Blockierungen und Zusammenstöße, denen wir ständig ausgesetzt sind, und die Erschöpfung, die sich ergab, weil wir uns in den Konsum von Dingen verrannten, zu deren Anschaffung wir erzogen wurden, haben langsam dazu geführt, daß wir unsere Hoffnungen und Wünsche im Bereich jener Bedürfnisse und Möglichkeiten finden, die wir tatsächlich haben und nach Belieben erweitern, reduzieren oder modifizieren.

3. Das technologische Zwischenspiel

Tecne, Kunst, war bei den Griechen eine bestimmte Art und Weise, irgendwelche Dinge herzustellen. *Poiesis*, Kultur, umschrieb die Gesamtheit jener Muster, welche diese Art und Weise ausmachten. Sofern sich menschliches Tun in diesen Begriffen versteht, schafft die Kultur Kunst und die Kunst Kultur. Der Weg des kulturellen Schaffens, die *Anastomosis*, beinhaltet ebenso das technische wie das künstlerische Schaffen. Die Technik ist hier eine Existenzform von Fähigkeiten, aus denen sich wiederum die Bedürfnisse bestimmen. Eine Trennung dieser beiden Komponenten gibt es nicht. Diese kulturellen Muster schaffen Verhaltensweisen, die es erlauben, individuelle und kollektive Einbrüche als normal und zufällig zu bewältigen.

Dieses Konzept, das ich am Beispiel der Griechen erläutert habe, kommt von weit her, war immer da und hat bis heute überlebt. So wie es sämtliche Kulturen geprägt und unterstützt hat, beschreibt es heute noch die grundlegenden Verhaltensformen der Mehrheit der Weltbevölkerung. Über das Nicht-Trennen von Bedürfnissen und Fähigkeiten konnten Verhaltensformen entstehen, die wir mit Mumford demokratisch-technische nennen können. Er meint, daß die kleine Mengen produzierende Methode vorwiegend auf menschlichen Fertigkeiten und animalischer Energie beruht, die immer, auch dann, wenn Maschinen eingesetzt werden, der aktiven Kontrolle des Handwerkers oder Viehzüchters unterstehen. Indem jede Gruppe durch die entsprechenden Künste und sozialen Zeremonien ihre eigenen Vorschriften hervorbringt, wendet sie stillschweigend auch die Gesetze der Natur an. Diese Technologie hat gewiß einen beschränkten Horizont, was ihre Errungenschaften angeht, aber gerade weil sie weit verbreitet und bescheiden ist, verfügt sie über mehr Kraft, sich anzupassen oder sich nach Tiefschlägen zu erholen.

Um das vierte Jahrtausend vor Christus konkurrierten, nach Mumford, mit diesen die sogenannten autoritären Techniken. Sie gaben der technischen Innovation eine neue Gestalt: die wissenschaftliche Beobachtung und die zentralistische politische Kontrolle.

Diese autoritäre Technik war fremdbestimmt und hatte mit den im Dorf üblichen Verhaltensweisen nichts mehr zu tun. Ihre herkuleischen Ruhmestaten stützen sich auf Zwangsarbeit und Sklaverei. Diese Technik zielte zwar auf Vernichtung von Menschen und traditionelle Lebensformen ab, ermöglichte aber die erste kontrollierte Überflußwirtschaft. Riesige Ernten ernährten nicht nur eine zunehmende urbane Bevölkerung, sondern stellten auch eine ausufernde Minderheit, die sich nun ausschließlich religösen, wissenschaftlichen, bürokratischen und militärischen Aktivitäten widmen konnte, von der Lebensmittelproduktion frei.

Diese erste Form autoritärer Techniken, die auf dem physischen Zwang gegen Heerscharen von Arbeitern basierte, war nicht in der Lage, ihre Schwächen zu überwinden: den Widerstand der demokratischen Wirtschaft in ländlichen Dorfgemeinschaften. Die fehlende interne Kohärenz des zentralistischen Systems, vor allem aber die profunde Irrationalität der Mythen, auf denen dieses System aufgebaut war, gekoppelt mit einer grimmigen Feindseligkeit gegen das Leben, waren der Grund dafür.

Vor einigen Jahrhunderten wurde diese erste Form autoritärer Techniken zerstört. Trotzdem schlug die politische Demokratie jenen verblendeten Weg ein, der auf der Illusion aufbaute, daß die demokratische Wirtschaftsform einen Schulterschluß mit der industriellen eingehen könnte. Der perverse Charakter der industriellen Wirtschaftsform, der den autoritären Zentralismus aus der Zeit der Monarchie noch mehr festigte, weil er den Zwang mit Überzeugung verband, wurde nicht rechtzeitig wahrgenommen. Das machte es möglich, daß das Instrument der Unterdrückung und der Vernichtung – die autoritäre, industrielle Technik – wie etwas Eigenständiges und Wohltuendes übernommen wurde und daß dabei die Instabilität des monarchistischen Schemas, das permanente physische Zwangsausübung verlangte, umgangen wurde. Damit gewannen die rationalen Mythen die Oberhand, die von der Wissenschaft, welche die höchste Gerichtsbarkeit über die menschliche Rationalität beanspruchte, auf den Thron gehieft wurden. So wurde eine vernünftige Kritik an diesen Mythen lange Zeit verhindert.

Es gibt eine Eigenart der modernen autoritären Techniken, welche sie noch gefährlicher und schädlicher macht. In den vorangegangenen Schemata war es nicht möglich gewesen, den totalen Bruch von Bedarf und Möglichkeit zu vollziehen. Es bildeten sich zwar städtische und ländliche Verhaltensmuster heraus, und die Heerscharen von Zwangsarbeitern setzten ihre Kapazitäten ein, um die Bedürfnisse anderer zu befriedigen. Um die Stabilität des zentralistischen Systems zu gewährleisten, war es aber unvermeidlich, einen gewissen Zusammenhang von Kapazitäten und »totalem« Bedarf aufrecht zu erhalten. Die realen und verfügbaren Kapazitäten verblieben, in Abstimmung mit den vorgegebenen Bedürfnissen, letztlich in kulturell definierten Grenzen. Jedesmal, wenn die paranoiden Forderungen des zentralistischen Systems die Grenzen dieser Kapazitäten zu überschreiten drohten, weil verrückterweise an einer hierarchischen Definition des zentralen Bedarfs festgehalten wurde, erfuhr das System einen radikalen Bruch. Es konnte nur aufrecht erhalten werden, wenn der durch die Ungeschicklichkeit der eigenen Entscheidungsmechanismen aufgerissene Graben rechtzeitig wieder geschlossen wurde. In der modernen Ausformung autoritärer Techniken wurde anders vorgegangen: Der Bedarf wurde ohne Abstimmung mit den Kapazitäten definiert, bewußt in Kauf nehmend, daß damit ihre natürliche Beziehung zueinander aufgehoben war. Für beide ergab sich, wider jegliche Vernunft und Erfahrung, der Glaube an die Unausweichlichkeit und Machbarkeit eines unbegrenzten Wachstums. Die Diskrepanz zwischen Kapazitäten und Bedarf, die dabei entstanden ist, kennt keinen historischen Vorläufer.

In der Welt, in der ich lebe, ist die enge Beziehung zwischen Möglichkeiten und Bedürfnissen Voraussetzung für das Überleben. Einige von uns beherrschen die für demokratische Techniken benötigten spezifischen Fertigkeiten nicht mehr. Viele beginnen, die Schablonen des herrschenden Systems der autoritären Techniken zu verwenden, und wir stoßen auf immense Schwierigkeiten, wenn wir uns von ihnen abzukoppeln versuchen – unter anderem deshalb, weil wir beginnen müssen, das wiederaufzubauen, was durch sie vernichtet wurde. Die generelle Abwertung unserer Definition von Fähigkeiten und Bedürfnissen lastet schwer auf uns. Ein Gefühl von Frustration und Unzufriedenheit bedrückt uns, wenn wir unsere Definition mit anderen Definitionen vergleichen, die das Leben bestimmter Gruppen charakterisieren, die sozial als höherwertig anerkannt werden. Die sogenannte Krise hat sich dabei jedoch für uns als große Chance erwiesen. Einerseits kommt es zu einer Wiederaufwertung unserer Fertigkeiten und Verhaltensmuster, besonders wegen ihrer Anpassungsfähigkeit und ihrer Vielfalt, aber auch weil sie die Schwächen der Produktions- und Konsummuster, die als Versprechen an uns herangetragen wurden, beweisen. Die »Krise« hat uns aber auch in unserer Überzeugung bestärkt, daß wir nur weiterleben können, wenn wir unser Leben in der Sphäre unserer demokratischen Techniken weiterführen und uns beeilen, vom zentralistischen System loszukommen. Wir hegen keinen Autarkieanspruch. Autonomie zu leben, wie wir es praktisch versuchen, meint eine vorsichtige Definition von Grenzen und Taktiken, um aus dem System auszuscheren und um gegebenenfalls die Errungenschaften des Systems zu refunktionalisieren und für uns nutzbar zu machen.

4. Der institutionalisierte Hunger

Hunger war das beste Geschäft des Jahrhunderts. Kein anderer
Aspekt der modernen Menschenvernichtung beweist die perverse
Natur der autoritären Technologie der Gegenwart so gut wie der
Hunger.

Die Kontraproduktivität der sogenannte Grünen Revolution und
ihre schädlichen soziopolitischen Konsequenzen sind zur Genüge
dokumentiert worden. Aber vielleicht wurde der Bedeutung der
technologischen Veränderung, die dazugehört, nicht genug Augenmerk beigemessen.

Nehmen wir als Beispiel die Sache mit dem Saatgut. Zunächst
wurde es »Wundersaatgut« genannt. Sein Erfolg schien erstaunlich.
Eine Bestandsaufnahme seiner Leistungsfähigkeit führte dann aber
dazu, seine Qualitätsmerkmale eingeschränkter zu sehen. Man
sprach jetzt nur mehr von »ertragsstarkem Saatgut«. Neuere Analysen, die versuchten, seine Anwendung besser zu charakterisieren,
gaben ihm den aktuellen Namen: Hybridsaatgut. Es ist das ein
Saatgut, das in der Lage ist, auf bestimmte Stimulanzen mit hohem
Ertrag zu reagieren. Die Stimulanzen können natürliche oder
künstliche Boden- und Klimaverhältnisse oder bestimmte industrielle Substanzen sein. Falls diese Stimulanzen nicht gegeben sind,
keimt die Saat nicht. Dann sind ihre physischen und wirtschaftlichen
Resultate eindeutig schlechter als jene, die mit dem wunderbaren,
landesüblichen und sehr anpassungsfähigen Saatgut erzielt werden.
Tatsache ist, daß man nur in sehr beschränkten Räumen dieses Planeten über solche Stimulanzen verfügt. Sie auf allen derzeitigen An-
bauflächen einsetzen zu wollen, ist praktisch unmöglich und wirtschaftlich irrational. Die enormen Aufwendungen für die Grüne
Revolution wären besser eingesetzt gewesen, wenn die Anstrengungen in die Verbesserung des Bestehenden gegangen wären,
anstatt das Bestehende zu ersetzen. Das »verbesserte« Saatgut beschränkt sich aber nicht auf die Räume, wo es die entsprechenden
Stimulanzen vorfindet, sondern es invadiert auch andere Gegenden. Das stark zentralisierte Produktions- und Verteilungssystem,
welches mittlerweile von einer Handvoll riesiger Konzerne kontrolliert wird, bewirkt seine allgemeine Verwendung trotz der steigen-

den Zahl schlechter Erfahrungen. Wegen dieser irrationalen Ausbreitung des »verbesserten« Saatguts ist eine schwerwiegende Zerstörung des traditionellen, »heimischen« oder »kreolischen« Saatguts entstanden, was ernsthafte Auswirkungen auf die genetische Grundausstattung dieses Planeten zeitigt und sich auf die Produktion in weiten Gebieten auswirkt. Noch kennen wir nicht das ganze Ausmaß des Schadens, den zwischen 1980 und 1982 ein Unterstützungsprogramm im Rahmen des »Mexikanischen Ernährungssystems« ausgelöst hat, aber die Ausbreitung von Katastrophenzonen in klimatisch ungünstigen Jahren ist vorhersehbar.

Kunstdünger scheint überhaupt keine Kritiker zu finden. Ihm werden sämtliche Produktionssteigerungen der Nachkriegszeit zugesprochen, und zusammen mit dem Traktor tritt er als Held der modernen Landwirtschaft auf. Noch wenig Beachtung wurde der kuriosen Verlagerung von Mist- und Gülledüngung auf Kunstdüngung im Laufe der letzten 100 Jahre geschenkt. Der Frage, wie es über diese theoretisch-technische Schiene gelungen ist, die Landwirtschaft der Industrie unterzuordnen, gälte es nachzugehen. Erst in den letzten Jahren wurden die Kontraproduktivität des Kunstdüngers, seine zerstörerischen Auswirkungen auf die Böden (sie werden erst ineffizient und schließlich unproduktiv) und die wirtschaftliche wie ökologische Irrationalität seiner Anwendung in den meisten Gebieten der südlichen Halbkugel festgestellt. Erst in den letzten Jahren, zum Teil als Reaktion auf die vernichtenden Auswüchse des industriellen Düngemittelsystems, sind die demokratischen Techniken und die organische Landwirtschaft, welche die althergebrachten Praktiken der Campesinos mit modernen theoretischen und praktischen Vorschlägen bereichert hat, zum Gegenstand ernsthafter wissenschaftlicher und mit sozialem Prestige ausgestatteter Untersuchungen geworden.

Die Aufzählung könnte so weitergehen. Aber die zunehmenden Belege der Kontraproduktivität und Irrationalität der akzeptierten Muster verblassen vor den Tatsachen. »Entwicklung« hat die afrikanischen Hungersnöte der letzten Jahrzehnte ausgelöst und aus den USA einen kurzsichtigen Ausbeuter der besten Anbaugebiete und Gewässer des Planeten gemacht. »Entwicklung« hat Knappheit verallgemeinert und neigt dazu, sie durch Hilfsmaßnahmen zu verstärken. Die Entwicklungshilfe hat wegen der Krise an Schwung eingebüßt, doch das ist für die Welt, in der ich lebe, nicht genug, auch wenn sich der Spielraum für unsere eigenen Initiativen damit vergrößert. »Entwicklung« bedroht uns weiterhin schwer. Sie erschöpft uns dauernd und verurteilt uns zu vorwiegend defensiven Reaktionen. Überall treten Verbündete auf, wie etwa die Bewegung für organische Landwirtschaft in den USA, aber die Konvention krallt sich weiterhin stur an Entwicklungskonzepte. Diese Konzepte sind verstrickt in ihre aktuellen Widersprüche: Sie tendieren dazu, ihre Überzeugungskraft einzubüßen, so daß die Schrauben der Zwangsinstrumente des herrschenden zentralistischen Systems fester angezogen werden. Sie verlangen von den politisch-militärischen Instanzen der nationalen Gesellschaften die Niederschlagung des Widerstands gegen die autoritäre Technologie, die man ehedem über die Schiene der industriellen Überzeugungskraft zu erzwingen suchte. Deshalb ist es Zeit, zum Angriff überzugehen. Es ist allerhöchste Zeit, »Entwicklung« und »Hilfe« einzustellen.

In der Welt, in der ich lebe, sind wir an wohlwollendes oder argwöhnisches Lächeln unserer akademisch oder politisch industrialisierten Gesprächspartner gewöhnt, wenn wir uns dazu durchringen, unsere Vorschläge öffentlich auszusprechen. Es wurde festgestellt, daß wir die Rückkehr zur Steinzeit anstrebten oder das Kind mit dem Badewasser ausschütten wollten. Da es unmöglich ist, unsere Beweise über die angerichteten Schäden zu verwerfen, und die Dokumentation der letzten 20 Jahre unsere Kritik an der industriellen Gesellschaft hinreichend untermauert, wird einmal mehr das Argument strapaziert, daß institutionelle Reformen dazu führen, die offensichtlichen und anerkannten Defekte der Entwicklungsstrategien zu korrigieren. Dabei sollen aber die Errungenschaften der industriellen Zivilisation erhalten bleiben. Wir sind zum Schluß gekommen, daß solche Diskussionen unvermeidlich byzantinisch und total ermüdend sind, obwohl wir gerne eine Form fänden, um effizienter zur öffentlichen Meinungsbildung beizutragen. Wir sind erfahren genug, um zu wissen, daß uns »Entwicklung« in Windeseile in die Steinzeit führt, auch ohne erst durch einen nuklearen Holocaust gehen zu müssen. Jede Diskussion darüber, die Diskussion über die Bombe eingeschlossen, scheint uns unmoralisch. Es scheint uns vorteilhafter, nicht zum betäubten und leichtgläubigen Teil der Gesellschaft zu gehören, der immer noch annimmt, daß uns die Versprechungen der Entwicklungsexperten miteinbeziehen. Darüberhinaus haben wir immer wieder bei denen, die so argumentieren, einen schweren theoretischen und ideologischen Nachholbedarf festgestellt, bis hin zu den Begriffen, die sie gebrauchen. Es sieht so aus, als wären sie in dem, was ihre Theorien in den letzten 20 Jahren produzierten, völlig vergraben, denn sie fanden nicht einmal zu den jüngsten Analysen Zugang, die uns in zunehmender Zahl recht geben. Wir sind damit beschäftigt, alte Praktiken wiederzubeleben und sie mit modernen Erkenntnissen zu kombinieren, indem wir vorsichtig zwischen den neuen Techniken, die uns nützlich sein können, auswählen, ohne bei ihrer Anwendung die Kontrolle über unser Leben zu verlieren, und wir haben immer weniger Lust, unsere Zeit mit überholten Diskussionen zu vergeuden.

5. Jenseits von NGOs[1]

Die NGO-Bewegung entstand aus einer Ernüchterung über die Tätigkeit der meisten Regierungsinstitutionen. Unter dem Banner der NGOs versammelte sich bald ein breites Spektrum von Organisationen, deren Heterogenität alle Bemühungen nach Definition oder Klassifizierung abschreckte. Als gemeinsamer Nenner von NGOs wurde ihr Non-Profit Charakter betrachtet. Diese sozialen Einrichtungen sahen sich selbst oftmals als Vermittler zwischen der »Regierung« und den »Menschen«. Ihr offensichtlicher Erfolg bei der Erfüllung dieser Aufgabe und beim Erreichen ihrer expliziten Zwecke scheinen sie nun zum Untergang zu verurteilen: Einige von ihnen verlieren ihren Non-Profit Charakter (und tendieren somit dazu, ein Geschäft wie jedes andere zu betreiben), während andere von der Regierung instrumentalisiert werden oder aber von selbst in die Organisationen und Bewegungen »einfacher Menschen« eintreten und somit ihre Vermittlerrolle aufgeben.

NGOs erhielten während der letzten Jahre volle Legitimation. In zunehmendem Maße legen Regierungen oder internationale Institutionen ihr anfängliches Mißtrauen ab und bilden speziell im Bereich der Entwicklungszusammenarbeit, die von knappen Budgets und spärlichen Mitteln gekennzeichnet ist, wirksame Partnerschaften mit ihnen. Gleichzeitig hat der Erfolg der NGOs vielen öffentlichen Behörden die Wichtigkeit der Verbesserung ihrer Methoden, Geschäfte zu betreiben, vor Augen geführt. Viele NGOs, die als ergänzende, die Regierung ersetzende oder ausgleichende Mechanismen geschaffen wurden, sind somit überflüssig geworden, da der reformierte bürokratische Apparat ihre Zielsetzungen und Praktiken übernommen hat. Kooptierung ist das zweideutige Wort, das diesen Prozeß beschreibt. In einem gewissen Sinn sind es die Regierungen selbst, die kooptiert wurden – da sie diejenigen sind, welche die Zielrichtungen und Praktiken der NGOs übernommen haben. Nach dieser Methode funktioniert jedoch auch die gegensätzliche Bewegung. Immer mehr NGOs werden nun von öffentlichen Stellen absorbiert, in deren Apparat eingegliedert, von ihnen angeheuert, oder sie gehen mit ihnen Beziehungen ein, die ihr Wesen verändern und ihre Autonomie aufheben.

Einige NGOs wiederum empfanden es als praktisch, in die Arena traditioneller Politik einzutreten, und haben sich selbst in politische Gruppen verwandelt, deren explizites Ziel es ist, in die »Regierung« zu kommen, um die von ihnen vertretenen Vorstellungen und Ziele durchsetzen und verwirklichen zu können. Dieser Schritt entfernt sie aus der Welt der NGOs.

Solche Veränderungen sind Gegenstand intensiver Auseinandersetzungen in unserem Umfeld. Die Graswurzelorganisationen und -bewegungen, die viele NGOs absorbieren, betrachten mit großem Interesse die Bereicherung konventioneller Politik, die diese durch die Eingliederung neuer Akteure, die vormals in der Welt der NGOs verwurzelt waren und die üblicherweise eine Verbesserung demokratischer Praktiken anstreben, erfährt. Da demokratische Formen von Herrschaft eine grundlegende Komponente des Kampfes der NGOs waren, neigen diese dazu, in der politischen Realität eine Verfestigung dieser Herrschaftsform zu bewirken. Sie wissen aus Erfahrung um die ernstzunehmenden Beschränkungen, die ihren Anstrengungen durch Aktivitäten von seiten der Regierungen, wo die formelle Demokratie schwach oder überhaupt inexistent ist, auferlegt sind, und um wievieles besser sie wirken können, wenn sie bei den Regierungsstellen angemessene demokratische Unterstützung finden. Gleichzeitig scheinen sich viele Graswurzelorganisationen der Gefahr bewußt zu sein, die die Illusion, daß die Regierung sich ihrer annähme und ihre Hoffnungen erfülle, in sich birgt. Für sie kommt es nicht mehr darauf an, wer in der Regierung ist, sondern was überhaupt Regierung bedeutet, worin ihre Beschränkungen und ihr Charakter sowie die Kontraproduktivität der meisten ihrer Institutionen besteht. Nachdem sie erkannt hatten, daß formelle Demokratie ein notwendiger politischer Schutzschirm für ihre Aktivitäten sein könnte, versuchten sie aktiv, die Rolle und Tragweite formeller Demokratie neu zu formulieren, während sie gleichzeitig ihre Anstrengungen auf die Wiedererlangung der Kontrolle über ihr Leben und über die sich ständig bereichernde Praxis sogenannter »direkter Demokratie« konzentrierten.

In den siebziger Jahren begünstigte die zunehmende Offensichtlichkeit des Scheiterns von »Entwicklung« das Aufblühen der NGO-Bewegung auf der ganzen Welt. In den achtziger Jahren hat die »Krise« sowohl die Wiedererlangung selbstbestimmter Lebensräume für die Menschen als auch Reformen von seiten der Regierungen stimuliert, was zu einer Einengung des Betätigungsfeldes für NGOs, deren Mittlerrolle oder Leistungsvermögen nun überflüssig, trivial, irrelevant und oftmals auch kontraproduktiv geworden ist, geführt hat.

Für jene, die ihren Status und ihr Einkommen aus der Förderung von »Entwicklung« beziehen, hat das universelle Scheitern von »Entwicklung« Anlaß zu einer Intensivierung ihrer Aktivitäten gegeben. Das Ende der Entwicklungsepoche wurde deshalb von einer allgemeinen Steigerung der Entwicklungshilfezahlungen durch die entwickelten Länder begleitet. Die öffentlichen Budgets für diesen Zweck haben oft die finanziellen Einschränkungen der achtziger Jahre überlebt und wurden in zunehmendem Maße in die aufblühenden NGOs im Norden gelenkt, die häufig noch eigene Mittel und Leistungen zum gemeinsamen Unterfangen beisteuerten. Trotzdem wurde aber das offizielle Ziel, 0,7 % des BSP für Entwicklungshilfe bereitzustellen, von einigen Ausnahmen abgesehen, bei weitem nicht erreicht. Es wird niemals erreicht werden. Entwicklungshilfe ist jetzt auf der ganzen Welt einer permanenten Kritik ausgesetzt, die aus allen Ecken des ideologischen Spektrums und von einer sensibilisierten öffentlichen Meinung kommt. Während die neoliberale Stimmung viele Regierungen des Nordens bewegt, die Organisation und die Durchführung des Technologietransfers, den sie immer noch als eine Angelegenheit des Marktes – und nicht der Hilfe – betrachten, zu verbessern, hat die Linke in den meisten Formen von Entwicklungshilfe einen imperialistischen Gehalt entdeckt, den sie nun entschieden verdammt. Viele NGOs wiederum haben begonnen, an Entwicklung selbst und den Methoden der Hilfe zu zweifeln.

In Anbetracht aller dieser Umstände stellt sich die Frage, ob die

Zeit nun für das Zurücknehmen aller Formen von Hilfe reif ist? Werden unsere Vorbehalte und Einwände, wird der Widerstand der Menschen, die das Ziel aller Entwicklungshilfeleistungen sind, endlich wahrgenommen und berücksichtigt werden? Stellt jegliche Form der Hilfeleistung einen unakzeptablen Eingriff in das Leben anderer dar, der beendet werden muß? Sollten jene Menschen in den Industrieländern, die an mehr Gerechtigkeit interessiert sind, nicht besser ihre Bemühungen auf die Veränderung ihrer eigenen Gesellschaften konzentrieren, anstatt zu versuchen, die Gesellschaften anderer zu verändern? Sollten sie ihre Solidarität nicht besser auf gezielte Informationsarbeit konzentrieren – wenn sie darum gebeten werden –, und sollten sie sich nicht selbst auf eine passive, nur auf die Anliegen ihrer Gegenspieler in den »Entwicklungsländern« reagierende Rolle beschränken?

Von jetzt an ist die Infragestellung sämtlicher Formen von Entwicklungshilfe weder die nebensächliche Behauptung einiger weniger Radikaler noch eine intellektuelle Modeerscheinung. Sie hat – als logische Schlußfolgerung jeder ernsthaften Analyse der zur Zeit verfügbaren Belege über die Auswirkungen von Entwicklungshilfe auf der ganzen Welt – den akademischen und politischen Mainstream erreicht. Wir wissen es jetzt. Hilfe ist kontraproduktiv. Hilfe ist zerstörerisch. »Stellt Hilfe ein!« und »Stoppt Entwicklung« könnten wohl die Slogans für eine weltweite Kampagne sein. Die Zeit ist reif, es immer klarer und unzweideutiger auszusprechen. Keine Hilfe kann berechtigt sein, zuallerletzt aus der Sicht und aus den Interessen derer, die sie erhalten. Nicht einmal im Falle schwerer Katastrophen. Was genug ist, ist genug.

Gibt es überhaupt keine Alternative? Sollten wir also unsere Freunde in den Industrieländern bitten, zu Hause zu bleiben und uns nicht zu belästigen? Ist es möglich, unserer gemeinsamen Kritik an Entwicklung und Hilfe einen positiven Inhalt zu geben? Ist es möglich, unserer gemeinsamen Auffassung, daß der eigentliche Kern von Entwicklung – in allen ihren Formen – ein heimtückischer Mythos ist, dessen Verfolgung unser Leben und unsere Umwelt bedroht, einen positiven Gehalt zu verleihen? Und ist es möglich, unserer gemeinsamen Überzeugung, daß der eigentliche Kern von Hilfe einen inakzeptablen Angriff auf die Würde derer, denen geholfen werden soll, beinhaltet, einen positiven Gehalt zu geben? Wir können es vielleicht, und zwar dann, wenn es uns gelingt, unsere

Kritik zu vertiefen und über das ökonomische Gefängnis, in dem wir sie formuliert haben, hinauszugehen.

Die »Solidaritätsbewegung« ist zweifellos eine Avantgarde in der industriellen Gesellschaft und besitzt ein großes Potential für Veränderungen. Sie war jedoch unfähig, aus ihrem ökonomischen Umfeld auszubrechen und sich vom ökonomischen Virus zu befreien, mit dem sie alles infiziert, was sie berührt. Immer mehr Menschen innerhalb der Bewegung versuchen, die zerstörerische Illusion von Entwicklung oder das pervertierte Trugbild des Technologietransfers abzulegen. Sie versuchen aktiv, dem ethnozentrischen Wesenszug des »Missionierens« zu entsagen, um die Tradition der Freiwilligkeit vollständig wiederzugewinnen und aufzuwerten. Aber die »Solidaritätsbewegung« reist mit Taschen voller Geld um die Welt. Die konkreten Motive derer, die darin verwickelt sind, mögen menschlich und ihr konkretes Engagement und ihre Hingabe mögen bewundernswert sein. Indem sie jedoch ihre Beziehungen in ökonomischen Begriffen definieren und herstellen und indem sie in ihren konkreten Aktivitäten die Zentralität der Ökonomie reproduzieren, vereiteln sie nicht nur die Chancen für die Errichtung einer wirklichen Verknüpfung von Solidarität, sie zerstören ebenso die Gemeinschaften, innerhalb derer sie arbeiten, und zerbrechen das soziale Gefüge, indem sie Knappheit schaffen und bisherige Lebensstile plötzlich entwerten. Diese zerstörerischen Auswirkungen der Ökonomisierung, die durch Formen von Solidarität – vollgepackt mit finanziellen Transfers – ausgelöst wurden, sollten nicht unterschätzt werden. Um sie besser einschätzen zu können, mag ein kurzer Verweis auf das wahrnehmende Umfeld, das ökonomisches Denken und Verhalten bestimmt, recht nützlich sein.

Die Knappheitshypothese, die von den Gründervätern der Nationalökonomie als das axiomatische Prinzip ihrer Wissenschaft formuliert wurde, ist nicht nur zu einer charakteristischen Gewißheit des modernen Menschen geworden, der sich keine Gesellschaft ohne diese verrückte Annahme mehr vorstellen kann; sie bestimmt auch sein soziales Milieu, da seine Gesellschaft – die ökonomisierte Gesellschaft – durch den Aufbau des sozialen Gefüges rund um diese Annahme gekennzeichnet ist, das heißt, durch die zentrale Stellung der Ökonomie in der Wahrnehmung, der Ausgestaltung und der Verwaltung der Leben sowohl der Individuen als auch der

Gesellschaften. Ähnlich dem Midas[2] verwandelt der moderne Mensch alles, was er berührt, in einen Bestandteil »der Ökonomie«; in seiner Gesellschaft ist der Prozeß der Ökonomisierung beinahe abgeschlossen. Beinahe, aber nicht vollständig, denn in allen Industriegesellschaften leben Männer und Frauen, die sich ihrer Verwandlung in einen *homo oeconomicus* tapfer widersetzen. So steht zum Beispiel die »Solidaritätsbewegung« – trotz all ihrer Fehleinschätzungen und Verzerrungen – für eine radikale Ablehnung der zentralen Stellung ökonomischer Prämissen bei der Bestimmung von Motiven und Verhaltensweisen. Sie beinhaltet implizit eine grundlegende Kritik an der Auffassung, die zu einer Neubestimmung von Männern und Frauen auf der ganzen Welt im Namen von Fortschritt und Modernisierung geführt hat und die den derzeitigen Alptraum geschaffen hat.

Wenn der Technologietransfer ausgeschlossen wird – keine Experten oder Expertisen mehr benötigt, keine »Ausbildungskomponenten« in jedem Projekt, kein Sie-Unterrichten –, was bleibt zu tun und wie soll es getan werden? Wenn Geld- oder Warentransfers ausgeschlossen werden – keine Nahrungsmittelhilfe, keine Überschüsse, die verteilt werden, keine Jobs, die durch solche Wohltätigkeiten geschaffen werden, kein Geldfluß zu den »Nutznießern«, den »Empfängern«, ja in der Tat keine »Nutznießer« und keine »Empfänger« –, wenn jeder finanzielle, technische oder Warentransfer von den Tätigkeiten der »Solidaritätsbewegung« ausgenommen wird, was bleibt ihr dann noch zu tun? Solidarität, schlicht und einfach Solidarität. Aber damit Solidarität Wirklichkeit wird, muß man über jede abstrakte Definition hinausgehen: Wenn sie sich nicht in konkreten Formen gegenüber konkreten Männern und Frauen ausdrückt, ist »Solidarität« nichts weiter als Narzißmus, sogar sinnlos als Mittel gegen Einsamkeit. Solidarität, definiert als eine spezifische Art der Interaktion zwischen Männern und Frauen, ist Gastlichkeit gegenüber dem anderen. Sie kann nur innerhalb von Freiräumen bestehen, die es ihr erlauben, in jede Richtung geäußert zu werden – unter der Annahme ihres Vorhandenseins in Hülle und Fülle. Solidarität, schlicht und einfach Solidarität ist alles, was der »Solidaritätsbewegung« zu tun bleibt!

Die »Solidaritätsbewegung« könnte, wenn sie kritisch mehr die Herausforderung an die Phantasie als an die Brieftasche annimmt, eine wirkungsvolle Avantgarde werden mit einer Arbeitsweise, die sich radikal von der der meisten Avantgarden der Vergangenheit (die zu Despotismus oder Konservativismus verdammt sind) unterscheidet. Sie könnte in der Form von Räumen der Freiheit und der Geselligkeit bestehen, die sich auf natürliche Weise in die Gesellschaft ausdehnen, ohne dies wirklich anzustreben. Sie wird ähnlich funktionieren wie Wellen, die sanft in einem See wogen, noch lange nachdem der ins Wasser geworfene Stein verschwunden ist. Dieser dezentralisierte politische Stil muß mit einer effektiven Dezentralisierung der Wirtschaft Hand in Hand gehen – sowohl in der strukturellen Bestimmung der Bewegung als auch in ihrer Arbeitsweise.

In diesem Zusammenhang impliziert politische Dezentralisierung eine Neubestimmung der Polis, um sie wieder zu den natürlichen Räumen politischer Betätigung der Menschen zurückzubringen. Durch die Betonung lokaler statt nationaler oder internationaler Räume kann es zu dieser Neudefinition von Politik kommen, die dem Ideal der Selbstbestimmung eine reale Chance gibt, Wirklichkeit zu werden. Formelle oder repräsentative Demokratie auf nationaler oder internationaler Ebene sollten so lange bestehen bleiben, wie sie benötigt werden, dabei sollte aber das Gewicht von den Rechten auf die Freiheiten verlagert wie auch die Interventionsbereiche dieser Regierungsebenen eingeschränkt werden.

Inseln der Freiheit, die von der »Solidaritätsbewegung« geschaffen werden sollen, mögen Informationsarbeit und eine Teilnahme an herkömmlichen Formen von Politik erfordern, sowohl für die Schaffung solcher Inseln wie auch für deren dauerhaftes Gedeihen. Aber für sie sollte nicht die reformistische oder revolutionäre Transformation der Regierung im Mittelpunkt stehen, um damit die notwendigen Veränderungen in der Gesellschaft herbeizuführen und zu vollenden. Der Schwerpunkt sollte darauf gelegt werden, die zerstörerischen Aktivitäten der regierungsnahen Institutionen zu stoppen oder von diesen die passende Unterstützung für die autonomen Aktivitäten der Menschen in der »Solidaritätsbewegung«, in den Graswurzelorganisationen, in den Gemeinschaften, in all den Inseln der Freiheit, die in diesem Prozeß geschaffen wurden, zu erhalten.

Die »Solidaritätsbewegung« verlangt durch die radikale Dezentralisierung der Wirtschaft nach neuen Wegen jenseits der Prämisse von Knappheit. Dezentralisierung der Wirtschaft bedeutet nicht die Verlagerung des Zentrums an die Peripherie und damit die Intensivierung von Beherrschung und Kontrolle. Dezentralisierung steht hier für die radikale Entfernung der Wirtschaft aus dem Mittelpunkt persönlichen und gesellschaftlichen Lebens. Sie bedeutet in Theorie und Praxis eine Kampfansage an die Prämisse der Knappheit, indem andere Annahmen in die Vorstellungen und sozialen Konstruktionen von Realität eingefügt werden und andere Lebensstile organisiert werden, die reale Knappheit wirkungsvoll verhindern und regulieren, indem sie am Rande persönlichen und kollektiven Lebens gehalten wird. Sollte das wirklich zur Debatte stehen, ist es nicht unsere Aufgabe zu versuchen, uns durch die Übernahme der Vorstellung von Knappheit und der Werkzeuge und Verhaltensmuster, die es dem *homo oeconomicus* erlauben, zu überleben, zu Tode zu »entwickeln«. Es gilt für uns stattdessen, aus unserer Erfahrung und unseren Fähigkeiten, die Wirtschaft trotz Kolonialismus und Entwicklung an den Rändern zu halten, zu lernen.

Solch eine Rückbesinnung beinhaltet natürlich die Auflösung all jener Maßstäbe, die gegenwärtig die Aktivitäten der »Solidaritätsbewegung« oder die Entwicklungshilfeprojekte bestimmen. Keine Projekte oder Programme sind zu finanzieren, keine Ideologien zu fördern, keine Ziele zu erreichen, keine Kontrolle aufrechtzuerhalten, keine Verwaltung zum Laufen zu bringen. Als eine Konsequenz daraus wird eine solche Rückbesinnung von all jenen, die ihren Status und ihr Einkommen aus der Anwendung und Handhabung dieser Maßstäbe beziehen, als eine Bedrohung gesehen werden. Informationsarbeit und all die politischen Praktiken, mit denen die »Solidaritätsbewegung« vertraut ist – wenn nötig auch das Einschwenken auf herkömmliche Partei- oder Parlamentspolitik – werden erforderlich sein, um ihre Ansichten durchzusetzen. Business as usual? Vielmehr das Gegenteil: Die radikale Auflösung der eigentlichen Grundlagen des wirtschaftlichen Modus, das radikale Blockieren des Aufblühens unbezähmbarer Bürokratien und das Vereiteln der Expertendiktatur, die radikale Erschließung neuer Daseinsformen, die radikale Änderung herkömmlicher Politik durch einen vollkommen anderen politischen Stil.

II. Anleitung zu Forschung und Wandel

Es ist weder gangbar noch ratsam, Hilfe und Entwicklung plötzlich abzustellen. Das zu versuchen, würde das zentralistische System veranlassen, die Schraube wieder anzuziehen, und die Konsequenzen würden wir tragen müssen. Das wäre letztlich das Gegenteil dessen, was wir brauchen.

Ein erster Grund für diese Unmöglichkeit ist die Existenz eines wesentlichen Segments der Bevölkerung – irrtümlich die Mittelschicht genannt –, dessen Ideologie, Interesse und Erwartung von Entwicklung geformt und geprägt wurde. Im allgemeinen hat es die Beharrlichkeit, die eine autonome Lebensbewältigung verlangt, eingebüßt und könnte nur schwerlich überleben, wenn es plötzlich aus den Mechanismen, von denen es abhängt, ausgekoppelt würde. Dieses Bevölkerungssegment hat großen Einfluß auf die Herrschaftssphären und die öffentliche Meinung. Es verfügt auch über eine starke politische Mobilisierbarkeit zur Verteidigung seiner konventionellen Interessen. Der Versuch, sich gegen diese Gruppe zu stellen, würde sinnlos sein.

Zweitens verlangt die physische und soziale Vernichtung, die sich im Namen von Entwicklung ereignet hat, einen enormen Einsatz im Wiederaufbau, der mit großen gesellschaftlichen Visionen verbunden sein muß. Es geht nicht nur darum, Zerstörtes zu reparieren, sondern auch darum, Formen zur Demontage und zur sinnvollen Aneignung der Apparate und Institutionen, die zur industriellen Produktion gehören, zu erfinden, um die wirtschaftlichen und menschlichen Kosten, welche die Transformation erfordert, zu decken.

Schließlich verfügen wir nur über unzureichendes Wissen über diese und andere Aspekte des Wandels. Die Archäologie der Entwicklung könnte beitragen, den Weg zu erhellen, um besonders unter denen, die ideologisch und praktisch noch immer in das Konzept von Entwicklung verstrickt sind, die kritische Bewußtwerdung zu fördern und die Lebensformen neu zu bewerten. Aber es gibt noch viele andere Forschungsanliegen, vor allem über das Vorgehen bei der Demontage, die sehr bald angegangen werden sollten. Die im folgenden aufgezeigten Erkundungsgänge wollen weniger als Vorschläge denn als Anregungen verstanden sein.

1. Wie stellen wir die Hilfe ein?

Es ist obszön, christliche Nächstenliebe, wie schon geschehen, mit Entwicklungshilfe zu verwechseln. Wie Prinz Klaus von Holland bei einer der letzten SID-Konferenzen gesagt hat, kann die Nächstenliebe fortbestehen, so wie eh und je. Es ist außerdem vorhersehbar, daß menschlichere Lebensbedingungen sie wiederbeleben werden. So könnte sie wieder zur besten Garantie für Stabilität und für den Umgang mit sozialen und Naturkatastrophen werden.

Mit der Entwicklungshilfe ist es etwas anderes. Diese Hilfe ist ein wirtschaftspolitischer Vorgang, der sich zuweilen das Mäntelchen der Nächstenliebe umhängen konnte. Entwicklungshilfe ist ein Instrument kolonialer Unterdrückung. Zur Zeit tritt sie als Vermittler von Entwicklungsversprechungen auf. Das muß aufhören.

Wir müssen dringend das Schweigen über den Hunger in Afrika und in anderen Teilen der Welt organisieren. Es geht natürlich nicht darum, Informationen zu verbergen oder die Konsequenzen des Hungers herunterzuspielen. Sie sollen, ganz im Gegenteil, Gegenstand der breitest möglichen Diskussion sein. Es geht für jene, die durch den unverantwortlichen Umgang der Massenmedien mit Informationen auf der ganzen Welt beleidigt worden sind, darum, die Würde wiederzuerlangen. Es gilt, die Würde jener, die eine der größten Tragödien der Menschheitsgeschichte erleiden, zu respektieren. Es ist unmoralisch, Schuldgefühle von Menschen auszubeuten, damit sie Nächstenliebe vorspielen. Es ist unmoralisch, diese vorgespielte Nächstenliebe mit kommerzieller Musik zu untermalen. Es ist unmoralisch, solche Dinge auf diese Art zu diskutieren.

Wir müssen die Hilfsorganisationen abbauen – und zwar sämtliche; die nationalen ebenso wie die internationalen; diejenigen, die religiöse und spirituelle Motive vorgeben, gleichermaßen wie die, die wirtschaftliche oder politische Anliegen bekunden. Sie sind, wie hinreichend dokumentiert wurde, nicht nur Auslöser der allgemeinen Vernichtung in den Gesellschaften, für die sie bestimmt sind, sondern mit ihren Vollmachten über die Fonds zerstören sie auch noch Nächstenliebe und Würde.

Wie die gesamte Geschichte der Katholischen Kirche beweist, kann Nächstenliebe nicht über die Vermittlerrolle von Institutionen ausgeübt werden. Wir können, im Schweigen vereint, die einzige wirkliche Nächstenliebe praktizieren: Nächstenliebe, die zwischen Menschen entsteht, welche vom selben menschlichen Drama und einem ähnlichen Lebensimpuls erfaßt sind. Wir nützen dabei alle Kontakte und Verbindungen aus, damit wir in allen Erdteilen diejenigen in eine freie Beziehung zueinander bringen, die miteinander in Kontakt treten wollen. Wenn es dabei um irgendeinen Kampf geht, dann müssen wir uns für ein gesetzlich abgesichertes und überall gültiges Verbot der »caritativen« Hilfsorganisationen einsetzen.

In diesem Sinne darf es keine Halbheiten geben.

2. Wie stoppen wir Entwicklung?

Das Wort *Comida* (Speise) ist ein Ausdruck in unserer Sprache, der Aktivitäten und Interaktionen, welche Individuen miteinander und mit ihrer Umwelt haben, beschreibt. Dieses Zusammenspiel von Aktivitäten und Interaktionen erlaubt den Menschen, die materiellen Elemente hervorzubringen, zu erhalten und zu assimilieren, die notwendig sind, um ihr Leben in autonomer Subsistenz zu sichern. Zwei Wörter aus derselben kulturellen Sprachfamilie, trinken und atmen, vereinen jeweils ein spezifisches materielles Element – Wasser und Luft; *Comida* umschreibt das übrige.

Ich schlage vor, das Wort *Comida* zu verwenden, um uns von den Ausdrücken *Lebensmittel* oder *Nahrung* zu distanzieren. Letztere sind Begriffe, die dem professionellen und institutionellen Gebrauch vorbehalten bleiben sollten. Essen, sich mit der *Comida* zu beschäftigen, sie hervorzubringen, zuzubereiten, zu kochen und zu verzehren, umfaßt Aktivitäten, die Männer und Frauen gleichermaßen ausüben. Sie gehören unwiderruflich zu ihnen. Sich zu ernähren meint dagegen, Lebensmittel anzuschaffen und zu konsumieren, die von Professionalisten produziert und von Institutionen verteilt werden.

Ich kann diese Unterscheidung auf Spanisch ausdrücken und in meiner Wirklichkeit Verhaltensweisen vorfinden, die diese Unterscheidung klar machen. Ich kann dokumentieren, daß die *Comida* unter den meisten Campesinos eine komplexe, kulturelle Beziehung zur *Milpa* (traditionelle Maispflanzung, die nicht der technischen Form des Maisanbaus entspricht) sowie verschiedenste Aktivitäten und Interaktionen beschreibt, in denen man den Bedeutungsunterschied ganz klar feststellen kann. Ich kann die Unterschiede in Haltung und Verhaltensweisen eines Mittelklasseakademikers aus Mexiko-Stadt erkennen, der ernährt wird, Lebensmittel konsumiert, von den Institutionen abhängig ist, die ihn ernähren, und nur schwer versteht, was *Comida* bedeutet.

In anderen Sprachen wie Französisch oder Deutsch kann man diesen Unterschied noch umreißen, wenngleich man damit der wirklichen Unterscheidung nicht auf dieselbe Weise nahekommt. Ich könnte viele Beispiele von Gesellschaften im Süden anbieten, wo das Wort Speise komplexe kulturelle Praktiken beschreibt, die in enger Verbindung mit *Comida* stehen.

Auf Englisch kann ich diese Unterscheidung nicht treffen. *Food* bedeutet Nahrung. *Meal, Nourishment* und andere Begriffe stehen mit *Food* im Zusammenhang. Es gibt kein englisches Wort für *Comida*. Ich kann mich hier nicht mit einer langen Erklärung, warum das so ist, aufhalten, zumal die Gründe dafür sich gleich erhellen werden. Ich will diese Tatsache benützen, um den Sinn des Handelns, das nötig ist, zu erklären. Die angelsächsische Welt ist der kulturelle Raum, in dem das industrielle Produktionsverfahren sich als entscheidende Dimension am stärksten entfalten konnte. Die ortsüblichen Aktivitäten, die mit *Comida* in Verbindung stehen, wurden dort konstant erstickt, wenn nicht verboten. Wer in den letzten Jahrzehnten versucht hat, sie wiederaufzunehmen, ist immensen Schwierigkeiten begegnet. So konnte der permanente Mangel an *Comida* institutionalisiert und dem klassischen Hunger sämtliche Formen der Unterernährung angedichtet werden. Wenngleich dem Hunger in den USA viel weniger Aufmerksamkeit in den Massenmedien geschenkt wird als dem Hunger in Afrika, nützt man ihn doch, um das intensive Streben nach illusorischen Zielen von Gesundheit und Ernährung weiter anzufachen. Die Bürger in den USA werden damit noch fester an den professionellen und institutionellen Apparat, der auf konventionellen ebenso wie auf alternativen Wegen Leistungen im Gesundheitswesen und in der Ernährung bereitzustellen hat, gefesselt. Sie werden auf die dramatische Situation ihrer Abhängigkeit vom zentralistischen System vorbereitet und dahingehend erzogen. Diese Situation sieht so aus, daß sich der institutionelle Mechanismus nicht nur um ihre Körper kümmert, indem er sie »schützend« reguliert (Ernährung, Gesundheit, Transport usw.), sondern sich ihres ganzen Lebens annimmt. Das ist natürlich eine extreme Form der Regulierung, welche als unvermeidbare Konsequenz die Nukleartechnologie und eine auf die Spitze getriebene autoritäre Technik mit sich bringt.

Unser Bestreben ist im Gegensatz dazu, Appetit und *Comida* wiederzuerlangen, beide in ihrer heimischen Atmosphäre zu belassen, sofern sie dort noch anzutreffen sind, und sie dort wieder zu reintegrieren, wo sie schon im Ernährungssystem aufgegangen sind. Zunächst bedeutet das, die aktuellen Einschränkungen auszunützen, um eine tiefgreifendere Entwicklung auf dem Gebiet der *Comida* aufzuhalten. Dazu können – neben autonomen Initiativen – eine Reihe politischer Maßnahmen beitragen: ein fortschrittliches, gesetzliches Verbot der Produktion und des Konsums minderwertiger Nahrungsmittel und besonders ein sofortiges Verbot ihrer Werbung; die Verbreitung der Erkenntnisse über den Wert und die unterschiedlichen Effekte von *Comida* und *Ernährung*; das Einstellen von Subventionen, die momentan in die kommerzielle Landwirtschaft fließen; eine Dezentralisierung und Entinstitutionalisierung der staatlichen Service-Einrichtungen, die im Zusammenhang mit Landwirtschaft und Ernährung stehen...

Das alles wird noch nicht genug sein. Es ist kaum zu hoffen, daß die Anstrengungen von Campesinos und »marginalisierten« Stadtbewohnern zum vollen Erfolg führen, selbst wenn eine neue Politik sich dazu durchringen könnte, diese Anstrengungen respektvoll zu unterstützen, statt sie wie heute zu verbieten und zu verhindern. Die Entwicklungshilfe hat es fertiggebracht, physische und soziale Räume zu vernichten, die gebraucht werden, eine kollektive, abgestimmte und anhaltende Anstrengung des Wiederaufbaus zu unternehmen. Der Großteil der Menschen in der bevölkerungsreichsten Stadt der Welt, Mexiko-Stadt, in der ein Viertel der Gesamtbevölkerung des Landes lebt, ist zum Beispiel nicht mehr in der Lage, die *Comida* selbst hervorzubringen. Sie müssen bereits ernährt werden. Auf dem Land sind in Mexiko schon derartige ökologische und menschliche Schäden entstanden, daß nur eine global abgestimmte Anstrengung es erlauben würde, den aktuellen Herausforderungen zu begegnen. Mexiko könnte innerhalb eines einzigen landwirtschaftlichen Zyklus die zwei oder drei Milliarden Dollar sparen, die es momentan für Agrarimporte ausgibt, ohne den Wert seiner Agrarexporte zu reduzieren, und die Unterstützungen, die gegenwärtig für Landwirtschaft und Ernährung ausgegeben werden, abzuschaffen statt zu erhöhen. Aber auch in diesem Fall wäre der autonomen Produktion von *Comida* für einen guten Teil der Bevölkerung noch ein weiter Weg beschieden. Es wäre weiterhin nötig, sie zu ernähren und gleichzeitig auf ein Nationales Ernährungsprogramm (Programa Nacional de Alimentación) zurückgreifen zu können, wie es zur Zeit bereits existiert.

Die Notwendigkeit »nationaler Ernährungsstrategien« verlangt tiefgreifende Veränderungen in den institutionellen Apparaten, deren Verständnis gewöhnlich mit jenen Faktoren in Verbindung steht, die Hunger und Mangel erst entstehen lassen. Solche Veränderungen wären nur dann möglich, wenn die Bevölkerung im Hinblick auf die Ausarbeitung der Strategien weitgehend mobilisiert würde. Einerseits wäre es angebracht, neue Verständigungsformen, die den demokratischen Bürgerorganisationen entlehnt werden, zu schaffen, um die traditionellen, dem zentralistischen System angepaßten Vorstellungen zu ersetzen. Andererseits ist es notwendig, daß die Hauptakteure, die Bürger, die wichtigsten Aufgaben und die Verantwortung übernehmen, damit staatliches und institutionelles Handeln zwar als Anlaufstelle für Unterstützungsmaßnahmen, aber nicht als Ersatz für autonomes Handeln fungiert. Auf jeden Fall muß die Durchführung einer erfolgreichen »Ernährungsstrategie« (um diesen schrecklichen militärischen Begriff zu verwenden) zur Abschaffung und Auslöschung jeglicher Art von Ernährungsprogramm führen. Die Strategie ist wegen des Vernichtungsgrades und des verlorenen Artikulationsvermögens bezüglich der Ernährungsgewohnheiten in unserem Land notwendig. Gemeinsam abgestimmte Anstrengungen sind gefragt, um die irreversiblen Schäden zu kompensieren, die schon entstanden sind; um zu retten, was noch zu retten ist, und um die autonomen und isolierten Bemühungen zu unterstützen, die immer noch durchgeführt werden und heute auf jede denkbare Art von Hindernissen stoßen.

Wenn diese »Strategie« Erfolg hat, oder besser gesagt, wenn sie vollkommen umgesetzt wird, muß sie in ein allgemeines Schema zur Wiedererlangung autonomer Subsistenz überführt werden. Das würde die Erstellung und Durchführung eines jeglichen Ernährungsprogramms überflüssig machen. Es geht unter dem Strich darum, auf zwei Füßen vorwärts zu kommen: nationale Programme und vielfältige dezentrale Anstrengungen. Das sind parallele Wege, die sich gegenseitig befruchten. Die nationale und regionale Strategie muß mit der kollektiven Anstrengung des gesamten Landes abgestimmt werden. Nur wenn sich die Strategie ihrerseits nicht in einen anderen mobilisierenden Mythos oder eine andere Verwaltungsentelechie verwandelt, kann sie sich in den Dienst der Anstrengungen für eine autonome Subsistenz stellen. Wenn diese Anstrengungen wiederum nicht der räumlichen Begrenztheit, in der sie unternommen werden, entsprechen und keine netzförmige Kommunikation, eingebunden in die großen Entwürfe nationaler Vorschläge, auf lokaler und regionaler Ebene hergestellt wird, bleiben sie unausweichlich dem Druck der ihnen entgegenstehenden Faktoren ausgesetzt und werden die Konsequenzen ihrer Schwäche in der Form von Isolation erleiden.

Mit meinen Vorschlägen habe ich mich auf Länder des Südens bezogen, in denen es noch genug Raum gibt, etwa in der Welt, in der ich lebe. Im Hinblick auf die, die das afrikanische Drama ausnützen, um weiterhin den konventionellen Pfaden zu folgen, und die sich auf den Notstand dort berufen, kann ich nur festhalten, daß es auf jenem Kontinent mehr als irgendwo anders notwendig ist, Entwicklungshilfe einzustellen und einen neuen Weg zu beschreiten. Gerade das tun bereits viele afrikanische Bauern, wie Marie Angelique Savané beschreibt.

Was die innere Stimmung in den Industrieländern betrifft, habe ich nichts zu sagen. Ich weiß nicht, wie wir ihnen klarmachen sollen, daß wir weder ihre Hilfe noch ihre Entwicklung wollen. Trotzdem glaube ich, wenn wir nur miteinander sprechen und einander verstehen, Bedingungen geschaffen werden, unter denen Nächstenliebe und Solidarität auf beiden Seiten entstehen könnten. Darauf kommt es auch an.

3. Die Herausforderung und die Option

Die momentane Herausforderung könnte als ein Versuch beschrieben werden, der eine simultane Erschütterung der Ideologien und Institutionen sowie eine Dezentralisierung der Initiativen auslöst, um angemessene Interventionsformen für das Entstehen eines »historischen Wissens für den Kampf« zu finden. Das könnte zur Autonomie kultureller, miteinander in Netzform verflochtener Gruppen führen.

Wie man weiß, gehen die Humanisten von der Annahme aus, sie könnten Ideologien verändern, ohne dabei Institutionen umzuwandeln. Hierher gehört zum Beispiel die Nationalisierung und die Verstaatlichung oder Verbürokratisierung der Gesellschaft unter einer »politischen Herrschaft« anderer Orientierung, etwa der des »Klassencharakters«. Die Reformisten wieder versuchen, Institutionen zu modifizieren, ohne das ideologische System anzugreifen, zum Beispiel in Form der Verwaltungsdezentralisierung als Akt der verstärkten Kontrolle des Zentrums über die Peripherie. Die Herausforderung besteht nun in der gleichzeitigen Auseinandersetzung mit Ideologien und Institutionen im Sinne vielfältiger Optionen, die mit einer echten Wahlfreiheit und wirklicher Autonomie für interkulturelle Kontakte und für Austauschmöglichkeiten mit anderen Gruppen ausgestattet sind.

Die Herausforderung liegt in der Erschütterung: Es geht nicht darum, zu verändern, zu entwickeln, bewußt zu machen, Prozesse oder ein Erwachen auszulösen, den Staatsapparat zu reformieren, Korruption, Ineffizienz oder Kontraproduktivität der Institutionen zu bekämpfen oder ähnliches. Es genügt nicht, noch kräftigere Ausdrücke als Revolution oder struktureller Wandel zu verwenden, solange sich ihr Sinn nicht ändert. Auf theoretischer Ebene muß dem Diskurs über die allgemeine Ordnung eine vollkommene Absage erteilt werden, um eine Sprache, eine Ausdrucksweise, Kategorien und Systeme der Wahrheitsfindung zu erneuern. Auf der institutionellen Ebene geht es nicht darum, diese zu reformieren oder zu bekämpfen, sondern Institutionalisierung und Professionalisierung der menschlichen Aktivitäten abzuschaffen. Abgeschafft gehört auch die »Notwendigkeit« von Produktions- und Service-Einrichtungen, welche menschliche Bedürfnisse reduzieren und homogenisieren und die Befriedigung dieser Bedürfnisse mittels standardisierter Massenproduktion abwegiger und entfremdender Güter programmieren.

Die Dezentralisierung der Regierung darf sich nicht in der Verlagerung des Zentrums an die Peripherie erschöpfen, was über Normen, die Effizienz vortäuschen, geschieht. Das wäre die Form, wie sie im angelsächsischen (kolonialen)Diskurs beschrieben wird, dem auch die Theorie und die Praxis der »Dorfentwicklung« und der »Bürgerbeteiligung« zuzuordnen sind: Die Dezentralisierung der Regierungsaktivitäten besteht in der Neugestaltung des Zentrums (taktisches Verhalten), indem man sich den von der sozialen Basis ausgehenden Impulsen öffnet, um ein effizientes und rei-

*oben: Die frisch enthüllten Fresken werden bestaunt, diskutiert und
natürlich gefeiert.*
*unten: Viele Häuser in den sogenannten Slums werden liebevoll mit
Fresken bemalt, welche mexikanische Alltagsszenen nach dem Vorbild
eines Diego Rivera darstellen.*

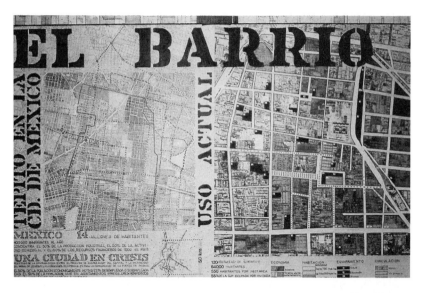

*oben: Der in einem UN-Wettbewerb prämierte Revitalisierungsplan für den
Stadtteil Tepito, von den Bewohnern selbst entworfen.*
*unten: Das Zentrum der modernen Hauptstadt Mexikos ist von wilden
Siedlungen durchdrungen, die der ländlichen Lebensraumgestaltung
nachempfunden sind und den Standards modernen Wohnbaus trotzen.*

oben: Die Einzimmerhäuser in einer vecindad werden als absoluter Privatbereich der jeweiligen Bewohner respektiert. Der Innenhof dient als Wohnzimmer, in dem Besucher empfangen werden.
unten: Die Innenhöfe der vecindades sind kinderfreundliche Spielzimmer.

99

oben: In den Trümmern des Erdbebens von 1985 finden sich immer noch verwertbare Baumaterialien.
unten: Die Wiedererschaffung des eigenen Lebensraums beginnt für die meisten Erdbebenopfer in Mexiko-Stadt mit der Schaufel in der Hand.

*oben: Marta, Mutter zweier Kinder, ohne Schulabschluß, ist die anerkannte
Architektin, Statikerin und Baumeisterin beim selbstorganisierten
Wiederaufbau (Camapamentos Unidos) nach dem Erdbeben.
unten: Soziale und politische Aktivitäten, sowie Planungen für die
Verbesserung der Bausubstanz im Barrio werden grundsätzlich gemeinsam
entschieden und ausgeführt.*

101

oben: Ein neuer Nahversorgungsladen beginnt meistens mit einem Tischchen vor dem Fenster
unten: Liebevoll angeboten finden sich im üppigen Angebot des Schwarzmarktes Nützliches und Dekoratives.

oben: Die Straße ist Werkstätte und Ausbildungsplatz zugleich.
unten: Auf einem überall in der Stadt üblichem Tsiangis (Kiertag) werden
unter anderem auch Autositze aller KfZ-Typen angeboten.

oben: Waschtag in der vecindad. Auch die Kinder haben dabei ihren
selbstverantwortlichen Aufgabenbereich.
unten: Die gemauerten Becken zum Wäschewaschen in den städtischen
vencidades sind kommunikationsfreundlich
nach indianischer Tradition angelegt.

bungsloses Funktionieren des Systems zu ermöglichen und um den Umfang (Quantität) des Zentrums durch seine Intention (Qualität) zu ersetzen (strategisches Verhalten).

Gleichzeitig gilt die Herausforderung, die Fähigkeiten und Impulse aus der Peripherie zu respektieren und zu unterstüzen. Dazu braucht man kein Zentrum, denn diese Impulse könnten sich in einem umfangreichen, tendenziell unbegrenzten, jedoch selbstbeschränkenden Netzwerk miteinander verbinden, das über die Zusammenschaltung verschiedenster Zentren der Wahrheitsuche und Wahrheitsfindung entsteht und die Hervorbringung eigener kultureller und unabhängiger Verhaltensmuster einschließt.

Eine solche vernetzte und dezentralisierte Struktur könnte im Rahmen einer wachsenden Demokratisierung der Gesellschaft entstehen. Die repräsentative Demokratie muß dahingehend perfektioniert werden. Voraussetzung ist die Effektivität des Wahlrechtes und der demokratischen Entscheidungsfindung sowohl auf politischer Ebene als auch innerhalb sämtlicher Bürgerorganisationen, bis beide Elemente zu selbstverständlichen und bewußten Praktiken für die gesamte Bevölkerung werden. Andererseits müssen die Prozesse für das Entstehen *direkter* Demokratie verstärkt werden. Das beinhaltet, die Praxis des gemeinsamen Schaffens und der »Volksbeteiligung« verstärkt anzuregen (als Mechanismus und Instrument der Einführung in Verhaltensformen, welche die Mitsprache der Bürger in ihren Belangen bei der Planung, Programmierung und Durchführung vergrößert). Diese Maßnahmen sind für die Strategie sinnvoll, eine wachsende, organische Integration (unter demokratischen oder autoritären Regierungen) zu verhindern, die in die geistige Gleichschaltung und in die Ermöglichung der institutionellen Integration von Macht im Sinne einer heteronomen Logik mündet.

Die strategische Herausforderung besteht letztlich im Hervorbringen autonomer Handlungsformen. Veränderungen können weder von internen Reformen staatlicher Apparate kommen (wenngleich diese notwendig sind), noch können sie ohne eine staatliche Intervention oder gegen den Staat durchgeführt werden, wenn man von der Menge an Ressourcen, die er zur Zeit kontrolliert, dem Ausmaß und der Qualität seiner Präsenz ausgeht.

Die Taktik bei der Bewältigung dieser Herausforderung besteht darin, die autonomen Initiativen mit den öffentlichen Aufgabenbereichen zu verbinden, um wirkliche Kompromisse innerhalb der vorgegebenen Richtlinien zu erzielen. Die Staatsführung muß ihre Hauptaufgabe darin erkennen, die kollektiven Anstrengungen auf nationaler Ebene mit den externen Regulationsmechanismen von Wirtschaft und Gesellschaft zu verbinden und andererseits ein koordiniertes Wiederaufleben der Möglichkeiten für autonome Subsistenz zu fördern. Damit entledigt sie sich aber nicht der Konkurrenz der lokalen und regionalen, dezentralen und autonomen Initiativen. Diese Initiativen müssen zu einer fortschreitenden Verselbständigung ihrer Bedürfnisse und Fähigkeiten finden, die im (Wieder-)Herstellen von funktionierenden Zellen besteht, die unter ihrer eigenen und direkten Kontrolle stehen.

In solchen kulturellen und vernetzten Gruppen müßte die autonome Theoriefindung eine wichtige Rolle spielen, und zwar auf lokaler und regionaler Ebene, die dann kein System gemeinsamer Normen bräuchten, um ihre Gültigkeit unter Beweis zu stellen. Das wäre ein Schöpfungsakt, welcher nicht von der konkreten Wirklichkeit ausgeht, um Spekulationen und Interpretationen durchzuführen, sondern er stünde in der Wirklichkeit und bliebe ihr verbunden.

Eine solche Theoriefindung kann zur eigenen Bereicherung auf die Ausgrabung verborgener und verdeckter historischer Inhalte, die von der funktionalen Kohärenz und der formalen Systematisierung verschüttet sind, zurückgreifen. Diese Arbeit geht Hand in Hand mit einer Aufwertung des traditionellen Wissens, das von »wissenschaftlichen Weisheiten« für inkompetent und ungenügend ausgearbeitet gehalten wird, und immer als Herrschaftsinstrument diente.

Die Koppelung »traditioneller Weisheit« (Geschichten, Systematisierung von Erfahrungen) mit lokalen Überlieferungen (traditionelles Wissen) könnte das Entstehen eines »historischen Wissens für den Kampf« im Herzen der anzuwendenden Taktiken erlauben. So könnte der Kampf gegen die Tyrannei der universalisierenden Diskurse und gegen die »wissenschaftliche Hierarchisierung des Wissens« (mit ihren spezifischen Herrschaftseffekten) entstehen. Gekämpft würde dabei gleichzeitig für die Reaktivierung traditionellen Wissens. Die Herausforderung besteht »nicht darin, das Bewußtsein der Menschen, oder das, was sie im Kopf haben, zu verwandeln, sondern darin, das politische, wirtschaftliche und institutionelle System, das Wahrheiten produziert, zu verändern« (Foucault).

So gesehen stellt sich die Herausforderung nicht für die Gesamtheit der Gesellschaft. Weit davon entfernt, eine Minimalforderung zu sein, um auf lokaler und regionaler Ebene initiativ zu werden, ist ein Projekt für »die Gesamtheit der Gesellschaft« ganz im Gegenteil immer eine Maximalforderung, die nur in einem autoritären Entwurf befriedigt werden kann. Die Summe von Aktionen und Initiativen autonomer, kultureller Gruppen, die vielfältige Prozesse ausgelöst haben, kann nicht als »gesamte Gesellschaft« verstanden und beschrieben werden. Sie gehört eher zu bestimmten physischen und sozialen Räumen, deren Zusammensetzung und Grenzen unsicher sind: Sie tritt als unvorhergesehene und unvorhersehbare, unregulierte Verflechtung auf, deren autonome Anstrengungen selbstgesetzten Grenzen unterliegen. Was dabei herauskommt, ist keinesfalls für »die gesamte Gesellschaft« gültig. Beim Entstehen dieser vernetzten, heterogenen und vielgestaltigen Struktur müssen auf jeden Fall die Hypothese vom angeborenen Egoismus (Schlüssel für die Illusion vom perfekten Konkurrenzkampf) und mit derselben Bestimmtheit die Hypothese vom angeborenen Altruismus (Schlüsselbegriff für die Illusion von der perfekten Zusammenarbeit) verworfen werden. Es müssen vielmehr Zusammenwirken und Reziprozität als Beziehungsform gefunden, erschaffen und wiedererlangt werden. Der Grad, die Ebene und die Form des Zusammenwirkens würde sich ständig verändern. Asymmetrien auszurichten ist unweigerlich Teil der Heterogenität von Gruppen in vernetzten Strukturen. Es handelt sich um eine komplexe Interaktion im neuen Sinne des Austausches, die sich keinem Programm unterwirft. Auch kann sie nicht unter unmöglichen Vorhaben – wie das altruistische und unilaterale Fließen von »starken« zu »schwachen« Gruppen – gesehen werden. Der Wettbewerb wird wahrscheinlich eine Grundvoraussetzung für diese Art der Interaktion sein.

Aus diesen Erörterungen leitet sich kein Modell ab. Es gibt da keinen Wegweiser, welcher die Gedanken oder das Handeln leiten könnte. Kein neues Paradies wird angeboten, kein Plan vorgestellt.

Es geht eigentlich nur darum, gegen die teleologische Einbahnstraße zu denken. Die Vorausschau, als materielle Kraft von enormer historischer Bedeutung, wird nicht ausgeschaltet, aber ihre untrennbare Anwendung, um eine Zukunft für »alle« zu zeichnen, die wie ein neuer Lockvogel vor unseren Nasen baumelt, wird abgelehnt.

Die kollektiven und koordinierten Anstrengungen werden hier nicht schlecht gemacht. Ich schlage nicht vor, sich ins Chaos zu stürzen, um sich als Individuum oder als Gruppe freien Initiativen einfach auszusetzen. Ich schlage vor, daß ein notwendiges Zusammenwirken das Ergebnis einer strategischen Erstellung von Richtlinien durch die Widerstandspole und die autonomen Initiativen ist. Das allein schon könnte der legitime Grundstock für einen Plan sein. Es geht nicht darum, Veränderungen herbeizuführen, indem man die Menschen in eine vorbestimmte Richtung drängt, welche Richtung das auch immer sein mag – die eines charismatischen Führers, einer Partei, der Kirche oder einer anderen Vereinigung. Es geht vielmehr um die Anerkennung der Mobilisierungsfähigkeit von Menschen und darum, zu lernen, sie zu begünstigen, anstatt sie zu hemmen. Es geht darum, zu begreifen, daß der, der diese Fähigkeit besitzt, »geschickt wie ein Tänzer ist, über die Geistesgegenwart eines Fußballspielers und den Überraschungseffekt eines Guerilleros verfügt« (Enzensberger). Nur das kann unter Mobilisierung verstanden werden, nicht das, was man bei Umzügen und Demonstrationen beobachten kann. Nur das ist die Erschütterung, die gleichzeitig Ideologien und Institutionen bewegen und verändern kann.

Und wenn es darum geht, haben die Campesinos ein entscheidendes Wort mitzureden. Der größte Teil ihrer Erfahrungen ist mit den Eigenheiten der autonomen Subsistenz verbunden. Sie waren historisch in der Lage, sich untereinander und in Beziehung zu anderen zu mobilisieren. Sie wissen, worum es geht und sind theoretisch und praktisch bereit, die oben ausgeführte Richtung einzuschlagen.

Die neuerlich gestellte Agrarfrage, welche von den Campesinos ausging und von der Gesellschaft aufgegriffen wurde, muß in diesem Rahmen behandelt werden. Wenn die Krise, in der wir heute stecken, wie das schon viele ahnen, nicht die Turbulenz des Übergangs zur nächsten Phase der Krise ist sondern das Röcheln einer Ära, die erlischt, können konventionelle Hypothesen vielleicht auch anwendbar sein, aber sie sind gewiß nicht ausreichend.

Unser Land befindet sich in einem Übergang, einem starken Veränderungsprozeß, aber die Art dieses Übergangs ist noch nicht ausgemacht. Und die Fragen sind da, fest eingeschnürt in ein chaotisches Bündel von Krisen. Die Theorien, die gerade am Ruder sind, konnten sie weder vorhersehen noch erklären und noch weniger konnten sie einen Ausweg zeigen. Worum könnte es also gehen? Was ist der Leitfaden im Denken und Handeln, dem man folgen kann, um einen neuen Weg zu beschreiten? Wie könnte, angesichts einer immer allgemeineren Ablehnung der herrschenden Modelle und der Gewalt, die sie im Falle der Konfrontation begleitet, eine kritische Prüfung aussehen, die aufgreifbar wäre, um die Richtung wieder anzugeben? Wenn eine Ära zu Ende geht, was stirbt mit ihr?

Einmal werden diese fest mit unserer Realität verbundenen Fragen abgelehnt und für völlig irrelevant gehalten. Es gibt ja gegen sie das Mittel der Flucht hinter die konventionellen Brillen, die es erlauben, weiterhin von den Illusionen der Entwicklung und den Vorteilen der Beziehungen zum Ausland zu träumen. Dann wieder werden sie wirklich ernst genommen, Antworten werden ersonnen und sogar in die Praxis umgesetzt. Das sind keine akademischen Spekulationen. Soziale und politische Kräfte aller Couleurs sind von diesen Dingen schwer betroffen. Einerseits baut man auf präzise, analytische und klar vorgezeichnete Formulierungen. Das trifft auf die Versionen mit religiösem Anstrich zu, die den Katechismus von Jahrzehnten und Jahrhunderten nachbeten, sich für die Besitzer der Wahrheit halten und jene mit Verwunderung, Zorn oder Wohlwollen beobachten, die sich trauen, diese Versionen in Frage zu stellen. Auf der anderen Seite herrscht Unsicherheit. Aus Ermangelung an Bannern und abgesegneten Standarten werden jetzt statt Versprechungen Grenzen definiert. Es fehlt an Funktionären und Promotoren, die sie noch als neuen Köder anbieten, um wieder mit den Hoffnungen der Menschen ihren Handel zu treiben. Unter »normalen« Umständen gäbe es kein Schwanken bei der Frage, wer die Zuschauerränge zu mehr Enthusiasmus hinreißen könnte, welcher Vorschlag die größere Anziehungskraft besäße und nach welcher Seite das Pendel der Geschichte ausschlagen würde.

Aber wir leben nun einmal nicht unter »normalen« Umständen, und es sieht auch so aus, als ob sie nie mehr wiederkehren würden. Genau diese Option, welche von der Krise geschaffen wurde, läßt dem Spiel freien Lauf.

Anmerkungen

[1] Punkt 5 ist Teil eines Referates von Gustavo Esteva, das er im Mai 1985 unter dem Titel »Auf der Suche nach Gastlichkeit und Solidarität – jenseits von Hilfe und NGOs« in Finnland gehalten hat und von den Herausgebern in gekürzter Form in den Originaltext von »Detener la Ayuda y el Desarrollo« eingefügt wurde.

[2] *Midas*: phrygischer König, der – so der Mythos – alles, was er berührte, in Gold verwandelte.

Staat und politisches System in Mexiko aus der Perspektive von Graswurzelbewegungen

1. Die Entkoppelung von Militarisierung und Krieg

Mexikaner können die moderne Bedeutung von Krieg nicht erfassen. Die klügsten und »modernsten« Köpfe in Mexiko können die Kategorie verstehen und gebrauchen sie auch als ein analytisches Instrument, aber den Mexikanern ist eine Auffassung von Krieg und Frieden eigen, die als »vormodern« bezeichnet werden kann.

Die Unkenntnis von Krieg

Als die Spanier unser Land eroberten, gab es so etwas wie Krieg nicht. Der permanente Widerstand der Indios während dreier Jahrhunderte kolonialer Herrschaft war immer ein glühender Kampf ums Überleben – und nicht ein Krieg gegen eine fremde Macht. Der Kampf um die Unabhängigkeit im frühen achtzehnten Jahrhundert war eine interne Revolution und kein Krieg. Wir erlitten französische und amerikanische Militärinterventionen, die manchmal mit unseren internen Konflikten in Verbindung standen, aber wir befanden uns weder mit Frankreich noch mit den Vereinigten Staaten jemals im Kriegszustand, auch wenn diese Länder die Streitigkeiten mit uns auf diese Weise interpretierten.

Während des zweiten Jahrzehnts dieses Jahrhunderts, als unsere eigene soziale Revolution im Gange war, gab es einen verdeckten Krieg zwischen ausländischen Mächten, die versuchten, Mexiko in den Weltkrieg hineinzuziehen.[1] Die Menschen wußten das nicht, und erst vor wenigen Jahren entdeckten das die Gelehrten. Etwas Ähnliches passierte während des Zweiten Weltkriegs. Nach Jahren diplomatischer Bankette und Auszeichnungen für unsere Präsidenten von seiten der USA wurde Mexiko gegen Ende des Krieges den Alliierten angeschlossen. Unser Beitrag bestand darin, eine Fliegerstaffel ausrangierter US-Flugzeuge bereitzustellen, die fast zu klapprig waren, um irgendein Schlachtfeld zu erreichen. Nach dem Waffenstillstand mit Japan wurde unseren Piloten, die eine Pseudokriegsteilnahme im Pazifik hinter sich hatten, im größten Fußballstadion ein Heldenempfang bereitet. Ohne irgendeine mir bekannte Ausnahme waren die Leute stolz auf die Weisheit ihrer Regierung – und niemand, den ich kenne, war beschämt.

Krieg ist für unsere Vorstellung etwas vollkommen Fremdartiges, etwas, das anderen aus unerfindlichen Gründen zustoßen kann und das uns nicht betrifft, sogar wenn es Auswirkungen auf unser Leben hat. Wir lesen Bücher oder sehen Filme über die Wellen patriotischer Begeisterung, von denen Millionen von Menschen bei einem Eroberungskrieg oder bei einem Konflikt zwischen Nationalstaaten hingerissen werden. Uns fehlt jegliche Erfahrung – sowohl in unserem Leben als auch in unserer Geschichte – die uns diesen eigentümlichen Zustand, der scheinbar sonst jedem bekannt ist, verstehen läßt. Militarisierung hat für jene Mexikaner, unter denen ich lebe, keinen Bezug zu Krieg im modernen Sinn, keinen Bezug zu nationalen oder multinationalen Konflikten. Sie ist ein Nebenprodukt unserer internen Schwierigkeiten. Sie ist verknüpft mit dem Krieg im Inneren, was lediglich eine andere Bezeichnung für die *pax oeconomica* ist.

Konventionelle geopolitische Interpretation

Die mexikanische Unkenntnis des Krieges im modernen Sinn hat viele verwirrt, die sie in geopolitischen Begriffen zu interpretieren versuchten. Man argumentiert etwa folgendermaßen: Im Süden liegt Zentralamerika. Die Gesamtbevölkerung der sechs Länder entspricht etwa der Einwohnerzahl von Mexiko-Stadt oder einem Drittel unserer Gesamtbevölkerung. Ein Krieg mit irgendeinem dieser Länder wird von uns als Witz abgetan. In den fünfziger Jahren, als wir einige Konflikte mit Guatemala hatten und entdeckten, daß ihre Armee zumindest damals stärker als die unsrige war, kursierten in Mexiko viele Witze darüber. Ihre Kampfflugzeuge hätten, ohne auf den geringsten Widerstand zu stoßen, Mexiko-Stadt erreichen und großen Schaden anrichten können. Wir befürchteten schon, ihre Generäle könnten einen Überfall lancieren, um so von ihren internen Schwierigkeiten abzulenken. Aber eigentlich waren wir uns sicher, daß die Gefahr, einen Krieg mit Guatemala zu verlieren, nicht bestand. Es bestand nicht einmal die Gefahr, daß einer begonnen würde, weil sowohl die mexikanischen als auch die guatemaltekischen Militärs wußten, daß ein Kriegsbefehl unwirksam gewesen wäre, wenn er nicht vom Norden, von den Vereinigten Staaten, gutgeheißen worden wäre.

Ich fühle mich bei dieser Art von Analyse nicht recht wohl. Sie wurde von den Experten entwickelt, uns über die Medien eingetrichtert, und wir übernahmen sie wie jede andere Neuigkeit. Andere Tatsachen beherrschten unsere Wahrnehmung, zum Beispiel die Tatsache, daß die Menschen im Süden immer noch Mayas sind. Die alte Mayakultur entspricht viel eher der Identität der Menschen südlich von Zentralmexiko als die Vorstellung, ein Mexikaner oder ein Guatemalteke zu sein. Seit 1980 sind Tausende von Flüchtlingen von Guatemala über die Grenze nach Mexiko gekommen. Viele von ihnen weigerten sich, den Flüchtlingsstatus anzunehmen.[2] Für nationale und internationale Behörden war es unmöglich, sie von mexikanischen Staatsbürgern zu unterscheiden. Sie vermischen sich mit den mexikanischen Campesinos. Da sowohl mexikanische als auch guatemaltekische Campesinos keine Ausweispapiere haben und sich physisch und kulturell sehr ähnlich sind, können Flüchtlinge nicht einfach als solche identifiziert werden. Wer könnte sich einen Krieg zwischen Mayas auf beiden Seiten der Grenze vorstellen? Es gab weder in präkolumbischen Zeiten noch während der Kolonialzeit Grenzen zwischen uns. Die Grenzen zwischen den zentralamerikanischen Staaten wurden – Jahrzehnte bevor die Menschen sie hier entdeckten – in Washington ausgearbeitet. Sogar heute noch betrachten die Leute sie mit Zorn oder mit Humor, als ein Problem oder als einen Witz.

Bezüglich unserer Nachbarn im Norden vergessen wir niemals, daß El Tejas, La California, El Nuevo México, El Oregón und La Arizona im neunzehnten Jahrhundert an die USA übergingen. Ihr Verlust war von einigen militärischen Operationen begleitet, aber diese waren nicht mit einem modernen Krieg vergleichbar. Wir lernten schon sehr früh in unserer nationalen Geschichte, daß wir unsere Beziehungen zu und Konflikte mit den USA nicht militärisch regeln können. Die USA halten den Weltrekord in der Zahl militärischer oder politischer Interventionen in den Territorien oder internen Angelegenheiten anderer Länder während der letzten 200 Jahre. Mexiko seinerseits hält den Weltrekord hinsichtlich Erfahrungen mit US-amerikanischen Interventionen.[3]

Diese Erfahrungen und dazu das Bewußtsein über das ständig wachsende militärische Ungleichgewicht zwischen beiden Ländern schufen bei den Mexikanern die Wachsamkeit und Fähigkeit, ihre internationalen Konflikte mit allen möglichen Mitteln – ausgenommen militärischen – zu regeln. Wir sind stolz auf unsere Außenpolitik, die sich seit mehr als einem Jahrhundert nicht verändert hat.

Diese geopolitische Erklärung der mexikanischen Ignoranz gegenüber Krieg stellt mich jedoch nicht zufrieden, und ich werde versuchen zu erklären, warum das so ist. Ich kann – theoretisch – verstehen, daß uns die Auffassung von »nationaler Sicherheit« aus geopolitischen Gründen fremd ist. Mexiko hat weder einen Vorwand für eine »expansionistische Politik«, der mit den Vorwänden der USA konkurrieren könnte, noch bedarf es des Schutzes, da wir im Süden keine Nachbarn ähnlicher Größe haben. Diese Art des »Verstehens« erklärt jedoch nicht das vor uns liegende Problem. Wenn ich versuche, die Vorstellungen und die Gefühle meiner Freunde in Mexiko darzulegen, dann muß ich einen anderen Zugang wählen. Die Voraussetzung für jede Politik der »nationalen Sicherheit« in konventionellen Begriffen ist das nationale Interesse und eine allgemeine Vorstellung davon. Gibt es bei uns so etwas?

Nation, Nationalismus und Kultur

Niemand wird jemals ganz sicher wissen, ob die reichhaltigen und verschiedenartigen präkolumbianischen Kulturen im Begriffe waren, Nationen im modernen Sinn des Wortes aufzubauen. Wir wissen im Gegensatz dazu aber sicher, daß keine zu jener Zeit eine Nation war und daß Spanien 300 Jahre lang das Entstehen eines nationalen Traumes in Neuspanien, einer Kolonie, die die heutigen Territorien Mexikos, Zentralamerikas, Teile Kolumbiens und des Südens der USA umfaßte, verhindert hat. Die Kolonialherrschaft begann mit einem Genozid: von den Millionen Indios, die hier lebten, blieben 100 Jahre nach der Eroberung nur mehr wenige übrig.[4] Der Kampf, der die folgenden 200 Jahre andauerte, war ein Kampf ums Überleben. Von Zeit zu Zeit war die spanische Krone in lokale Konflikte involviert und ging gelegentlich Kompromisse ein, zum Beispiel als der König Eigentumsrechte indianischen Gemeinden gewährte. Für diese Gemeinden unterschied sich der König symbolisch nicht sehr von den präkolonialen theokratischen Herrschern; die koloniale Herrschaft, sei sie nun mexikanisch oder nicht, war auf keinen Fall eine Art nationale Regierung.

Die Erfindung einer Nation

Wenn wir den Historikern Glauben schenken, so war der erste Mexikaner, der die Idee einer Nation entwickelte, ein Jesuit namens Clavijero.[5] Er war Kreole, also der Sohn spanischer Eltern, aber in Amerika geboren. Als er während des letzten Viertels des achtzehnten Jahrhunderts in Italien lebte, wirkte er dem Bild von Amerika, das zu jener Zeit in Europa Mode war, entgegen. Buffon, Corneille de Paw und andere Europäer verbreiteten damals gerade die »wissenschaftliche« Erkenntnis, daß die Natur in Amerika etwas Monströses, Entartetes und Verderbtes wäre, bewohnt von einer Spezies von Untermenschen.[6] Clavijero und andere gebildete Kreolen traten lebhaft gegen ein solches Vorurteil auf. Er widersetzte sich der Vorstellung, daß »die Natur und die Geschichte eines Teils der Erde – nämlich Europas – als ein Modell für das ganze Universum hingestellt wird«. Anstatt Amerika zu sehen und wahrzunehmen, beklagte er, würde der Kontinent lediglich mit Europa verglichen. Durch diesen Vergleich würden »Mängel« oder »Ausschweifungen« konstatiert, um die Behauptung einer »Minderwertigkeit« des Kontinents aufrechtzuerhalten und die Kolonialherrschaft moralisch und politisch zu rechtfertigen. Clavijero stellte diese Sichtweise elegant auf die Probe, indem er das Argument umdrehte: Er zeigte, daß das Bild von Europa »minderwertig« erscheint, wenn man es nur mit amerikanischen Augen betrachtet.

Nach dieser logischen Übung, welche die Dinge wieder vom Kopf auf die Füße stellte, entdeckten Clavijero und die Menschen seiner Generation die amerikanische Natur neu und enthüllten ihre wunderbare Reichhaltigkeit. Sie entdeckten dabei auch die indianische Vergangenheit des Kontinents. Sie mußten in Amerika eine spezifische Realität, deren Werte nicht von Europa abhängig waren, finden, um sie dem europäischen Urteil gegenüberzustellen und ihre eigene Realität zu formulieren. Sie fanden sie in den Indios.

115

Sie verwandelten die indianische Welt in ein klassisches Beispiel, ein klassisches Paradigma.

200 Jahre vorher war Bartolomé de Las Casas dafür eingetreten, auch den Indios eine Seele zuzugestehen. Er tat dies, um sie vor den verbrecherischen Übergriffen der Kolonisatoren zu schützen. Aber er tat es auch, um für sich das Recht beanspruchen zu können, diese Seelen zu »retten«, sie zu erziehen und zu zivilisieren – mit einem Wort: sie zu kolonialisieren. Clavijero wollte noch darüber hinausgehen. In seiner Auseinandersetzung mit den Herrschern behauptete er, daß »Europäer und Amerikaner als Menschen gleich« seien und daß »die Menschen in Amerika im Grunde ihrer Seele wie die Menschen in Europa« seien.

Der Versuch zu existieren

Um 1800 wandelten andere Kreolen, beeinflußt von liberalen Gedanken, die über England und Frankreich nach Spanien gekommen waren, diese intellektuelle und kulturelle Bewegung in eine politische um. Sie übernahmen die Idee der Nation, als die politische Krise in Spanien die Gelegenheit für eine Revolution schuf, welche dann 1821 zur Unabhängigkeit führen sollte. Diesen Kreolen gelang es, bewaffnete Banden aufzustellen. Die Campesinos, die noch immer überwiegend Indios waren, mischten in diesen Banden massiv mit. Ihre Teilnahme an einem Kampf, den sie nicht begonnen hatten und der ihren Vorstellungen und Interessen fremd war, war nicht einfach das Ergebnis von Zwang oder Manipulation. Es ist offensichtlich, daß sie nicht gegen eine »ausländische Macht« im Namen einer »Nation«, die ihnen nichts bedeutet haben konnte, kämpften. Für sie war das vielmehr nur eine weitere Episode in ihrem traditionellen Kampf um Subsistenz.

Wenn das ihre Motivation und ihre Hoffnungen waren, dann erfüllte sich vielleicht in den darauffolgenden Jahrzehnten einiges davon. Den neuen Herrschern der sich entwickelnden Nation fehlte es an der alten Kohärenz, Stärke und Artikulation. So hatten die Campesinos nun, im zweiten Viertel des neunzehnten Jahrhunderts, Platz für die Wiederbelebung ihrer indianischen Gemeinden, und in einigen Fällen begannen sie, ihr Leben in ihren eigenen kulturellen Formen zu organisieren. Aber um die Mitte des Jahrhunderts begannen Amerikaner und Franzosen, nach den mexikanischen Territorien zu trachten, und sie versuchten, uns einen europäischen Prinzen als Kaiser aufzuzwingen. Diese Bedrohung von außen hat vielleicht so etwas wie nationale Gefühle in den Campesinos geschürt.

Als die Amerikaner und Franzosen vertrieben waren, annullierte die neue Regierung unter Benito Juárez die Eigentumsrechte der Gemeinden. Das ganze Land, das die Indios nach Jahrhunderten des Kampfes erobert oder zurückerhalten hatten, ging mit dem Entstehen der Nation verloren. Während der folgenden Jahrzehnte erfüllte eine Diktatur den liberalen Traum, degradierte die Campesinos im Namen des nationalen Fortschritts auf verschiedene Formen von Sklaverei und zerstörte ihre Gemeinschaften.

Wer braucht eine Nation?

1910 besaß ein Prozent der Bevölkerung 90 Prozent des bebaubaren Landes, und 95 Prozent der Bevölkerung hatten überhaupt kein Land. Am 20. November begann eine Revolution, die von einem Mestizen angeführt wurde. Während der folgenden zwanzig Jahre verlor mindestens ein Zehntel der Mexikaner auf gewaltsame Weise das Leben. Es war eine brudermörderische Auseinandersetzung, etwas, das man niemals als Krieg bezeichnen kann. Bäuerliche Banden beherrschten das Bild seit Anbeginn der Revolution, aber sie konnten und wollten das Land nicht regieren. Mit der Verfassung von 1917 wurde die politische Fraktion, die die Regierungsgewalt übernommen hatte, gezwungen, mit den aufständischen Campesinos Kompromisse einzugehen, die so aussahen, daß sie zögernd eine Agrarreform in Kraft setzte. Es entstand nun eine neue politische Klasse. Und genau diese Klasse erkannte die Notwendigkeit, Mexiko zu einer Nation zu integrieren, um sich selbst in einer modernen Gesellschaft zu etablieren. Diese Klasse schuf Institutionen, die besser mit der modernen ökonomischen Gesellschaft übereinstimmten, und verschleierte jahrzehntelang die ununterbrochene Ausbeutung der Campesinos mit sozialistischer Rhetorik. Seit damals ist der Nationalismus jene Ideologie, die den Status quo gewährleistet. Das Bild eines modernen, städtischen Mittelklassemestizen wurde als »Nationalkultur« verewigt und angepriesen und unter der ländlichen Bevölkerung als deren Tradition propagiert. »Nationale Sicherheit« wurde ein mexikanischer Euphemismus, um die Unterdrückung des internen Widerstands gegen diese synthetische Ideologie zu verdecken. Das Militär wurde von der mexikanischen Regierung in den folgenden siebzig Jahren niemals benützt oder gebeten, mit ausländischen – sprich: US-amerikanischen – Forderungen oder ausländischem Druck fertigzuwerden. Für diese Zwecke verlassen wir uns auf Diplomatie.

Nationalismus ist daher in Mexiko vor allem ein Motto der herrschenden Klasse, um ihre Vorherrschaft zu zementieren. Nur bei einem einzigen Vorfall (als 1938 die Ölindustrie verstaatlicht wurde) prallte die nationalistische Orientierung mit dem »externen Sektor der Wirtschaft« – ein Euphemismus zur Beschreibung der ökonomischen und politischen Präsenz ausländischen Kapitals in Mexiko – zusammen. Im allgemeinen gelang es dem mexikanischen Nationalismus jedoch überaus gut, ausländische Interessen zur Schaffung einer modernen produktiven Maschinerie einzusetzen. Dann aber begann der Nationalismus, ein Hindernis für die Öffnung der Wirtschaft darzustellen. Aufgrund dieses Verlustes an Kontrolle über die Ressourcen und die Wirtschaft erlebten die siebziger Jahre eine Wiederbelebung flammender nationalistischer Rhetorik, die jedoch auch als ein Köder benutzt wurde, die Verschuldung weiter zu fördern.

Clavijero ging also, wie wir jetzt sehen können, nicht weit genug. Er wies zwar die ontologische Minderwertigkeit der Amerikaner zurück und behauptete ihre grundsätzliche Gleichheit mit den Europäern »im Grunde ihrer Seele«. Aber auch er verglich. Um sein Argument zu bekräftigen, stritt er dafür, daß die Amerikaner nur dieselbe Erziehung und dieselben Möglichkeiten bräuchten, um so zu sein wie die Europäer. Auch er übernahm die europäische Methode des Vergleichs und war unfähig, aus dem indianischen Paradigma ein kulturelles Projekt, gänzlich verschieden zum europäischen, abzuleiten. In Mexiko eine Nation zu sehen, bedeutet immer, so zu sein wie andere.[7]

2. Der Traum von einem anderen Mexiko

1929: Weltwirtschaftskrise. In Mexiko das Ende des letzten Aufstands bewaffneter Revolutionäre, die Schaffung einer politischen

Partei, die beinahe alle politischen Splittergruppen der Revolution in sich vereinte, der Aufbau des Schulsystems, des Bankensystems, des Systems der sozialen Sicherheit und die Ankündigung, daß die Agrarreform durchgeführt sei.

Der Traum beginnt

1930: Die Trommeln der Revolution schlagen wieder. Nach ein paar Jahren des Aufruhrs tauchte Präsident Lázaro Cárdenas auf und setzte einen Sechsjahresplan in Gang, den er 1935 mit folgenden Worten zusammenfaßte:

»Wenn wir uns die Auswirkungen der letzten Krise der kapitalistischen Welt ansehen, dann glauben wir, daß wir die Vorteile der industriellen Zeit nutzen können, ohne die nur allzu bekannten Nachteile erleiden zu müssen... Wir träumen von einem Mexiko der Ejidos und der kleinen industriellen Gemeinschaften, elektrifiziert und gesund, wo Ressourcen für die Befreiung des Menschen von Schwerstarbeit zu nutzen sind und nicht für die sogenannte Überproduktion...«[8]

Im Zentrum des Traums steht der *Ejido*, ein Wort, das in keine andere Sprache übersetzt werden kann.[9] Das Wort stammt von Exitus, der Wurzel von »exit« (Ausgang). In Spanien wurde es benützt, um jenes Land am Stadtrand oder in der näheren Umgebung der Städte, das der gemeinschaftlichen Bewirtschaftung diente, zu benennen. Der spanische Ejido war eine Institution, die grob gesprochen mit dem britischen »Commons« (oder der deutschen Allmende), deren Einhegung die Voraussetzung für die industrielle Revolution war, vergleichbar ist. Als die Spanier Mexiko eroberten, hatten sie kein Wort, um die eigentümliche Organisation und Lebenshaltung der indianischen Gemeinschaften zu bezeichnen, und daher gebrauchten sie in Analogie zu dem ihnen Bekannten das Wort Ejido. Im Laufe der Zeit übernahmen die Indios dieses Wort, um damit ihre traditionellen wirtschaftlichen Institutionen zu bezeichnen, und während der ganzen Kolonialzeit kämpften sie für seine Wiederbelebung. Um die Mitte des vorigen Jahrhunderts, als ihnen der liberale Nationalismus ihr Land raubte, nahmen sie den Kampf wieder auf, genauso wie im Jahre 1910, als ihre Forderung nach dem Ejido die große Revolution auslöste.

Die Verfassung von 1917 beinhaltete einen Kompromiß mit den

Campesinos. Gemäß den Forderungen des radikalen Flügels wurde gesetzlich verankert, daß das Eigentumsrecht an Land einschließlich der Bodenschätze der Nation zukommt. Die Nation selbst kann »private Besitztitel verleihen« – das heißt, es gibt kein »natürliches« Recht auf Privateigentum wie in der angelsächsischen Welt. Die Nation hat aber die Verpflichtung, Land an Campesinos, die Ejidos schaffen (zu deren Nutznießung die lokalen Gemeinschaften auch immer ermächtigt werden), abzugeben. Die Nation kann auch dem Recht der indianischen Gemeinschaften auf ihr Land Gesetzeskraft verleihen. Dieser gesetzliche und politische Mechanismus verband die Nation – als formelle Eigentümerin des Landes – mit jenem physischen Raum, der die materielle Grundlage des kulturellen Raums bäuerlicher und indianischer Gemeinschaften darstellte. Dieses Land war also seit damals sowohl kommunales als auch nationales Territorium. In einem mehrheitlich bäuerlichen Land bildete die Vereinigung von Land und Nation die Grundlage für die Konstruktion der Gesellschaft.

Die Liberalen, die den Ejido 1917 als einen Kompromiß mit den bewaffneten Campesinos akzeptiert hatten, begriffen diese Institution als ein Übergangskonzept. Sie wollten die ineffiziente Latifundienwirtschaft – die alte Hacienda, ein Überbleibsel der Kolonialzeit – abschaffen und verstanden den Ejido als ein Instrument, die revoltierenden Campesinos zu demobilisieren und aus ihnen Kleinbauern zu machen. In den zwanziger Jahren erkannte die Regierung zögernd die Rechte der Campesinos auf bereits von ihnen besetztes Land an, und mit noch größerem Widerwillen führte sie die verfassungsmäßig vorgeschriebene Agrarreform durch. Im Gegensatz dazu kam die Regierung unter Präsident Cárdenas von 1935 bis 1940 überein, den Ejido als eine dauerhafte Einrichtung des modernen Mexiko hochzuhalten. Am Ende dieser Periode war die Hälfte des gesamten urbaren Landes in diese Form des Grundbesitzes übergegangen. Der Traum begann, Realität zu werden.

Historischer Hintergrund zur Verlagerung des Schwerpunkts bei den Bemühungen der Campesinos in Mexiko[10]

Auf dem Höhepunkt der Landreform der Regierung Cárdenas wurde die Confederación Nacional Campesina (CNC) gegründet. Sie wurde schnell eine mächtige, gut verwurzelte Organisation, vielleicht die größte und stärkste, die je auf dem Kontinent existiert hat. In der Nachkriegszeit verkam sie aber im Zeichen des Entwicklungstraumes zu einem Kontroll- und Manipulationsinstrument über die Campesinos. Diese Funktion schwächte die CNC, die Bauern verloren die Kontrolle über ihre Richtung und Praktiken, und das nationale Kräfteverhältnis veränderte sich zu Ungunsten der Campesinos. Dennoch war die CNC die wichtigste Bauernorganisation auf nationaler Ebene und ist es noch heute.

Während der folgenden Jahrzehnte schritt die Grüne Revolution voran und zerstörte die Ökonomie und Kultur der Campesinos. Diese versuchten, die CNC durch andere, eher klassenorientierte Organisationen zu ersetzen. Jede erfreute sich kurze Zeit mehr regionaler als nationaler Erfolge, bevor sie letztlich auch zum Handlanger der CNC verkam.

In den sechziger Jahren, als Mexikos »Agrarwunder« zu zerfallen begann, versuchten die Campesinos wieder, ihre Interessen mit allen Formen des politischen Kampfes voranzutreiben, inklusive Revolten und Guerilla-Tätigkeit, und gleichzeitig erweiterten sie ihre Forderungen. In den siebziger Jahren versuchte das populistische Regime Luis Echeverrías alle »nationalen« Campesino-Organisationen zu vereinigen und unterwarf dadurch die Campesinos einer permanenten Mobilisierung von oben nach unten. Das war viel Lärm um nichts, sofern es um die grundsätzlichen Forderungen der Campesinos ging, aber es entstanden auch neue Räume und neue Gelegenheiten für sie.

In den frühen siebziger Jahren hatte die Grüne Revolution ihren Charme verloren, doch das konventionelle Modernisierungsethos dauerte an und korrumpierte die Träume der Campesinos Schritt für Schritt. Nach 1976 kam ein gewaltiger Modernisierungsschub, offen unterstützt von der Weltbank und anderen internationalen Institutionen. Diese Richtung wurde hartnäckig verfolgt, und gemeinsam mit dem schlechten Wetter war sie die Ursache für ein verheerendes Erntejahr 1979, das die Unzufriedenheit der Campesinos verstärkte. Als Reaktion kam die Regierung 1980 mit einer neuen, ambitionierten Ernährungsstrategie heraus: Zum ersten Mal seit vierzig Jahren räumte die offizielle Politik wieder der Selbstversorgung Vorrang ein und anerkannte die Schlüsselrolle der Campesinos bei der Verwirklichung dieses Zieles. Dies unterlief die konventionelle Ausrichtung, die – dem Katechismus der

Weltbank folgend – dem »komparativen Kostenvorteil« anhing wie einer Religion. Öl und geliehenes Geld gaben der Regierung die Möglichkeit, eine neue Strategie der großzügigen Unterstützung von Bauern zu realisieren, ohne gezwungen zu sein, ihre traditionelle Klientel im »modernen Sektor« im Stich zu lassen. Die eindrucksvollen Resultate hinsichtlich der Produktion reichten jedoch nicht aus, um dieser Politik ein langes Leben zu bescheren. Als 1982 die neue Regierung mitten in der sogenannten Krise der mexikanischen Wirtschaft die Geschäfte übernahm, wurde wieder konventionellere Politik gemacht mit dem gekürzten Budget des »Anpassungsprozesses«, den der *Internationale Währungsfonds* für Länder wie Mexiko vorgeschrieben hat.

1978 taten die Campesinos etwas, das der letzte Versuch zur Gründung einer neuen »nationalen« Organisation gewesen sein könnte, um die alten, schwachen, korrupten oder ko-optierten Organisationen zu ersetzen. Der geringe Erfolg entsprach nicht nur der vorherrschenden Strömung in der Gesellschaft und dem Kräfteverhältnis, sondern auch einem Richtungswechsel in den Bauernbewegungen.

Nach 1975 waren die Campesinos auf die Wiederbelebung von lokalen und regionalen Organisationen konzentriert, die tatsächlich von ihnen selbst kontrolliert wurden und keine »nationalen« mehr waren. Diese Organisationen vermehren sich ständig und intensivieren ihre horizontalen Kontakte, Beziehungen und Allianzen, vermeiden aber sorgfältig, sich zu einer größeren, »nationalen« Organisation zusammenzuschließen. Einige von ihnen folgen der konventionellen Linie des Klassenkampfes und melden wirtschaftliche oder politische Ansprüche an. Sie stehen üblicherweise mit politischen Parteien in Verbindung. Sie kämpfen um ein größeres Stück vom ökonomischen Kuchen und suchen Güter und Dienstleistungen, die gemeinhin mit »Entwicklung« verbunden werden. Viele andere sind vielleicht noch fasziniert vom Mythos »Entwicklung«, aber nicht mehr länger von ihm gelähmt. Sie ordnen den konventionellen ökonomischen Kampf mehr und mehr dem um die Wiedergewinnung ihrer Räume unter.

3. Entmilitarisierung, Industrialisierung und Demokratie

Entwicklung ist – wie wir sie begreifen – eine Art von Krieg. Eigentlich ist sie die einzige Art von Krieg, über die wir aus Erfahrung sprechen können. Sie ist ein heiliger Krieg, dessen ausdrückliches Ziel das endgültige Wohl jener Menschen ist, gegen die sie organisiert wird. Zivilisation, Fortschritt oder nationales Interesse waren die Namen vergleichbarerKriege, die gegen uns in der Vergangenheit geführt wurden.

Strategie ist ein militärischer Ausdruck. Er bezeichnet die Kunst, in einem Krieg militärische Operationen zu führen. Es ist vollkommen natürlich, daß Strategie – genauso wie andere militärische Begriffe – die Basis von Theorie und Praxis der Entwicklung bilden. Clausewitz[11] bemerkte einst, daß Krieg lediglich die Fortsetzung der Politik mit anderen Mitteln sei. Entsprechend glauben wir, daß die Militarisierung moderner Gesellschaften lediglich die Förderung von Entwicklung mit anderen Mitteln und Strategien ist. In der Erfahrung anderer Länder erweist sich Militarisierung als eine spezifische Form der Entwicklung. Es ist offensichtlich, daß immer dann, wenn die Menschen, deren endgültiges Wohl über Fortschritt, Entwicklung oder Industrialisierung herbeigeführt werden soll, sich dieser Förderung widersetzen und weder Zuckerbrot noch Peitsche – im politischen Sinn – sie zu überzeugen vermögen, daß ihr endgültiges Wohl auf dem Spiel steht, sie dazu gezwungen werden müssen, diese Politik zu akzeptieren. Das Militär wird herbeigerufen, um diese Aufgabe zu erfüllen oder die »Widersprüche«, die in diesem Prozeß auftauchen, zu »glätten«. Die Erfahrung Mexikos kann in diesem Zusammenhang von Interesse sein.

Entmilitarisierte Wirtschaft

Die Höhe und die Entwicklung der Militärausgaben als Anteil am Staatshaushalt oder am Bruttosozialprodukt ist ein überaus dürftiger Indikator für das komplexe Phänomen, das mit der Militarisierung einer Gesellschaft entsteht. Dieser Anteil kann jedoch als grobe Annäherung benützt werden, um einige Vergleiche anzustellen und eine Tendenz zu erkennen. Die relativen Militärausgaben

123

in Mexiko während der letzten sechzig Jahre sind konstant zurück-
gegangen. Sie erreichten nie die Marke von zwei Prozent und betrugen während der Periode forcierter Industrialisierung (nach
1945, als das jährliche industrielle Wachstum zwischen fünf und
zehn Prozent erreichte) weniger als ein Prozent.

Der öffentliche Sektor der Wirtschaft verzeichnete während
dieser Periode ein stetes Wachstum: von weniger als sechs Prozent
des BSP im Jahre 1925 auf über die Hälfte in den letzten Jahren.
Das Verhältnis von Militärausgaben zum gesamten öffentlichen
Sektor läßt diese Tendenzen noch klarer zutage treten. Während
der zwanziger Jahre, als das Land noch inmitten des revolutionären
Aufruhrs steckte und es mehrere bewaffnete militärische Aufstän-
de und Rebellionen gab, betrugen die Militärausgaben mehr als ein
Viertel der gesamten Ausgaben des öffentlichen Sektors. Nach
1930 erfolgte ein konstanter Rückgang, der die Militärausgaben auf
ein Niveau von elf bis zwölf Prozent in den Jahren vor dem industriellen Take-off senkte. Danach ging dieser Rückgang weiter, bis
sich die Ausgaben nach 1965 auf ein Niveau von zwei Prozent ein-
pendelten, bevor sie 1982 auf unter ein Prozent sanken.

Andere Tatsachen weisen in dieselbe Richtung. Mexiko verfügt
politisch über ein Präsidialsystem, das heißt, dem Präsidenten
obliegt die völlige Kontrolle über die Exekutive, die Armee und die
herrschende politische Partei, und er hat einen mächtigen Einfluß
auf die beiden anderen Gewalten des Staates. In der Zeit von 1925
bis 1945 war nur während zweier Jahre kein Revolutionsgeneral
Präsident. Nach 1946 war kein General mehr Präsident. Mit Ausnahme des Verteidigungsministeriums haben nur sehr wenige Generäle während dieser Zeit politische oder administrative Ämter in
der Regierung bekleidet, und die meisten von ihnen waren nur Pro-
vinzgouverneure, was üblicherweise kein bedeutender Posten ist.

Wenn man der landläufigen Interpretation zustimmt, so war die
Entmilitarisierung eine Voraussetzung für die Integration der
Nation und die Schaffung einer wirklich nationalen Regierung im
modernen Sinn des Wortes. Die Führer der Revolution waren in
militärischer Hinsicht vor allem lokal oder regional stark verankert
und verursachten dadurch eine andauernde Instabilität innerhalb
der nationalen Regierung bis zum Jahr 1929. Mit der in diesem Jahr
erfolgten Gründung der noch heute regierenden Partei wurden sie
an den Verhandlungstisch gebracht und Wege in Politik und Ver-

waltung gefunden, die Versuchung militärischer Aktionen zu ersticken.

Ein weiterer Punkt, der gerne erwähnt wird, bezieht sich auf die soziale Zusammensetzung der Armee. Gemäß der revolutionären Tradition werden die Soldaten aus bäuerlichen oder marginalen Schichten rekrutiert. Sie treten in die Armee ein, um überhaupt einen Job zu bekommen, nicht um Karriere zu machen. Während der letzten vierzig Jahre hat die Armee keine privilegierte Kaste im ökonomischen oder politischen Sinn hervorgebracht, und sie neigt dazu, vom gesellschaftlichen Leben isoliert zu sein.

Entmilitarisierung, Politik und sozialer Friede

Aus einer Graswurzelperspektive betrachtet ist die Entmilitarisierung der mexikanischen Gesellschaft während der letzten 50 bis 60 Jahre real, was jedoch nicht bedeutet, daß die Armee im Dienste des sozialen Friedens steht. Entwicklung wurde uns durch scharfen Zwang und mit Gewalt aufgedrängt, und das mexikanische Militär ist gerade groß genug, dabei eine entscheidende Rolle zu spielen. Es gibt zunehmende Zurückhaltung auf seiten der Armee, diese schmutzige Aufgabe der alltäglichen Repression wahrzunehmen. Die Armee mag vielleicht unfähig sein, nicht nur mit einem internationalen Konflikt sondern auch mit einer nationalen Bedrohung der Machtstruktur fertig zu werden. Aber auf lokaler oder regionaler Ebene ist die Armee gelegentlich dort überaus sichtbar, stark und wirksam, wo Repression benötigt wird. Die Interventionsmöglichkeit der Armee dient üblicherweise, wie die Experten anprangern, als ein wirkungsvolles Abschreckungsmittel gegenüber bewaffneten Kämpfen gegen die Institutionen. Gleichzeitig sind sich sowohl Regierung als auch Armee der ständig latenten Gefahr von Gewaltausbrüchen seitens des Volkes auf nationaler Ebene bewußt. Millionen von Menschen, besonders auf dem Land, besitzen Gewehre oder andere Waffen. Sie verfügen zwar weder über Feuerkraft oder über die Organisation für einen längeren Aufstand, noch stellen sie für die Machtstruktur eine wirkliche Herausforderung dar, aber die Mobilisierung der Menschen ist eine Konstante im mexikanischen Alltag, und diese Menschen können das gesellschaftliche Leben bis zu einem gefährlichen Punkt zerstören. Aber wann immer die Spannungen ihren Höhepunkt erreichen, hat es die

Regierung verstanden, mit ökonomischen und politischen Mitteln die Gemüter zu beruhigen.

Auf der anderen Seite agierte unser politisches Regime überaus geschickt, wenn es darum ging, jegliche ökonomische oder politische Kraft von gewisser Bedeutung, die sich während der letzten vierzig Jahre im Lande gebildet hat, zu kooptieren, zu korrumpieren oder zu unterdrücken. Bis 1982 teilten sich die »ökonomische« und die »politische Klasse« die Macht beim Regieren des Landes. Die stärksten Bauern- und Arbeiterorganisationen wurden in den dreißiger Jahren in enger Zusammenarbeit mit der Regierung und der Partei gegründet, um die Einführung sozialer Reformen zu erreichen. Als der Traum von Cárdenas durch den Industrialisierungsfeldzug ersetzt wurde, bestand diese Allianz unter veränderten Vorzeichen fort. Die Gewerkschaften, die immer ziemlich einflußreich waren, tauschten sozialen Frieden gegen politische und ökonomische Begünstigungen für ihre Führer und die ständige Verbesserung der ökonomischen und sozialen Lage der Arbeiter und schufen somit die gegenseitige Abhängigkeit, die für den Bestand der industriellen Produktionsweise so geeignet ist. Die Bauernorganisationen wurden ebenfalls kooptiert und für Zwecke der Kontrolle und Manipulation mißbraucht. Die herrschende, offizielle Partei hat keine wirklichen Herausforderer. Viele Jahre lang waren die kleine Kommunistische Partei und eine rechtsliberale Mittelklassepartei nicht in der Lage, die PRI[12] herauszufordern. Wahlbetrug ist zwar eine gängige Praxis, aber sogar ohne ihn kann die PRI die meisten Wahlen gewinnen. Als im letzten Jahrzehnt soziale Unruhen und politische Organisationen den Druck auf die Regierung verstärkten, führte die Partei eine politische Reform durch, die der Opposition eine Minderheitsvertretung im Kongreß und in einigen Ämtern auf lokaler Ebene einbrachte. Während diese Reform nun die parlamentarische Debatte bereicherte, spaltete sie die Linke in verschiedene politische Parteien und verfestigte somit ein Abstimmungssystem taktischer Koalitionen.

Bis 1982 verfügte unser politisches System auch über ein wirkungsvolles und einzigartiges Kontrollinstrument. Beinahe jeder hohe Beamte, ob er nun ernannt oder gewählt war, übte eine Doppelfunktion aus: zusätzlich zu seinem Posten in der lokalen oder Bundesregierung erhielt er eine formelle oder informelle ökonomische oder politische Position von gewisser Bedeutung. Dieser Mechanismus wirkte als Transmissionsriemen zwischen Regierung und Gesellschaft, um die Einführung von Entwicklung zu erleichtern, ablehnende Reaktionen dagegen zu verhindern und – ganz allgemein – um jegliche autonome Bewegung, die politisch in Erscheinung tritt, zu kooptieren oder zu korrumpieren.

Unser demokratischer Schutzschirm

Dieses politische System mit all seinen Vorzügen und Fehlern stellt – aus einer Graswurzelperspektive betrachtet – lediglich einen »demokratischen Schutzschirm« für unsere eigenen Projekte dar, der weniger gefährlich als das klassische Modell politischer Demokratie ist. Natürlich liegen wir ständig im Kampf mit autoritären Vorgehensweisen dieses Systems, speziell dann, wenn sie die Form von Gewalt annehmen. Viele der offensichtlichsten »Unzulänglichkeiten« des Systems eröffnen uns jedoch neue Möglichkeiten.

Viele Jahre lang versuchten Campesinos und Marginalisierte, die immer noch die Mehrheit der Bevölkerung stellen, ihre Projekte über herkömmliche Organisationen durchzusetzen: Gewerkschaften, Parteien und andere mehr. Seit den siebziger Jahren gingen sie andere Wege. Nach Jahren des Kampfes in herkömmlichen Bahnen lernten sie, daß sie damit immer nur vorübergehende Siege erringen konnten und die Kontrolle über ihre eigenen Organisationen verloren. Sie lernten auch, daß ihre Organisationen sich immer weiter von ihren wirklichen Interessen entfernten, je stärker und »nationaler« sie aufgebaut waren. Die »Vorteile« der Entwicklung, das heißt der Zugang zu Institutionen, um Güter und Dienstleistungen zu erhalten, die nun als Bedürfnisse definiert wurden, waren für sie nichts Alltägliches, für den »modernen Sektor« der Wirtschaft – die erweiterte Schicht von Professionellen und bezahlten Arbeitern und Angestellten – aber sehr wohl. Als sie sich gelegentlich den Zugang zu solchen Diensten eroberten, entdeckten sie die Gefahr der institutionellen Abhängigkeit oder des Süchtig-Werdens nach solchen Institutionen, aber auch die ganz normale Kontraproduktivität moderner Institutionen. In einigen Fällen ist diese Kontraproduktivität nun für jeden offensichtlich geworden: Wenn die mexikanische Polizei auftritt, ruft das unverzüglich ein Gefühl der Unsicherheit in der Bevölkerung hervor. In anderen Fällen – z. B. in den Gesundheits- oder Erziehungseinrichtungen – wird ihre Kontraproduktivität nicht mit einer solchen Klarheit wahrgenommen, aber die Mehrheit hegt ohnehin diesbezüglich keine übertriebenen Erwartungen, außer einen angemessenen Zugang dazu zu bekommen.

Aus diesen und anderen Gründen haben sich Graswurzelbewegungen von Parteien, Gewerkschaften und ähnlichen großen Organisationen abgekoppelt. Sie können sie für bestimmte Zwecke benutzen, insbesondere um von der Regierung die nötige Unterstützung für ihre eigenen Projekte zu bekommen oder um Entwicklungsbestrebungen zu widerstehen. Aber sie haben ihre Aktivitäten auf ihre lokalen oder regionalen Organisationen konzentriert, wo sie in der Lage sind, eine wirksame demokratische Kontrolle über ihre Ausrichtung und Arbeitsweise auszuüben. Diese Organisationen stehen untereinander in engem Kontakt und halten häufig Zusammenkünfte ab, um gemeinsame Aktionen zu starten, aber sie versuchen niemals, sich zu einer formellen, ständigen und größeren Organisation, die ihrer Kontrolle entgleiten könnte, zusammenzuschließen.

Alternativer Umgang mit der Krise

Die »Krise« hilft ihnen, das Ziel »Entwicklung« als ausgedient zu verabschieden, und ermöglicht auch eine Wiederbelebung ihrer Projekte und Lebenszusammenhänge. Die Banco Nacional de Crédito verfügt nicht mehr über genügend Mittel, um die Campesinos zum Anbau von Sorghum für Tierfutter zu zwingen. Als ein Ergebnis davon hat die Rückkehr zum traditionellen Mischanbau von Getreide und Bohnen, der von der Bank verboten worden war, in einigen Gegenden nicht nur die Ernährungslage verbessert, sondern auch zu einer Wiederherstellung einer gewissen Dorfsolidarität geführt – und somit eine bessere Verwendung der Mittel ermöglicht. Produktionskooperativen schießen aus dem Boden und gedeihen sogar im Herzen von Mexiko-Stadt dank der schwindenden Kaufkraft jener, die früher eine feste Anstellung besaßen. Es gibt nun Geschäfte in den Slums, die elektrische Geräte nachbauen. Händler beschäftigen sich mit der illegalen Nachbildung ausländischer Warenzeichen, die sie dann als Schmuggelware weitergeben. Vecindades sind zu neuem Leben erwacht, gemeinsam mit einer unheimlichen Zunahme kleiner Lebensmittelgeschäfte. Straßenstände und winzige Märkte sind ins Straßenbild zurückgekehrt, aus dem sie vor Jahren verschwunden waren. Auf dem Höhepunkt der Inflation, der Entwertung, der sogenannten Arbeitslosigkeit und des Verfalls des ökonomisch definierten Sozialprodukts geht es der Mehrheit der Menschen, unter denen ich lebe, besser als in den Jahren zuvor.

Einer der mitverantwortlichen Faktoren für dieses Gefühl relativen Wohlbefindens ist die sich schließende Lücke zwischen jenen, denen früher durch Entwicklung Schaden zugefügt wurde, und jenen, die eine Zeitlang von ihrem Wachstum profitierten. Im Sommer 1983 hatte die mexikanische Regierung 50.000 Bundesangestellte entlassen und gleichzeitig angekündigt, daß bis zum Ende des Jahres weitere 100.000 ihren Job verlieren werden. Diese Leute sind aber eigentlich nicht »arbeitslos«: Die meisten werden niemals wieder auf einer Gehaltsliste aufscheinen. Während ihrer sogenannten aktiven Zeit waren sie darauf getrimmt, die Stempeluhr zu drücken, Befehle auszuführen und um Beförderungen zu kämpfen. Jene, die von Entwicklung übergangen wurden, befinden sich jetzt in einer privilegierten Stellung. Sie wissen, daß sie besser vorbereitet sind. Sie sind Meister darin, Krisen zu überstehen und mit kleinen Erträgen auf dem grauen Markt und einigen Verkäufen auf dem Schwarzmarkt durchzukommen. Überraschenderweise ist die Anzahl derer, die vom Zusammenbruch des Entwicklungsmythos relativ bevorzugt werden, viel größer als die immer noch große Anzahl derer, die ihre Arbeitsplatzsicherheit verloren haben. Einige unter uns behaupten, daß Mexikos politische Stabilität dank der Krise zugenommen hat.

Mexiko-Stadt, 19. September 1985

Wenn man heute in Mexiko lebt, muß man entweder sehr reich oder empfindungslos sein, um nicht zu bemerken, daß Entwicklung stinkt. Ich bin überzeugt davon, daß die Probleme der am ärgsten verschmutzten und bevölkerungsreichsten Stadt der Welt das Ergebnis von Entwicklung – und nicht von Unterentwicklung – sind. Sie sind die Folge einer glänzenden Planung und effizienten Durchführung von seiten öffentlicher und privater Entwicklungsexperten – und nicht die Folge ihres Fehlens.

Die soziale Erschütterung, die mit dem Erdbeben von 1985 einherging, stärkte unsere Würde und bot uns einen festen Beweis unserer eigenen Stärke und unserer eigenen Fähigkeiten. Wir glauben, daß wir unsere Stadt und unsere Gesellschaft regenerieren können, wenn uns von den städtischen Planern und Entwicklungsexperten ein Moratorium gewährt wird – und natürlich auch ein wenig Hilfe von unseren Freunden. Einmal mehr finden wir zu unseren Träumen zurück. Sie wurden vor vierzig Jahren von Entwicklung korrumpiert und blähten sich zum Alptraum von heute auf. Unsere wiedererlangten Träume ähneln nicht einem Rosengarten. Aber sie sind real, verwurzelt in unserer eigenen Kultur und unseren Fähigkeiten, in unseren Händen und unserem Willen.

Staatsbürger sein

Als ich ein Kind war, erschien mir meine Stadt wunderschön. Die Mexikaner pflegten Ruinen auf Ruinen zu bauen. Auf den Ruinen der großartigen Kulturen, die in diesem Tal gediehen, errichteten wir eine lebendige Stadt. Sie war der Schmelztiegel vieler Kulturen, aber sie respektierte sorgsam die reichhaltige Verschiedenheit ihrer Barrios.

Ein Barrio ist ein lebendes Gebilde, eine selbständige Gemeinschaft von Vecindades, die ihren Raum ausfüllen und ihre Lebensumstände bestimmen. Wir waren damals Staatsbürger, weil wir die Besitzer der Stadt waren. Uns gehörte diese Stadt, weil wir über unseren Raum in den Barrios verfügen konnten.

Dann kam Entwicklung. Hochqualifizierte, professionelle Entwicklungsexperten übernahmen die Richtlinien der Charta von Athen, formuliert von idealistischen Architekten, die in den dreißiger Jahren moderne Stadtentwürfe vorlegten. Für sie sollte die Stadt nicht mehr für Männer und Frauen da sein, sondern für Autos. Die Idee bestand darin, spezialisierte Räume statt Plätze zum Leben zu schaffen. Es gab Arbeitsviertel (für Büros und Industrien), Schlafviertel – nachdem man ein TV-Essen zu sich genommen hat; Einkaufs- und Erholungsviertel. Alle diese sollten durch passende Schnellstraßen miteinander verbunden sein. Die professionellen Entwicklungsexperten wandten sorgfältig internationale Standards an. Die Korruption bei der Durchführung war lediglich die logische Folge einer vorangegangenen Korruption unserer Träume.

Die *Torre Latinoamericana* im Geschäftsviertel von Mexiko-Stadt ist noch immer der höchste Wolkenkratzer der Welt, weil sie in einer hoch gelegenen Stadt steht. Das Projekt wurde von einer Versicherungsgesellschaft entworfen, als amerikanische Versicherungsgesellschaften miteinander wetteiferten, das höchste Gebäude zu besitzen – als Symbol für Stärke und Modernität. Die Torre Latinoamericana wurde zu einem guten Geschäft, weil sie zu einem Symbol für die Stadt wurde und weil in diesem Gebäude eine Menge Versicherungen verkauft wurden. Als Immobilieninvestition war sie ein Desaster. Nicht nur, weil wir nicht über die wirtschaftliche Dichte von Ländern der Ersten Welt verfügen, sondern weil Mexiko-Stadt auf einer Erdbebenlinie liegt und der Boden ebenso fest wie unsicher auf einem Wasserbett ruht. Um einen Einsturz im Falle eines Erdbebens zu verhindern, muß man übermäßig investieren. Auf diese Weise bezahlen die Mexikaner den Preis ökonomischer Irrationalität von Gebäuden, die als Statussymbole völlig entgegen unserer Anschauung entworfen wurden. So wurden unsere Träume korrumpiert, und geblieben ist ein Alptraum.

Die Stadt ist der Feind des Barrios, weil das Barrio ein Ort zum Leben ist und nicht ein Ort, wo man eine genau bestimmte Funktion erfüllt. Der Barrio mußte dem Wachstum der Stadt geopfert werden.

In den fünfziger Jahren war der interessante Barrio *Candelaria de los Patos*, nahe dem Geschäftsviertel, in den Augen der Entwicklungsexperten ein Slum. Er wurde zerstört, um *Nonoalco Tlaltelolco*, die erste moderne Entwicklung industriellen Wohnbaus in unserer Stadt, zu errichten. Die Menschen von »Candelaria« wurden vertrieben und zogen in andere Slums. Zwanzig Jahre lang schliefen Tausende von Mittelklassefamilien in den überfüllten Taubenverschlägen Nonoalco Tlatelolcos. Viele von ihnen schliefen am 19. September 1985, als die Gebäude einstürzten, zum letzten Mal dort. Die Bewohner »Tepitos« begriffen diese Lektion. Es war der Barrio neben »Candelaria«, nur einige Häuserblöcke davon entfernt.[13]

Wieder träumen

Wir haben eine neue Hoffnung. Wir wissen, daß wir unsere Städte wiederbeleben können. Im September nach dem großen Erdbeben sahen wir, daß der Geist der Barrios immer noch am Leben ist, daß Entwicklung nicht die Fähigkeit zum kunstvollen Zusammenleben zerstört hat, daß wir den Willen, die Organisation und die Fertigkeiten besitzen, unsere Barrios zu neuem Leben zu erwecken. Wir wollen wieder Staatsbürger sein, Eigentümer der Stadt. Wir werden es durchsetzen, sofern man es uns nur gestattet und uns ein Entwicklungs- und Planungsmoratorium zugestanden wird. Unser heutiger Anspruch ist voller Hoffnung.

Diese Hoffnung wurde während des Erdbebens auf bewundernswerte Weise unter Beweis gestellt. Wir erlebten zwei Wochen lang die in Panik geratene Regierung, während die Menschen alles unter Kontrolle hatten. Wir hatten das Glück, daß der Präsident entgegen internem und externem Druck die Entscheidung traf, mit dem Erdbeben nicht so umzugehen, als wäre es ein Krieg. Er bat nicht die Armee, die Amtsgewalt zu übernehmen. Die Bürokraten wurden von panischem Schrecken erfaßt. Viele von ihnen verloren gleichzeitig ihre Gebäude und ihre Archive, das heißt jenen Ort und jene Instrumente, mittels derer sie ihre Macht ausübten. Jene, die in Zusammenhang mit dem Erdbeben die Verantwortung für das weitere Vorgehen trugen, waren total unfähig, ihre starren Verfahrensweisen den sich ständig ergebenden Überraschungen durch die Katastrophe anzupassen. Andererseits bewiesen die Menschen nicht nur eine eindrucksvolle Solidarität, sondern auch einen hohen Grad an Autonomie, Organisation, Erfindungsreichtum und Geschick bei der Bewältigung dieser Zwangslage. Nachdem die dringendsten Probleme gelöst waren und die emotionale Welle unmittelbarer Solidarität abgeebbt war, trat eine stark verbreitete und bunte Graswurzelbewegung ans Licht der Öffentlichkeit. Es hat sie bereits vorher gegeben. Sie ist schon immer dagewesen. Aber für Politiker und Gelehrte existierte sie einfach nicht, weil sie nicht in die üblichen Schubladen paßte.

Die Mehrheit wollte nicht zur »Normalität« zurück. Sie kommt auch nicht dorthin zurück. Sie nützt die Gelegenheiten, die ihr durch das Erdbeben mitten in der sogenannten »Krise« eröffnet wurden, hervorragend, um ihre eigenen Projekte zu betreiben und ihre Träume und Hoffnungen wahr werden zu lassen. Die Leidtragenden (von Entwicklung) sind natürlich stärker mobilisiert. Aber die Bewegung bleibt nicht auf sie beschränkt. Einige von uns glauben, daß im September 1985 gemeinsam mit den Gebäuden und

Häusern viele andere Dinge in Mexiko eingestürzt sind. Vielleicht sind auch die grundlegenden kulturellen Symbole zentralisierter Macht, Forderungen nach Entwicklung und konventioneller politischer Aktion zusammengestürzt.

Einige Jahre zuvor hatte Ivan Illich triftige Gründe für eine Entkoppelung von Frieden und Entwicklung formuliert. Dieser Denkweise folgend versuchte ich hier, triftige Gründe dafür vorzubringen, uns selbst von Entwicklung abzukoppeln als eine Grundvoraussetzung für ein autonomes Leben in einer friedlichen, entmilitarisierten und freien Gesellschaft.

Anmerkungen

[1] Siehe dazu: Katz, Friedrich: *The Secret War in Mexiko*; Chicago/London, 1982

[2] Es gibt viele Guatemalteken, die den Flüchtlingsstatus nicht anmelden, obwohl die mexikanischen Behörden und ein Unterstützungsprogramm der UNO sie mit Wohnungen versorgen und ihnen monatlich $ 200 ausbezahlen würden. Wenn sie dieses Arrangement akzeptierten, müßten sie aber in abgesperrte Lager ziehen, was ihnen eine Eingliederung in die Maya-Bevölkerung von Chiapas und Yucatán unmöglich machen würde.

[3] Als Interventionen versteht Esteva jede Art von Einflußnahme, bei welcher mit militärischen Mitteln gedroht wird. Der im Sommer 1991 verstorbene mexikanische Politologe Gregorio Selser sprach sogar von 400 US-Interventionen im obigen Sinne.

[4] Basierend auf dem Census 1650 in Neuspanien nimmt Eric Wolf: *Die Völker ohne Geschichte - Europa und die andere Welt seit 1400*; Frankfurt/New York, 1986 auf Seite 196 eine Zahl von 1,5 Millionen Indios in Mesoamerika an, welche das große Sterben überlebt hatten.

[5] Siehe dazu: Villoro, Luis: »La idea de nación«; in: *Planificación*; México D.F., enero 1984: 10-16

[6] Siehe dazu: Gerbi, Antonello: *La disputa del Nuevo Mundo. Historia de una polémica 1750-1900*; México, 1982 (EA 1955)

[7] Siehe dazu: O'Gorman, Edmundo: México. El trauma de su historia; México, 1985

[8] Beteta, Ramón: Economic »Aspects of the Six-Years-Plan«; in: *Economic and Social Program of Mexiko*; Mexiko, 1935: 44

[9] Im Ejido gehört das Land dem Staat, aber die Nutzung wird einer Gruppe von Campesinos überlassen, wobei die individuellen Rechte, ein bestimmtes Stück Land zu bearbeiten, anerkannt werden. Dieses Recht entspricht

nicht dem Privateigentum, da es an die direkte Bearbeitung des Landes gebunden ist. Rechtlich kann der Ejidatario dieses Land nicht verkaufen, vermieten oder vererben. Vielmehr ist der Nachlaß durch bestimmte gesetzliche Vorschriften geregelt, die dem ausdrücklichen Willen des Ejidatario vorgehen. Die Entscheidung über die Produktionsform in den Ejidos obliegt im Rahmen der Gesetze den Ejidatarios und kann daher sehr unterschiedlich sein.

[10] Dieser Abschnitt bildete ursprünglich einen Anhang zu: Laßt uns mit dem Homo Communis feiern!, der hier anstatt dreier Abschnitte zur Entstehung des Mythos Entwicklung eingefügt wurde.

[11] Karl von Clausewitz (1780 - 1831) war preußischer General und Stratege und ist mittlerweile auch in die Unternehmensführungsliteratur eingegangen.

[12] PRI = Partido Revolucionario Institucional (= Partei der Institutionalisierten Revolution)

[13] An dieser Stelle erfolgte eine Kürzung durch die ÜbersetzerIn. Siehe dazu ausführlich in diesem Band: »Für das Recht der Schwächeren.«

Für das Recht des Schwächeren:
Ein Argument
gegen das Vorurteil der Gleichheit

In Campesino-Organisationen und städtischen »Grupos Populares«, mit denen ich schon lange mein Leben teile, widerfahren uns ständig schwere Ungerechtigkeiten, und unsere Menschenrechte werden laufend verletzt. Wir stellen uns immer wieder die Frage, wie wir eine gerechtere Ordnung aufbauen können, die uns erlaubt, in Frieden zu leben. Lange glaubten wir, daß das Heilmittel für all unsere Schwierigkeiten darin bestünde, das politische Regime und die gesetzgebenden Institutionen zu perfektionieren. Wir kämpften gegen die Korruption der Gerichte und forderten Reformen, die uns schützen sollten. Wir forderten bessere Gesetze, mehr und bessere Anwälte, mehr und bessere Polizisten. Wir stürzten uns jahrelang in einen breit angelegten Kampf, um die Einhaltung des Rechts zu erreichen sowie um die wirtschaftliche Ausbeutung und die technologische, politische und soziale Unterdrückung, welche die Wurzeln unseres Übels darstellen, zu unterbinden.

Wir halten weiter an diesen Forderungen fest. Immer häufiger stellen wir aber ihre Vernünftigkeit in Frage. In unseren Kreisen lösen Rechtsanwälte fast den gleichen Schrecken aus wie Polizisten. Weit davon entfernt, uns Sicherheit zu gewährleisten, stürzen sie uns in Unsicherheiten. In ihre Hände zu fallen gehört zum Schlimmsten, was uns widerfahren kann. Zu Gerichten haben wir kein Vertrauen, und wir gehen nur in Fällen hin, in denen wir keine andere Lösung wissen. Ist es denn in dieser Situation nicht verrückt, noch mehr Rechtsanwälte und Gerichte zu fordern? Gelegentliche Erfolge bei unseren Reformbemühungen, wenn wir bessere Gesetze, Richter, Rechtsanwälte und Urteile erreicht hatten, verunsicherten uns eher. Anstatt besser zu werden, verschärften sich unsere Schwierigkeiten. Bei uns sind unerträgliche und nie gekannte Ungerechtigkeiten aufgetaucht; wir können nicht gegen sie Einspruch erheben, weil sie auf rechtmäßigen Urteilssprüchen, die von ehrlichen und verständnisvollen Richtern gefällt wurden, basieren, unter Einhaltung vernünftiger Gesetze. Wenn wir diese Erfahrungen mit der von uns geschaffenen Rechtsordnung mit unserem eigenen System gesellschaftlicher Regulierung verglichen, stellte sich uns die Frage, ob es nicht besser wäre, uns in Frieden zu lassen, unseren eigenen Kräften ausgesetzt, uns frei zu geben. Also haben wir begonnen, uns vorzustellen, wie wir in unserem Umfeld eine schützende Barriere gegen das Rechtssystem dieses Landes, gegen die Rechtsanwälte und gegen die Polizei aufbauen könnten. Das sollte nicht darauf hinauslaufen, uns von einer größeren sozialen Organisation abzukapseln, alle ihre Institutionen aufzudecken und kleine autarke Republiken auszurufen – eine Erfahrung, die wir weit zurück in unserer Vergangenheit schon einmal gemacht hatten und die uns glattweg in die Katastrophe geführt hatte. Wir wollen eher wieder das erreichen, was Nils Christie das »Ghettorecht« nennt, unser Recht, tagtäglich gemäß unserer Sitte zu leben und die Reichweite der allgemein gültigen Rechtsordnung einzuschränken, um zu erreichen, daß unsere persönliche, familiäre und gemeinschaftliche Intimität respektiert wird. Anstatt für mehr und bessere Gesetze, Richter und Überwachungseinrichtungen der öffentlichen Hand zu kämpfen, streben wir die Zurückdrängung eines guten Teils der bestehenden juridischen Mechanismen und Apparate an. Wir würden gerne neuen Praktiken der direkten sozialen Regulierung vertrauen, anstatt uns auf die unpersönlichen und abstrakten Mechanismen einzulassen, die im Recht und der Wirtschaft begründet sind, im universellen Vorurteil der Gleichheit, das Quelle für Ungerechtigkeit und Privilegienkonzentration ist.

Die Geschichten von Recht und Gesellschaft, die ich hier erzählen werde, beschreiben unseren momentanen Gemütszustand. Wir kosten die Grenzen der Autonomie aus und erproben die Fähigkeit unserer internen gesellschaftlichen Regulierung, um die Grenzen des Rechts festzustellen. Wir wissen schon, daß die Inflation an Gesetzen kein Heilmittel für unsere rechtlichen Unbilden darstellt. Diese Unbilden bestehen nicht im »rechtsfreien Raum« oder im »Rechtsverlust«, wie das vom juristischen Establishment ausgedrückt wird, sondern in der kontinuierlichen rechtlichen Inflationierung unseres gesellschaftlichen und kulturellen Handelns bei der sozialen Regulierung und Konfliktlösung. Die Kontrolle über unser

Handeln wiederzuerlangen, impliziert, die Reichweite und Gültigkeit der allgemeinen juristischen Ordnung einzuschränken, was nicht gleichbedeutend ist, sie zu negieren. Aber wir fragen uns auch, ob das sinnvoll, möglich und wirklich vorteilhaft ist.

Das Umfeld: Mexiko-Stadt

Es ist gewiß nicht das erste Mal, daß die Mexikaner die zweifelhafte Ehre haben, die bevölkerungsreichste Stadt der Welt zu organisieren. Tatsächlich geschieht das schon zum dritten oder vierten Mal. Monte Alban in Oaxaca oder Tenochtitlán im Tal von Mexiko waren zu ihren Zeiten städtische Zentren ohnegleichen. Zum Zeitpunkt der Ankunft der Spanier beherbergte México-Tenochtitlán so viele Einwohner wie damals London, Rom und Paris zusammen. Oft habe ich mich nach dem Grund für diese Manie der Akkumulierung bei den Mexikanern und ihren Vorfahren gefragt, die sich nicht an die Verhaltensmuster anlehnen, unter denen die großen Städte des mittelalterlichen Europa oder die urbanen Zentren in Asien entstanden sind. Ich habe keine Antwort. Aber ich weiß, daß das nicht immer so war. Anläßlich eines Kongresses, bei dem 1937 viel Hirnschmalz aufgewendet wurde, forderten mexikanische Architekten radikale und dringliche Entscheidungen in der Stadtplanung, weil sonst in den nächsten fünfzig Jahren, also 1987, die schöne Stadt Mexiko, die Stadt der Paläste, zu einem urbanen Moloch mit zwei Millionen Einwohnern werden könnte! Die Architekten ersuchten die Behörden und die Bevölkerung, Maßnahmen zu ergreifen, um diese Katastrophe zu verhindern. Eine kurze Zeit hat man auf sie gehört. Es waren die Jahre, in denen Gandhi in Indien und Cárdenas in Mexiko versuchten, einem Projekt Form zu verleihen, das angelegt war, unsere eigenen Wege zu gehen, auf unserer eigenen Traditionen aufzubauen und die Materialisierung unseren eigenen Träume mitzugestalten. In Anbetracht der vorangegangenen Krise der kapitalistischen Welt sagte Cárdenas 1935, daß wir von einem Mexiko der Ejidos und kleinen industriellen Gemeinschaften, die mit Strom versorgt würden, von Gesundheit für alle und von Maschinen, die dem Menschen das Leben bei der Durchführung schwerer Arbeiten erleichtern, träumen sollten, anstatt zu Handlangern der sogenannten Mehrwertproduktion zu werden.

Wenig später verlor sich mein Land halt- und ziellos. Unter dem Banner der Unterentwicklung, wie sie von Truman am 20. Januar 1949 proklamiert wurde, bemächtigte sich der Mythos Entwicklung unserer Phantasie, und anstatt auf unserem selbstgewählten Weg weiterzugehen, versuchten wir die unbedingte Imitierung der Industriegesellschaften. Der *American Way of Life* wurde zu unserem neuen Traum. Dieselben Architekten, die sich noch 1937 gegen das Wachstum von Mexiko-Stadt stark gemacht hatten, schlugen gute zehn Jahre später Maßnahmen vor, die sich zum *Ziel* setzten, daß die Stadt so bald wie möglich fünf Millionen Einwohner habe.

Schon im alten Tenochtitlán machten die multifunktionellen, selbstregulierten Viertel, die jedes für sich eine komplette, eigene Kultur bildeten, mehr oder weniger subsistenzorientiert und mit großer Autonomie ausgestattet, das Leben in der Stadt möglich. Die Modernität verlangte, diese Viertel auszulöschen, um an ihrer Stelle spezialisierte Räume zu schaffen: die einen zum Schlafen, andere zum Studieren, zum Arbeiten, zum Einkaufen oder zum Erholen – und alles wurde durch groß angelegte Schnellstraßen miteinander verbunden. Dafür gab es auf Anweisung Trumans Kredite von der Weltbank. Also bauten unsere Architekten mit modernster nordamerikanischer Technologie an der neuen Stadt Mexiko, und innerhalb von fünfzig Jahren ist ein Moloch entstanden mit einer »Universitätsstadt«, dem riesigen städtischen Wohnbezirk Nonoalco-Tlatelolco und dem Viadukt Miguel Alemán. Um zum Beispiel Nonoalco-Tlatelolco zu errichten, war es notwendig, ein ganzes Viertel der sogenannten Marginalen im Zentrum der Stadt zu schleifen. Mit seinen zehn- bis fünfzehnstöckigen Wohnhäusern, die an die 50.000 Familien beherbergten, wurden Zeichen gesetzt, und jahrelang zirkulierten Ansichtskarten, die dieses Aushängeschild des modernen Mexiko zeigten.

Ja, und die Stadt wuchs! Die Erbauer des modernen Mexiko blieben in der Stadt wohnen. Die Campesinos, die von der Grünen Revolution aus ihren Dörfern vertrieben worden waren, kamen, so wie andere, die – verführt von den Neonlichtern – zu Millionen blieben, um sich als Maurer, Tischler oder Dienstpersonal zu verdingen. Sie fanden keinen Platz in den Gebäuden, die sie mit eigener Hand und ihrer Geschicklichkeit gebaut hatten, gingen aber, nachdem sie diese fertiggestellt hatten, dennoch nicht zurück in ihre Heimatdörfer. Reorganisiert lernten sie schnell die Spielregeln der politischen Aktion im städtischen Dickicht, schufen ihre eigenen Räume, konstruierten ihre eigenen Städte und definierten ihre eigenen Formen urbaner Identität und ihre eigenen Praktiken im Zusammenleben. Von heute auf morgen entstand eine komplette Siedlung, wo tags zuvor noch freier Baugrund war. Von da an begann ein endloses Projekt. Weder die Bulldozer noch die Polizei, stets im Dienste der Entwicklung, waren in der Lage, diese wilde Besiedlung aufzuhalten, obwohl die Neuankömmlinge immer weiter außerhalb der Stadt festgehalten wurden. Angesichts der behördlichen Ohnmacht entstanden ununterbrochen neue Viertel und verwoben sich im sozialen Gefüge mit jenen Stadtteilen, welche dem Modernisierungseifer standgehalten hatten. Ohne daß jemand exakt sagen könnte warum, fraßen sich die stückweise angelegten Viertel in die moderne Stadt hinein.

Gelähmt von den Versprechungen der Entwicklungsmanager wurden nach wie vor all die Wohn- und Versorgungszentren, die als Ausdruck des Wohlstands aus dem Boden schossen, aber die Bedürfnisse der ständig wachsenden Bevölkerung nicht annähernd befriedigen konnten, für den Inbegriff städtischer Lebensqualität gehalten, gefördert als ideale Räume zum Leben, als Ausdruck von Würde und Autonomie. Es rührten sich erst Zweifel an ihrer Qualität, ihrer baulichen Lösung und technologischen Formel, als das Erdbeben von 1985 sie auslöschte. Der Kollaps von Nonoalco-Tlatelolco, dieses Stolzes mexikanischer und nordamerikanischer Ingenieure, kostete Tausende von Leben. Auch wenn viele selbstgebaute Behausungen in den autonomen Vierteln zusammengefallen sind, starben nur wenige ihrer Bewohner und Erbauer unter den Trümmern. Im allgemeinen erwiesen sich die Häuser, wie sie von den einfachen Leuten selbst erbaut worden sind, als widerstandsfähiger und geeigneter für einen Ort wie das Tal von Mexiko als die verfeinerten Produkte des modernen Ingenieurswesens.

In Mexiko gibt es keine Menschen ohne Dach über dem Kopf. Selbst der Zerlumpteste schafft es irgendwann, einen Baugrund zu besetzen und mit vier Holzpflöcken anzufangen, seinen eigenen Wohnraum zu schaffen. Das soziale Gefüge der Stadt rührt in seinem ureigensten Erscheinungsbild daher, daß mehr als die Hälfte seiner Bewohner sich im Kampf mit der Polizei, außerhalb der gesetzlichen Vorschriften und begründet in der autonomen Organisation, der dörflichen Solidarität und dem politischen Kampf, niedergelassen haben. Anstatt das Land zu verstädtern, haben wir die Stadt ruralisiert. Wir haben dabei eine unentbehrliche Flexibilität im Umgang mit jenen Dispositiven der heteronomen Definition des Alltags in der Stadt, welche von Entwicklungsmanagern und Professionellen, den Bürokraten und den marktwirtschaftlichen Anforderungen über uns verhängt wurde, bewiesen.

Tepito: Eine Umkehrung der Politik

Dieser Aufsatz ist einem Barrio mitten im Zentrum von Mexiko-Stadt, der 72 Häuserblocks umfaßt und wo ungefähr 120.000 Leute leben, gewidmet. Der Barrio heißt Tepito. 1945 gehörte er zu den schlimmsten Orten der Stadt. Die allgemeine Wohnsituation war fürchterlich. Auf engstem Raum waren Häuser rund um einen Innenhof angelegt, ohne Bäder und aus den einfachsten Materialien. Darin wohnten Verbrecher, Trunkenbolde und Prostituierte. Es wird erzählt, daß die Erfolgreichsten unter ihnen damals jene waren, die sich ihr Heim auf einem Stückchen Straße einrichten konnten, indem sie unter dem Hinweisschild für ihren Bauchladen ein Bett aufstellten, wo auch ein Platz für Körperpflegeartikel und den gesamten Besitz des Siedlers vorgesehen war – dieser bestand üblicherweise aus einer alten Hose, Familienphotos, einem kaputten Kamm, einem alten Radiogerät, zwei Blumenvasen von der Tante und vielleicht einer Decke.

Kurz nachdem der Zweite Weltkrieg zu Ende war, hat die Stadtregierung die Mieten für Billigstquartiere eingefroren. Die Leute haben mit der Zeit erkannt, daß es sich dabei nicht um eine kurzfristige Maßnahme, die im Zusammenhang mit den weltpolitischen Veränderungen stand, handelte, sondern daß, wenn man sich dafür stark machte, die Mieten über viele Jahre hinweg eingefroren blieben. Und die Leute kämpften! So hat dieses Gesetz bis heute überlebt, trotz der vielen Versuche von Rechtsanwälten, Behörden und Entwicklungsmanagern, es abzuschaffen.

Diejenigen, die in einem derart bevorzugten Mietverhältnis standen, genossen ihr wirtschaftliches Privileg und faßten Wurzeln.

Das traf auch auf den Tepito zu, zumal dort die billigsten Mieten der Stadt erhoben wurden, weil die Verhältnisse wirklich unzulänglich waren. Die Mieten von damals, die umgerechnet einen US-Cent betrugen, wurden auf diesem Stand gehalten. Die Tepiteños, wie die Bewohner dieses Viertels heißen, fingen bald an, sich mehr Wohn- und Arbeitsraum zu schaffen. Erfinderisch wie sie sind, begannen sie damit, offene Halbdachböden in ihre Behausungen einzuziehen und erschlossen sich damit eine Art Dachgeschoß. Viele Häuser verwandelten sich so tagsüber zu Werkstätten und nachts zu Wohn- und Schlafräumen. Die Innenhöfe wurden zu gemeinschaftlich genützten Räumen für die verschiedensten Aktivitäten. Schritt für Schritt nahmen die Tepiteños auch die Straßen in Besitz, bis sie den Großteil in brauchbare Werkstätten und Räume zum Leben verwandelt hatten. Der ganze Tepito wurde so zu einem Ort der Kreativität und Erholung. Der Handel mit Gebrauchtkleidung gedieh neben dem Verkauf von Kleidern, die im Tepito selbst hergestellt wurden. Die Flickschuster hatten neben den aus Werkstätten entstandenen Schuhfabriken ihr gutes Auskommen. Verschiedenste mechanische und elektrische Apparate, die ihre früheren Besitzer unter den Reichen und der Mittelklasse in den Müll geworfen hatten, wurden repariert, umgebaut und mit viel Erfindungsgeist verändert. Die im Tepito umgemodelten Apparate erlangten aufgrund ihrer Qualität bald einen guten Ruf.

Langsam lösten die ehemals verachteten Behausungen im Tepito Neid und Ambitionen aus. Niemand gab sie auf, wenn nicht ein wirklich ernster Grund vorlag; auch in einem solchen Ausnahmefall war die allgemeine Praxis nicht die Rückgabe, sondern man überließ die Mietwohnung einem Familienmitglied oder Freund, ehe man daran dachte, sie dem Eigentümer zurückzuergeben. (War die Wohnung einmal »zurückgegeben«, wäre die Wohnungsmiete dem Marktwert angeglichen worden, was bedeutet hätte, daß der Eigentümer die nun nicht mehr »eingefrorene Miete« erhöhen beziehungsweise die ganze Einrichtung mit Innenhof, Werkstatt usw. schleifen konnte, um an ihre Stelle ein modernes und rentableres Gebäude zu setzen.)

Die Straßen- und Wochenmärkte im Tepito gewannen an Ansehen. Eine halbe Million Menschen begann, zu diesen Märkten zu streben, um alle möglichen Waren dort zu erstehen. Als zu Zeiten rigoroser Importbeschränkungen bei einigen Marktständen

Schmuggelware auftauchte, wurden Whiskys aus England oder Parfums und Kleider aus Frankreich zu begehrten neuen Attraktionen. Die Kunden bemerkten nicht, daß die Pierre Cardin-Modelle, die sie im Tepito kauften, dortselbst in den Hinterhöfen hergestellt wurden, wo man auch die Etiketten gefälscht hat; viele Jahre später, als die Importbeschränkungen gelockert wurden, staunten die Damen, als sie entdeckten, daß die Kleider von Pierre Cardin »Made in Tepito« qualitativ und optisch besser waren als die Kleider mit Originalzertifikaten, die sie nun in modernen Geschäften kaufen konnten.

Mit dem Handel von Schmuggelware stellten sich neue Probleme ein. Anfänglich hatten sich die Leute erfolgreich im Schatten der staatlichen Kontrolle eingerichtet, denn die Gegend wurde aufgrund ihrer Marginalität nicht überwacht, und wenn die Polizei eingreifen wollte, konnte man sich immer auf ihre Korrumpierbarkeit verlassen. Das zunehmende Schmuggelgeschäft und der Druck, der von Kaufleuten aus anderen Bezirken, die im Tepito eine illegale Konkurrenz sahen, ausging, lösten häufig Razzien aus, die mehr oder weniger spektakulär ausfielen und gelegentlich von Journalisten und Fernsehkameras begleitet wurden, um den Wert und die Effizienz der Zollwache aufzuzeigen. Bald hatte sich eine gute Mund-zu-Mund-Propaganda organisiert, und über Mechanismen, die niemand je herausgefunden hat, ging die Nachricht vom geringsten Anzeichen einer Razzia wie ein Lauffeuer durch den Barrio. Sofort war die Schmuggelware weg und verschwand in den tausend dunklen Kanälen der Vecindades, die im Tepito entstanden waren.

Eine andere Schwierigkeit stellte das Aufkommen von Taschendieben dar. Das vermehrte Auftreten von gutsituierten Klienten erregte ihr Interesse, und sie begannen sich gütlich zu tun, was natürlich das Ansehen Tepitos gefährdete und die Klientel abschreckte. Als Antwort darauf organisierten die Tepiteños ihr eigenes Überwachungssystem. Wenn einer auf einen Taschendieb, der seinem Geschäft nachging, aufmerksam wurde, schlug er sofort Alarm. Gemeinsam wurde er gefangen, man schor ihn kahl, nahm ihm seine Schuhe ab, und der arme Dieb mußte sich aus dem Staub machen, nicht ohne sich auf der Flucht noch einige Hiebe einzuhandeln, wenn er geschoren und barfuß an den anderen vorbeilief. Bald gab es keine Taschendiebe mehr in Tepito.

Der Barrio Tepito war jahrzehntelang in einen permanenten und unermüdlichen Kampf verwickelt, der von systematischen und aufeinander abgestimmten Angriffen öffentlicher wie privater Entwicklungsbemühungen ausging. Es gab keinen Bürgermeister, der sich nicht zum Ziel gesetzt hätte, das Stadtzentrum zu modernisieren. Die privaten Entwicklungsmanager und vor allem die Eigentümer der Behausungen im Tepito versuchten mit allen legalen und illegalen Methoden, den Barrio zu beseitigen, um an seiner Stelle Bürogebäude, Banken und Hotels zu errichten. Sie scheuten nicht vor Verführungen, Korruption, Bedrohungen und Unterdrückung zurück und zettelten Streit an, wo es nur ging. Jedes zweite oder dritte Jahr wurde ein neuer »Plan Tepito« angekündigt, der einen Versuch mehr darstellte, den Barrio aufzulösen, die Bevölkerung zu vertreiben – um sie in »goldenen Käfigen« am Stadtrand anzusiedeln – und ein Spekulations- und Baufieber im Bezirk anzufachen.

Die Tepiteños aber leisteten Widerstand. Ihnen war bewußt, daß sie das Ansehen ihres Viertels verbessern mußten, um den Vorstellungen von Klienten, Touristen und Bürgermeistern zu entsprechen, und sie brauchten auch wirklich Verbesserungen an ihren Wohnstätten, die niemals von den Eigentümern repariert worden waren. So suchten die Tepiteños in Künstler- und Intellektuellenkreisen Verbündete. Innovationsfreudige Architekten, die sich schnell deprofessionalisierten, arbeiteten stundenlang mit ihnen zusammen, setzten einige Initiativen in die Praxis um und formulierten das Ziel aus. Als unmittelbarer Ausdruck des im Tepito herrschenden Geistes entstand ein Sanierungsplan, der den ganzen Barrio aufwerten sollte. Das geschah in den Jahren der Erdölhochkonjunktur. Ein besonders unternehmerisch veranlagter Bürgermeister hatte gerade sein Amt angetreten, und die Bedrohung für Tepito schien größer denn je. Der im Tepito selbst entworfene Plan aber hatte in Warschau den ersten Preis bei einem weltweiten Wettbewerb, der von der UNESCO ausgeschrieben war, gewonnen, und mit diesem Triumph in den Händen stellten die Tepiteños sich der Presse, um der Öffentlichkeit zu vermitteln, daß sie nicht nur über den besten vorstellbaren Plan zur Rettung Tepitos verfügten, wie die internationale Anerkennung bewies, sondern daß dieser Plan der Stadtverwaltung überhaupt keine Kosten verursachen würde. Der neue »Plan Tepito«, den der Bürgermeister vorgeschlagen und für dessen Finanzierung er schon viele 1.000 Millionen Pesos zugesagt bekommen hatte, war damit gestorben. Die Tepiteños begannen so ihre eigene Stadtsanierung, wenn man einer solchen vielgestalten und differenzierten Initiative einen derartigen Namen geben kann. Brüchige Mauern und undichte Dächer wurden ausgebessert, und mit der Zeit entstand ein zunehmend dichteres soziales Gefüge, eine Ästhetik des Zusammenspiels, ein dauerhaftes Zusammenleben – Konvivialität – und echte Solidarität.

Aus Tepito wurde ein großer Markt, aber sein Sozialgefüge, jenes Amalgam, welches das Zusammenleben ausmachte, blieb strikt kulturell. Es handelte sich um ein gesellschaftliches Beziehungsgeflecht, welches jenen besonderen Lebensstil, den Charakter, die Sprache, die Art zu tanzen und sich zu benehmen, ausmachte. Im Gegensatz dazu wurde die Stadt, deren Zentrum von Politik und Kultur bestimmt zu sein schien, zum Markt. Die Politik selbst entpuppte sich als Verwaltung des Wirtschaftslebens. Die Stadt zu regieren bedeutete, sie zu verwalten, nämlich den öffentlichen und privaten Tausch von Ware im Dunstkreis von Knappheit zu organisieren. Als Folge dieser Umorientierung ihrer Aufgaben hörte die Politik in der Stadt, am Land, auf der Welt von Mal zu Mal mehr auf, gesellschaftliche *Werte* auszudrücken, um bald nur mehr den ökonomischen *Wert* des Austauschs zu reflektieren. Im Tepito galt das Hauptaugenmerk hingegen dem kulturellen Charakter von Politik – einer Politik, welche die Tepiteños für ihren Tepito selbst gestalteten. Das aktive Wirtschaftsleben ordnete sich zusehends dem politischen und kulturellen Zentrum des Barrios unter. Das im Tepito etablierte und kulturell verankerte System gesellschaftlicher Regulierung forderte gerade deshalb die allgemein gültigen Gesetze der Stadt heraus, an die es sich aber trotzdem immer wieder anzupassen wußte. In dieser Ordnung der Gesetze lag der *Ursprung* des Barrios, weil seine Entstehung unverbrüchlich mit einer gesetzgeberischen Maßnahme in Verbindung stand, nämlich dem Einfrieren der Mieten. Diese Gesetzesordung selbst wurde aber zu einer feindlichen Macht, welche darauf abzielte, dem Barrio den Garaus zu machen; öffentliche und private Rechtskundige wendeten in klarer Komplizenschaft mit den Gerichten Jahre dafür auf, einen legalen Weg zu finden, um die Tepiteños aus ihren Wohnstätten zu vertreiben. Oft gelang es nur im offenen politischen Kampf, die Auflösung des Barrios zu hintertreiben. Gelegentlich vermochte nur die Anwendung organisierter, physischer Gewalt die Zwangsaussiedelung einer Familie zu verhindern. Stets konnte man eine intensive Spannung innerhalb des sozialen Gefüges mit seinen Verhaltensmustern, die von Autonomie und Zusammenleben geprägt waren, und dem äußeren System mit seinen heterogenen Dispositiven der Wirtschaftsregulierung, der politischen Kontrolle und sozialen Diskriminierung beobachten.

Verschiedene Gesichter der Demokratie

Gegen Ende der siebziger Jahre stellte sich mir Tepito als konstante Herausforderung dar. Mein Blickwinkel, geformt von den Formalkategorien, in denen ich erzogen worden bin, lösten andauernd Fehleinschätzungen bei meinen Fragen und unaufhörliche Überraschungen angesichts der Antworten aus. Da gab es einen Zusammenschluß von Schustern in einer bestimmten Straße, dort von Spenglern und hier von Gebrauchtkleiderverkäufern. In einer Straße begegnete ich einer Organisation derer, die Verkaufsstände besaßen, und in einer anderen jenen, die keine hatten; hier entdeckte ich einen Verband von Gebrauchtwarenhändlern, dort die »Etablierten« oder Legalen; da eine Mietervereinigung, dort eine Organisation von Automechanikern, die nirgendwo anders als mitten auf der Straße ihr Handwerk ausübten. In jedem Häuserblock gab es mindestens einen Darlehensverband, der große Mengen Geld zu Zinsen vergab, die wesentlich unter dem Marktwert lagen.

Als meine Liste schon ellenlang war, konnte ich sehen, wie einige dieser Organisationen funktionierten, und so getraute ich mich, einem Freund aus Tepito meine kritischen Beobachtungen näher zu bringen: »Es gibt keine Demokratie in Euren Organisationen«, sagte ich zu ihm, »Ihr wählt Eure Anführer nicht demokratisch, und es gibt keine formale Darstellung der Geschichte der Organisation. Ihr bestätigt sie nie, noch weitet Ihr sie aus, damit sie den ganzen Barrio erreicht, was dazu führen würde, daß die Tepiteños effektiv und demokratisch in ihren Verhandlungen und Kämpfen repräsentiert wären.«

Mein Freund lächelte mich mitleidig an.

»Schau«, sagte er, »hier ist alles ein bißchen verfilzter. Es passiert leicht, daß durch den Druck von außen ein Anführer korrumpiert oder einfach schlecht wird. Wenn wir Wahlen abhalten, sind wir auch schon verloren, weil wir damit die Macht in ganz bestimmte Hände legen. Um sie diesen Händen wieder zu entziehen, müßten wir eine Gegenmacht aufbauen, und das würde uns auseinanderdividieren. Wenn wir aber bei uns merken, daß der Anführer schlecht handelt, beginnen wir, miteinander darüber zu reden, solange, bis wir uns auf einen neuen Anführer einigen können. Der alte Anführer ist der letzte, der dann bemerkt, was sich getan hat, wenn er nach zwei bis drei Monaten feststellt, daß keiner mehr was zu tun haben will mit ihm.«

»Was aber kann man machen, um den ganzen Tepito zu einen?«, blieb ich hartnäckig.

»Entweder ist es Tepito oder nicht«, sagte er fast böse. »Entweder sind wir, was wir sind, oder wir verlieren und werden vernichtet. Es genügt, zusammenzugehören. Wir brauchen uns nicht zusammenzuschließen, wie in all diesen Organisationen, auf die Ihr so stolz seid, ob im Privathandel, in den Gewerkschaften, den Parteien von rechts bis links. Wenn wir mit den städtischen Behörden wieder einmal schwer im Clinch liegen, suchen wir uns einen unter uns aus, der recht gut auftreten kann und schlitzohrig ist, der aber nichts und niemanden vertritt. Den schicken wir dann in die Verhandlungen und sagen ihm vorher noch haargenau, was wir wollen. Er geht dann, um mit den Behörden zu verhandeln, und schließt einen Vertrag, den er alleine unterzeichnet und den er uns dann bringt. Hier fangen wir dann an, dieses Schriftstück untereinander zu diskutieren. Es geht von Hand zu Hand, von Gruppe zu Gruppe. Wenn uns der Vertrag gut erscheint, bleibt es dabei, und er wird erfüllt. Wenn er uns nicht paßt, wenn Dinge verlangt werden, die wir nicht akzeptieren können, gehen wir zu den Behörden und beschweren uns, daß mit jemandem verhandelt wurde, der eigentlich niemanden repräsentiert, und das Ganze fängt von vorne an.«

Das ist offensichtlich nur einer der vielen Schliche, wie ihn die Tepiteños bei ihrem täglichen Kampf und der politischen Durchsetzung ihrer Anliegen anwenden. Das Wort Konvivialität beschreibt sehr verständlich die Grundvoraussetzung für das Leben im Tepito. Einmal besuchte ich eine Frau, die in eine Wohnung eines Mehrfamilienhauses umgezogen war, das vom Bürgermeister als moderne Alternative der Wohnraumbeschaffung errichtet worden war. Ich wollte wissen, wie es ihr dort erginge und worin sie den Unterschied zu ihren früheren Wohnverhältnissen im Tepito sähe.

»Schau« meinte sie, »die Wände sind besser und auch das Dach und das Bad. Aber hier kann man sich keinen Platz schaffen, und das Schlimmste ist, hier gibt es keine Konvivialität!«

Die Krise in den achtziger Jahren bereitete der Mittelklasse große Probleme. Tepito hingegen blühte und gedieh besser denn je. Diejenigen, die ihre Volkswagen oder Renaults nicht mehr in Fachwerkstätten geben konnten, um sie reparieren zu lassen, strömten in Massen auf die Straßen Tepitos, um einen Spengler ausfindig zu machen. Einmal fragte ich einen befreundeten Spengler im Tepito, wieso er mit der Arbeit eine Stunde, nachdem er begonnen hatte, schon wieder aufhörte, obwohl er so viele Klienten und zusätzliche Aufträge hätte.

Er meinte bloß: »Wieso mehr arbeiten, wenn ich für heute schon genug verdient habe?«

Er hatte, was er brauchte. Wieso eigentlich wirklich darüber hinaus arbeiten? Also stellte ich ihm die zweite dumme Frage des Tages: »Was machst Du in Deiner Freizeit?«

Er sah mich an, als ob ich verrückt geworden wäre: »Ich habe vierundzwanzig Stunden lang Freizeit, mein ganzer Tag ist frei, ab und zu arbeite ich in dieser Zeit ein wenig.«

Im Laufe der Jahre haben sich auch die Anthropologen auf Tepito gestürzt. Ich habe aber den Eindruck, daß sie nicht viel davon verstanden haben, doch haben sie uns mit den verschiedensten Statistiken versorgt. Laut einer neueren Doktorarbeit hat zwischen 1982 und 1987, den Jahren der »schwersten Schuldenkrise« für Mexiko, als die öffentlichen Stellen nur noch mechanisch und unverantwortlich den Katechismus des Internationalen Weltwährungsfonds nachvollzogen, die Anzahl der Fiestas im Tepito um ein Siebenfaches zugenommen – und eine Fiesta im Tepito ist schon etwas Einmaliges und Außergewöhnliches. Der Salza-Tanz im Tepito unterscheidet sich von jeder herkömmlichen Form, diesen lateinamerikanischen Rhythmus in Bewegung zu verwandeln. Die Tänzer sind unübertroffen – wie die Musiker aus dem Barrio. Übrigens gibt es im Tepito ein Plattenstudio, das zu den wichtigsten im Land gehört. Auch die Musikanlagen suchen ihresgleichen, weil die neuesten elektronischen Errungenschaften aus der Schmuggelware geschickt mit eigenen Innovationen versehen werden.

Die Versammlungen im Tepito mit 7, 70 oder 700 Personen erinnern mich unweigerlich an jene in den Dörfern der Indianergebiete Mexikos. Eine Versammlung ist da wie dort kein Ort, wo demokratische Entscheidungen wie in Gewerkschaften, Universitäten oder Parteien gefällt werden – Orte, wo Individuen über Alternativen abstimmen, die von verschiedenen Rednern vorgebracht werden. Versammlungen sind im Tepito wie in den Indianerdörfern theatrale Repräsentationen, wo im Ritual Entscheidungen, die vorweg gefallen sind, im Anschluß an sehr komplizierte demokratische Auswahlverfahren, bei denen die Entscheidungen unter partizipativer Mitwirkung gefunden worden sind, ratifiziert werden. Die Regierung versteht sich nicht als Repräsentanz, die für das Dorf, für Tepito regiert. Die Macht selbst bleibt in den Händen der Leute, die – komplexen Verhaltensmustern folgend, ohne die Fäden der Kontrolle aus den Händen zu geben – mit dem Anführer an einem Strick ziehen oder nicht. Hier handelt es sich wirklich um eine Regierung des Volkes durch das Volk und nicht für das Volk.

Was ich im Tepito kennengelernt habe, erfüllt mich mit großer Freude. Ich könnte Stunden zubringen und einfach nur faszinierende Geschichten erzählen, aber mir ist klar, daß ich auf diesem Weg ein idealisiertes Bild einer schrecklichen Realität zeichnen würde. Es steht fest, daß für einige Tepiteños ein Leben ohne Tepito unvorstellbar wäre. Einer, der sich mit Schmuggelhandel eine goldene Nase verdient hatte, richtete sich eine millionenschwere Residenz in einer Zone ein, die für Reiche angelegt worden ist, wo er es aber keine drei Monate aushielt. Er kehrte in seine kleine Behausung im Tepito zurück und stellte seinen Luxuswagen gerade vor seiner Tür ab. Es fehlte ihm die Konvivialität, das Zusammenleben, der Lärm, sprich die Intensität des Barrios. Aber es liegt auch auf der Hand, daß das Leben im Tepito eine schwere Herausforderung darstellt, für die sich nur wenige entscheiden können, und es gibt viele, die dem entrinnen wollen und ein besseres Ambiente suchen. Der Reiz des Barrios besteht nicht darin, ein Paradies, sondern eine Lebensmöglichkeit geschaffen zu haben, *obwohl* die Tepiteños harten Bedingungen ausgesetzt sind. *Trotz* schwieriger Situationen, Hinauswürfen und konstanter Bedrohungen wird dort gelebt! Ich glaube, niemand würde es wagen, Tepito als Lebensmodell zu proklamieren, als etwas, das wiederholt werden sollte, als Ziel oder Ideal. Kein Tepiteño, von dem ich wüßte, nimmt seinen Barrio als so etwas wahr, obwohl viele von ihnen eher sterben wollten, bevor sie woanders hinzögen. In vielerlei Hinsicht bleibt Tepito ein abscheulicher Ort zum Wohnen, besonders im augenblicklichen Zustand. Als Reaktion auf die Feier von Autonomie und Kreativität im Barrio, welche das Erdbeben von 1985 ausgelöst hatte, terrorisierten die Behörden und Wohlfahrtseinrichtungen den Tepito mit einem abgestimmten Angriff im großen Stil, der erst langsam abebbt und an Schrecken verliert. Es wurden nicht viele Gebäude errichtet, die gegen die Sitte der Konvivialität verstoßen, sondern das Viertel wurde zu einem Ort legalisierten Schmuggels, der ein offizielles Instrument der Inflationsbekämpfung darstellte. Damit wurde ein wirtschaftlicher Aufschwung provoziert, der darauf hinausläuft, das gesellschaftliche und kulturelle Gefüge der Tepiteños auszuhöhlen. Das führte dazu, daß viele junge Leute korrumpiert wurden, dem Drogenmißbrauch anheimgefallen sind und früher unbekannte Spannungen auftraten.

Ich kann nicht sagen, ob der Barrio überleben wird. Was ich weiß, ist, daß seine Geschichte und seine Praktiken überall in der Stadt Eingang gefunden haben. Tausende Tepitos sind in seiner Nähe entstanden und wiedererstanden. Auch dort kann man nicht von idealen Lebensbedingungen sprechen, denen die Menschen in diesen Barrios ausgesetzt sind. Tausende Formen wirtschaftlicher Ausbeutung, kultureller Aggression, sozialer Diskriminierung und politischer Unterordnung bestimmen ihren Alltag. Ich bin aber der Ansicht, daß die soziokulturelle Substanz, die Tepito symbolisiert und veranschaulicht, erklärt, wieso wir uns in Mexiko-Stadt, diesem urbanen Moloch mit seinen 20 Millionen Einwohnern, noch nicht gegenseitig umgebracht haben und wieso für viele von uns diese Stadt noch immer ein guter Platz zum Leben ist – den Städten New York, Tokio oder Paris weitaus vorzuziehen.

Die Form der direkten Demokratie und ein Lebensstil, der auf das Zusammenleben ausgerichtet ist, verhilft einer moralischen und politischen Substanz zum Durchbruch, die sich tief in das Leben von Mexiko-Stadt eingeschrieben hat und alternative Formen urbaner Existenz zuläßt, die ehrliche Anerkennung verdient.

Die Grenzen der Autonomie

Mexiko ist die am ärgsten verschmutzte Stadt der Welt. Nur dort kann man Amöben und Salmonellen einatmen. Fünf Millionen Menschen verrichten ihre Notdurft irgendwo im Freien. Viele Jahre lang haben sie gehofft, daß das Kanalsystem auch ihre Häuser erreichen werde, was aber nie geschah und nicht geschehen wird. Die Behörden und Entwicklungsexperten haben sich nie mit Alternativen zur Klospülung auseinandergesetzt, an die sie mit fast religiöser Hingabe glauben, aber sie verfügten auch nicht über genügend Geld, um ein Abwassersystem für alle einzurichten. Auch wenn das Geld gereicht hätte, es gäbe nicht genug Wasser. Für 20 Millionen Menschen reicht das Wasser, das im Tal von Mexiko vorkommt, nicht aus, denn das meiste ist bereits versiegt, und so wird aus 100 Kilometer Entfernung Wasser herangeleitet, das wiederum aus 2.400 Meter hochgepumpt werden muß. 40 Prozent des für einen Haushalt verfügbaren Wassers geht heute über die Kanalisierung verloren, wird also für den Transport von Fäkalien verschleudert. Auch wenn genügend Kanäle zur Verfügung stünden, dürfte das vorhandene Wasser nicht für diesen Zweck vergeudet werden.

Jahrelang wurden alle Alternativen zur Klospülung von Hygieneingenieuren, Behörden und Entwicklungsmanagern unterdrückt und verfolgt. Wir mußten unsere Latrinen und ökologischen Klos heimlich verwenden und sie zum Motiv unseres sozialen Kampfes machen. Die Linken wie die Rechten schimpften uns deshalb reaktionär. Für sie waren wir Gegner des Fortschritts, gefährliche Hippies, die bereit sind, in die Steinzeit aufzubrechen. 1985 aber, als das Erdbeben die Kanalleitungen von ungefähr zwei Millionen Menschen, die schon nicht mehr ohne diese Einrichtung leben konnten, zerstörte und 150.000 Familien mitten im Stadtzentrum ohne ein Dach über dem Kopf dastanden, waren wir – die Alternativen – die einzigen, die über genügend Erfahrung verfügten, um dieser für alle prekären Situation zu begegnen. Auf tausend verschiedenen Wegen erblühten Lösungen. Von da an mußten die Behörden ihre Hetzjagd einstellen und begannen sogar, diese alternativen Formen zu unterstützen.

Im Laufe dieser Episode haben wir viel mehr als nur die Anerkennung billiger und angepaßter Entsorgungsmaßnahmen und Hygienevorkehrungen erreicht. Uns ist aufgefallen, was es heißt, mit dem Verdauungsapparat direkt an die zentralisierte Bürokratie und Technokratie angeschlossen zu sein. Wir wußten immer schon, daß das herrschende System der Abwasserbeseitigung schrecklich ungerecht war, auf aggressive Weise diskriminierend für die Mehrheit, und daß es eine schamlose Konzentration von Privilegien geschaffen hatte. Was wir nicht wußten war, daß damit auch höchst gefährliche Formen der Umweltverpestung einhergehen, was eine echtes Attentat auf den allgemeinen Gesundheitszustand darstellt. Um Flüsse, Erde und das Meer vor schädlichen Umweltbelastungen zu verschonen, wird Wasser geklärt. Jene kostenaufwendigen Kläranlagen, die allerorts installiert wurden, verteilen an die Bevölkerung aber ein chemisches Produkt, das nur im weitesten Sinn etwas mit dem Wasser zu tun hat, das wir zum Überleben brauchen. Viele halten dieses Wasser schon für den weltweiten Hauptverursacher von Krebs. Mit dieser Episode lernten wir, eine neue Beziehung miteinander und mit unserem Planeten einzugehen. Wir lernten, uns selbst höher zu bewerten, um autonom unsere Beschränkungen und Unzulänglichkeiten zu heilen. Unser politischer Kampf hat sich radikalisiert, und in diesem Prozeß begannen wir, uns mit jenen zu treffen, die ähnliche Erfahrungen hinter sich hatten, auf anderen Wegen und in anderen Ordnungen und Lebenswelten. Wir sind uns einig, daß wir uns auf eine immer radikaler werdende Kritik der gesamten standardisierten, technokratischen und zentralistischen Industriegesellschaft einlassen, bis wir zu den verschiedensten Formen autonomer Gestaltung des Zusammenlebens gelangen.

Diese politische Konstellation, jene Bedingungen, welche die sogenannte Krise ausgelöst hatten, erklären teilweise, wieso am 6. Juli 1988 die Mehrheit der Bevölkerung gegen jene politische Partei gestimmt hat, welche die Stadt und das gesamte Land schon seit 60 Jahren regiert. Diese Regierungspartei mußte anerkennen, daß sie in der Stadt nur 30 Prozent der Stimmen auf sich vereinigen konnte – in Mexiko-Stadt wohlgemerkt, dort, wo ein Fünftel der Gesamtbevölkerung Mexikos lebt und wo die wichtigsten »Zentren« konventioneller Machtausübung angesiedelt sind.

Einige Wochen nach dem 6. Juli – nachdem das Wahlergebnis von der Partei gefälscht worden war – hatten wir ein Treffen, an dem Vertreter von 60 bis 70 autonomen Barrios aus verschiedensten Stadtteilen teilnahmen. Die schäumende Wut, derer wir uns gegenseitig versicherten, drückte einen Gemützustand aus, der die ganze Stadt erfaßt hatte.

Einer der Teilnehmer bemerkte: »Eigentlich haben wir uns total unverantwortlich benommen. Die ganzen Jahre hindurch haben wir uns auf den Kampf in den Barrios konzentriert. Und, wenn wir ehrlich sind, hatten wir diesen Kampf schon längst gewonnen gehabt. Dort sind wir die Chefs, oder? Es sind unsere Räume, unsere Barrios! Aber bei all dem haben wir vergessen, daß wir nicht nur in den Barrios wohnen, sondern auch in der Stadt. Jetzt, wo die Stadt auch uns gehört, müssen wir sehr verantwortungsvoll damit umgehen und gut darüber nachdenken, was wir eigentlich mit ihr anstellen wollen.«

Also fingen wir an, nachzudenken. Aus Treffen wie diesen entstanden tausende Initiativen. Heute können wir schon behaupten, daß wir uns politisch organisieren. Wir konnten so eine Art alternative Gegenregierung aufbauen, welche die Bemühungen der verschiedensten Barrios koordiniert. Eigentlich geht es uns gar nicht so schlecht dabei, wenn wir unsere Situation mit jener vergleichen, welche unsere Freunde in der Mittelklasse im Jahrzehnt der »Krise« durchmachen. Sie sind der Inflation des Rechtswesens ebenso wie der des Geldes ausgeliefert und finden kein Mittel gegen ihre brutale Abhängigkeit.

Auf der anderen Seite geht es uns auch wieder nicht so gut. Wir nehmen die Grenzen unserer isolierten Initiativen, die auf den konkreten Bereich unserer unmittelbaren Räume abzielen, immer mehr wahr. Wir haben zwar horizontale Koalitionen geschlossen, um uns zu schützen und unsere Anliegen durchzusetzen, aber irgendwie verlieren wir uns auch darin. Einige von uns denken schon an die Bildung einer Partei, weil die momentane Funktion der politischen Zentren und Verwaltungseinrichtungen in der Stadt und im ganzen Land aufgelöst werden müßte. So wie unsere ökologischen Klos die Abwasserbeseitigung unnötig machen und die selbst organisierte Überwachung nicht an jedem Straßeneck einen Polizisten braucht, haben wir eine Reihe von öffentlichen Funktionen aufgedeckt, die ersatzlos gestrichen werden könnten, damit für die autonomen Gemeinschaften der Städter wieder Aktionsräume geschaffen werden können. Eine radikale Deregulierung wurde zum vordringlichen Anliegen unseres politischen Aktionsradius.

Ich möchte meine Argumentation mit einer Geschichte abschließen, die sich aufgrund ihrer Eigenheiten für mein Anliegen kontraproduktiv auswirken könnte. Es ist eine schreckliche Geschichte.

Eines Morgens, als wir friedlich in eine Vecindad zu Besuch kamen, wo in einem Barrio in der Nähe des Tepito gerade die letzten Wiederaufbauarbeiten nach dem Erdbeben abgeschlossen wurden, überraschte uns eine allseits herrschende Aufregung. An diesem Morgen war ein vierjähriges Mädchen von einem der Nachbarn vergewaltigt worden. Der Arzt konnte keine physischen Spuren entdecken, aber über den Versuch bestand kein Zweifel, weil der Täter in flagranti ertappt worden war. Alle Mitglieder der Vecindad diskutierten miteinander.

Eine unserer Kolleginnen reagierte sofort heftig, indem sie ihre für die Mittelklasse so typische Wut ausdrückte und forderte: »Für immer ins Gefängnis!« Die Nachbarn sahen sie ruhig an und fragten: »Wieso, damit man ihn zu einem Kriminellen macht?« – »Dann wenigstens in die Psychiatrie«, meinte unsere Kollegin. »Wieso«, fragten sie wieder, »damit er verrückt gemacht wird?«

So diskutierte man eine Zeitlang. Einige sprachen sich dafür aus, den Mann aus der Gemeinschaft zu verstoßen. Andere meinten aber wieder, daß gerade dieser Mann fast 20 Jahre an ihrer Seite gekämpft hatte und beim Bau der neuen Häuser übergebührlich viel gearbeitet hatte. In ihren Augen wäre es ungerecht, ihm jetzt kein Haus zu lassen. Jemand schlug vor, ihn in eine andere Vecindad zu schicken. Dagegen sprachen sich andere aus, die darin eine neuerliche Ungerechtigkeit erkannten, indem sie zu bedenken gaben: »Hier kennen wir ihn wenigstens schon, wir wissen, wie er ist. Wir können ihn und uns schützen. Wer weiß, ob das in einer anderen Gemeinschaft auch so wäre?« Man diskutierte weiter und kam schließlich zu der Übereinkunft, daß der Mann, falls die Mutter des betroffenen Mädchens es akzeptieren könnte, in der Vecindad bleiben sollte. Die Mutter stimmte zu. Der Mann ist immer noch dort. Man sagt, er hätte sich zu einem Vorbild an Kooperativität und Solidarität gewandelt. Er lebt nicht mehr alleine, so wie früher. Trotz seiner fünfzig Jahre hat er eine junge Frau gefunden, die mit ihm lebt, und er sieht sehr zufrieden aus.

Meine Verwunderung kann ich einfach nicht verbergen. Ich wüßte nicht, wie man so eine Angelegenheit lösen sollte. Diese Geschichte jetzt am Ende meiner Erzählung einzufügen, bedeutet, das

Risiko einzugehen, daß alles verzerrt erscheint: die Würde, die Autonomie und die Konvivialität des Barrios kulminieren in der Vergewaltigung eines kleinen Mädchens! Ich weiß, daß die Reaktion unserer Kollegin von vielen Menschen vorbehaltlos geteilt wird. Oft genug hat man mir gesagt, daß solche Verbrechen in die Hände von Experten und ihrer Institutionen – Gefängnisse und Krankenhäuser – gehören.

Allerdings glaube ich auch, daß diese Geschichte unsere momentane Situation und die Herausforderungen, vor denen wir stehen, gut beschreibt. Mit der Klospülung und dem Kanal verschwinden unsere Fäkalien aus unseren Augen, und so glauben wir, das Problem gelöst zu haben. Wir entledigen uns des Problems, indem wir den Abfall, den wir selbst produzieren, dem Kanal anvertrauen. Wenn wir einen Nachbarn oder Familienangehörigen ins Gefängnis oder Krankenhaus schicken, wenn die Mutter mit ihrem Alzheimer-Syndrom in ein Spezialklinik eingewiesen wird oder ins Altersheim muß, glauben wir, die Schwierigkeiten, die uns diese Menschen bereiten, gelöst zu haben. Zufrieden waschen wir uns die Hände rein und akzeptieren beruhigt unsere Abhängigkeit von Experten und ihrer zentralisierten Bürokratie. Mit den Humus-Latrinen und ökologischen Klos haben wir unsere Beziehung zur Welt und unserem Umfeld klar verändert, indem wir konkrete Verantwortung übernommen haben. Es ist nicht genug, die Klospülung zu betätigen. Uns direkt und gemeinsam der Ausgeburten unseres Irrsinns anzunehmen, heißt auch, wirkliche, große und nicht immer angenehme Verantwortung auf uns zu nehmen, für die wir uns vielleicht nicht genug vorbereitet fühlen. Viele würden darin auch einen Rückschritt sehen, weil sie glauben, daß wir die Uhr der Geschichte zurückdrehen wollen. Viele Menschen glauben, daß die Kanalisation und die Alzheimer-Klinik unwiderrufliche und irreversible Errungenschaften unserer Zivilisation darstellen. Für uns hingegen sind diese Technologien entwürdigende Instrumente, die auf die Aushöhlung des Sozialgefüges hinauslaufen und zu einer wachsenden Unfähigkeit bei Männern und Frauen führen, ihr Leben nach ihren eigenen Vorstellungen und Initiativen zu gestalten. Solche Technologien wissen sich, vom Vorurteil der Gleichheit ausgehend, im Recht, weil ethische Prinzipien, Gefühle und grundlegende Emotionen auf dem Altar der modernen Institutionen geopfert werden.

Die Inflation an Gesetzen ist eine klare Bedrohung. Eingekerkert in gesetzliche Einrichtungen und rechtsprechende Institutionen, in ein System, in dem die Anwälte das Leben regeln, bedeutet aber Rechtsverlust adäquaterweise eine Form von Hölle.

Aber auch die rechtliche Deregulierung ist kein Rosengarten. Sie bedeutet, sich ernsthaft mit der Möglichkeit auseinander zu setzen, das Leben wieder in unsere Hände zu nehmen und mit der Idee vertraut zu machen, daß Autonomie und Kreativität in einer effektiven Demokratie immer Verantwortung meinen. Wir müssen wissen, daß die Kunst zu leben immer die Kunst zu leiden miteinschließt. Man kann den Schmerz nicht verhindern, auch nicht, wenn man bewußt gebiert oder im vollen Bewußtsein der Todesstunde begegnet. Ich bin mir nicht sicher, ob unsere passiven und betäubten Gesellschaften heute in der Lage wären, wieder zu leben, wenn sie dafür den Preis des Leidens zahlen müßten. Viele Mütter müßten die Verantwortung für viele nicht notwendige Kaiserschnitte mit den Ärzten teilen. Viele Menschen ziehen die kalte und grauenvolle Agonie des wissenschaftlichen Medizids an unseren Alten der natürlichen Form, zu Hause und ohne Arzt zu sterben, vor.

Ich bin mir nicht sicher, ob unsere Gesellschaften die Freiheit wiedererlangen wollen für den Preis, Verantwortung zu übernehmen. Ich weiß nicht, ob sie die effektive und radikale Gerechtigkeit der Ungerechtigkeit der juristischen, politischen und wirtschaftlichen Mechanismen, die im Namen der Gleichheit geboren worden sind, vorziehen.

Unsere Wege sind keine klar ausgewiesenen Pfade oder gar das verheißene Land. Von unseren Segnungen zu erzählen – dem, was wir trotz Kolonisation, Entwicklung und feindlichen Kräften, die uns umgeben, immer noch haben – heißt nicht, die Augen vor unseren Schwächen und Nachteilen zu verschließen. Wir hegen die Hoffnung, daß andere unsere Argumente hören und daß wir so mit ihnen zusammen eine Möglichkeit finden, in Frieden zu leben, innerhalb jener Räume, die, wenn sie außerhalb des Gesetzes stehen dürften, besonders privilegiert wären.

Martina Kaller im Gespräch mit Gustavo Esteva
Oaxaca, Juli 1990 / Wien, April 1991

Gustavo, bevor wir auf Deine praktische und theoretische Arbeit zu sprechen kommen, würde ich gerne ein wenig über Deinen Werdegang erfahren und auch ein wenig darüber, wie Deine Aktivitäten im entwicklungspolitischen Bereich begonnen haben.

Mein aktives politisches Leben habe ich in den sechziger Jahren bei den Campesinos begonnen. Es war für uns in Lateinamerika die Zeit eines Che Guevara und der Cubanischen Revolution mit ihrem spezifischen Verständnis von der Guerilla. Diesem Weg bin auch ich gefolgt, indem ich mein politisches Leben damit begann, eine Guerilla zu denken und mich aktiv an einer Guerilla zu beteiligen. Ich arbeitete also klandestin in einer solchen Bewegung.

Im Jahr 1965 bin ich dann ausgestiegen, als es zu einer dramatischen Zuspitzung eines Konflikts zwischen zwei Führern gekommen war. Dieses Ereignis führte mir sehr deutlich den Dogmatismus in dieser Bewegung vor Augen. Plötzlich erkannte ich, was »Gewalt« als politisches Konzept bedeutet und was der Weg der Gewalt mit sich bringt – als Begriff und als politische Theorie. Ich erkannte, wie im Dunstkreis dieses Konzepts autoritäre Strukturen entstehen, die zuerst darauf abzielen, Veränderungen zu bringen, dann aber den politischen Kampf überleben. Schon in meiner aktiven Zeit in der Bewegung dachte ich viel über Organisationsformen nach und begann, meine praktische Tätigkeit zu hinterfragen.

Als Du diesen Zusammenhang von hierarchischer Organisation und Korrumpierbarkeit erkannt hast, welche persönlichen Konsequenzen hast Du nach 1965 daraus gezogen?

Damals, nach 1965, glaubte ich an den Marsch durch die Institutionen und meinte, daß man auf Regierungsebene etwas für die Campesinos durchsetzen könnte. Die folgenden Jahre brachten mir eine steile politische Karriere. 1970 hatte ich schon einen sehr wichtigen Posten in der Planificación, einer wichtigen Abteilung der Präsidentschaftskanzlei, inne.

Planificación ist die Wirtschaftsplanungsabteilung in der Präsidentschaftskanzlei, das bedeutet, daß Du zu einem exklusiven Stab von hohen Staats- und Parteifunktionären gehörtest. Wie sah Deine konkrete Arbeit als Regierungsbeamter aus?

Ich arbeitete an der Planung der öffentlichen Ausgaben und an Veränderungen im Bereich der landwirtschaftlichen Budgetierung, wobei die Frage der Selbstversorgung eine zentrale Stellung einnahm. So kämpfte ich wie ein Verrückter für Preisgarantien von landwirtschaftlichen Produkten, die ich neben der Agrarreform für die wichtigste Forderung der Campesinos hielt. Ich setzte mich vehement dafür ein, daß die Preise, die seit 1963 eingefroren waren, angehoben würden. 1973 erreichten wir eine Erhöhung der Preisgarantien. Als wir 1980 darangingen, die Auswirkungen dieser Garantien zu erforschen, stellte sich heraus, daß sie höchst negativ waren. Sie schränkten den Handlungsspielraum der Campesinos ein und ordneten die Produktion den Regeln des Marktes unter, anstatt irgendetwas Positives zu bewirken. Diese Preisgarantien gehörten zum Versuch, die Ernährungssituation in Mexiko zu regulieren, doch in der Folge hatten die Campesinos selbst nichts mehr zu essen, weil sie für den Markt und nicht mehr für sich selbst anbauten und ernteten. Außerdem nehmen Preisgarantien keine Rücksicht auf schlechte Ernteerträge.

Als Du diesen schweren Fehler bei der Preisregulierung für landwirtschaftliche Produkte, der ein Ausdruck bürokratischer Entwicklungsplanung war, entlarvt hast, warst Du aber nicht mehr in der Regierung. Was hat Dich veranlaßt, auszusteigen?

1976 lief ich Gefahr, als Staatssekretär ein richtiger Politiker zu werden, aber nachdem ich die konkrete Erfahrung mitbrachte, welche beschränkten Möglichkeiten man in der Regierung hat, beschloß ich, der Regierungspolitik den Rücken zu kehren. Im folgenden gründete ich autonome Organisationen ohne Verbindung zur staatlichen Bürokratie. Die ersten waren der Fondo de Cultura

Campesina (FCC = Fonds zur Unterstützung der Campesino-Kultur) und ein Komitee zur Förderung der Erforschung von ländlicher Entwicklung. Diese beiden Institutionen reflektierten meine damalige theoretische und politische Position. Auf der einen Seite diente der FCC als Unterstützungszentrale, wo die Kultur der Campesinos ernst genommen und gefördert wurde; andererseits beschäftigte mich die Sache mit der Entwicklung überhaupt. Also schuf ich eine Einrichtung, die sich die Frage nach landwirtschaftlicher Entwicklung auf wissenschaftlicher Ebene stellte. Diese beiden Einrichtungen sollten unabhängig von politischen Parteien und Regierungsstellen funktionieren. Der wichtigste Grund dafür bestand im Mißtrauen gegenüber den staatlichen bürokratischen Institutionen, wenn es darum geht, direkte Unterstützungsprojekte für Campesinos zu schaffen.

Die parteipolitische Einflußnahme auf die verschiedenen Gruppen der Landbevölkerung zersetzt im Innersten die gemeinschaftlichen Fähigkeiten und entzweit die Gemeinden, die ihre Bedürfnisse ursprünglich gemeinsam regelten und befriedigten. Sie leben in einer Form der direkten und demokratischen Selbstbestimmung. Dagegen steht der Anspruch der Regierung und der Parteien, etwas für die Campesinos zu machen. Wir wollen nicht, daß die Regierung etwas Konkretes durchführt. Wir brauchen ihre Bevormundung, ihren »Schutz«, der meistens eine Bedrohung darstellt, und ihre Service-Einrichtungen nicht. Vielmehr geht es darum, diese abzuschaffen.

Du nennst die beiden Begriffe »Bevormundung« und »Bedrohung« in einem Atemzug mit staatlicher Entwicklungsbürokratie. Wer wird bevormundet, und wie sieht die konkrete Bedrohung aus?

Für die meisten Menschen in diesem Land stellt sogenannte Entwicklung in ihrer konkreten Form – als staatliche Entwicklungsprojekte – die größte Bedrohung dar. Entwicklungsstrategien setzen immer voraus, daß es Unterentwicklung, das heißt, nicht normenkonforme Produktions- und Lebensformen gibt, welche »unterentwickelte Menschen« haben. Das hat man uns lange genug eingetrichtert. Diese Menschen leben für die »Entwickelten« in einer »unterentwickelten Welt«. Es handelt sich aber um eine konkrete, eine gelebte Welt.

Für die »Unterentwickelten« stellen sich die Entwicklungsprojekte als eine Bedrohung ihrer Ruhe, ihres Lebens, ihres Landes, ihrer Kultur dar, und zugleich disqualifizieren sie die Meinung, welche die meisten Menschen dieses Landes über jene Projekte haben.

Die Campesinos in Oaxaca erlitten immer die Aggressionen, die von großen staatlichen Entwicklungsprojekten ausgegangen sind. Eine Gruppe von Menschen widersetzte sich fünfzehn Jahre lang dem gigantischen Wasserkraftwerksprojekt »Presa Cerro de Oro«, jetzt »Presa Miguel de la Madrid« genannt. Heute finden wir diese Menschen in einer unendlichen Traurigkeit wieder. Wir können feststellen, wie sie auseinandergerissen wurden, wie ihre Lebensbedingungen, ihre Kultur, ihre Friedhöfe und ihr überliefertes Wissen über den Umgang mit dem Land, vernichtet worden sind. Von ihrem Raum wurden sie samt und sonders verstoßen und in ein anderes Gefüge, das nicht das ihre ist, geworfen.

Das ist ein Fall, wo Entwicklung, ein konkreter Entwicklungsplan, augenscheinlich eine zerstörerische Bedrohung, eine Beleidigung, eine schreckliche Aggression für eine konkrete Gruppe von Menschen darstellt. So können wir viele Beispiele anführen, wie sie von der UNO unzählige Male dokumentiert wurden.

Die Frage nach der Beziehung von »Entwickelten« zu »Unterentwikkelten« gehört zu Deinen zentralen Thesen. Willst Du das näher ausführen?

Ja, besonders gegenüber den »Entwickelten« werde ich nicht müde, sie zu wiederholen. »Unterentwickelt« zu sein heißt, eine untergeordnete Stellung gegenüber dem anderen, dem »Entwickelten« einzunehmen. Der »Entwickelte« weiß sehr wohl, was geschehen muß, um entwickelt zu sein. Wenn das, was gemeint ist, Entwicklung ist, impliziert diese Vorentscheidung, daß ich das Urteil der »Entwickelten« akzeptiere, und zwar ganz real. Das meint nicht nur den Imperialismus, der von den sogenannten entwickelten Ländern ausgeht, sondern es gibt einen Imperialismus unter den eigenen Leuten, den Experten. Der mexikanische Experte, der Bürokrat oder der Vertreter einer NGO, der Ökologe – sie sind es, die wissen, was zu tun ist. Das ist ein unermeßlicher Schaden, den wir in seiner Größenordnung noch gar nicht abschätzen können: diese unglaubliche Lähmung, die wir bei allen Menschen auslösen, die für »unterentwickelt« erachtet werden. Es handelt sich um eine Lähmung, die wir schon erlebt haben. So bedeutete die Christianisierung etwa, daß wir nicht mehr länger an unsere Götter glauben konnten. Als uns »klar gemacht« wurde, daß unsere Götter nichts taugten, konnten wir nicht mehr in sie vertrauen. Also glaubten wir nur mehr an den einen Gott, der uns gebracht worden war. Das ist derselbe Mechanismus, der auch bei Entwicklung ausgelöst wird, aber auf viel tiefgreifendere und allgemeinere Art, als es die Evangelisierung schaffte, denn es war möglich, sich den neuen, alleinigen Gott anzueignen. Das war es nämlich, was in Lateinamerika geschah: Wenn man die Volksreligiosität betrachtet, so ist sie zu einem sehr geringen Teil römisch-katholisch und hat kaum etwas mit dem Papst und den religiösen Traditionen zu tun. Sie hat sich des neuen Gottes bemächtigt und ihn in etwas anderes verwandelt.

Das kann mit Entwicklung nicht geschehen. Sie erlaubt es nicht, daß sich jemand ihrer bemächtigt. Entwicklung ist streng zentralistisch und zentralisierend. Sie gestattet keine anderen Verhaltensmuster als jene, die sie selbst vorgibt und die da heißen: Eingliederung und das eigene Urteil jenem von Experten zu unterwerfen. Im Grunde bedeutet »entwickelt sein«, sich in die Hände von Experten zu begeben, die dann entscheiden, was zu tun ist. Entwickelt sein meint für den, der kein Experte ist, der kein Diplom vorweisen kann, der permanent als »Unterentwickelter« bezeichnet wird, unter der Diktatur von Experten und Professionellen zu leben. Das ist die Tragödie vom Verlust der Würde und Initiative – die Tragödie der absoluten Lähmung: Zu sagen, ich kann die Dinge nicht mehr machen, die ich will und an die ich glaube, weil ich unfähig und ungeeignet bin; und weil ich unterentwickelt bin, muß ich warten, um bei den Experten anzufragen, beim Arzt, beim Bürokraten, beim Funktionär, beim Ingenieur, damit mir gesagt wird, was ich tun soll.

Du meinst also, daß Experten vor allem bevormunden und uns zu »Unterentwickelten« erklären. Dabei fällt mir der Begriff der Deprofessionalisierung ein, den Du oft gebrauchst. Bitte erläutere diesen Ausdruck.

Was wir Deprofessionalisierung nennen, meint, mit dem Prozeß der Professionalisierung, der Ausbildung von Experten und ihrem Prestige zu brechen. Das heißt, Wege zu suchen, wie wir gegen die Allmacht der per Diplom ausgewiesenen Experten vorgehen können, denn die wirkliche Diktatur ist jene, die Professionelle und Experten über uns ausüben ... Sie haben die Macht übernommen und ruinieren unser Leben. Sie schreiben vor, was zu tun ist, sie führen aus, was zu tun ist und urteilen darüber, wie etwas zu tun ist.

Das beste, was den Experten und ihrer eigenen Dynamik der Selbsterhaltung passieren kann, ist, wenn sie versagen; wenn also ein richtiger Fehler geschieht. Dann erlangen sie noch größere Macht, reale Macht. Wenn etwa eine Brücke durch die Schuld von Ingenieuren einstürzt, wird eine Kommission einberufen, die prüft, warum die Brücke eingestürzt ist. Das unvermeidliche Urteil der Kommission lautet dann, daß der Einsturz davon kam, daß zu wenige Ingenieure beim Bau herangezogen worden sind. Das bedeutet, daß für den nächsten Brückenbau mehr Ingenieure eingestellt werden müssen, welche die Anwendung der Normen überwachen und darauf achten, daß keiner der Ingenieure sie umgeht. So läuft es überall, wo Professionelle am Werk sind. Daraus schöpfen sie ihr Prestige.

In unserer Gesellschaft, die arbeitsteilig organisiert ist und dadurch einen hohen Grad an Komplexität erreicht hat, setzen aber die Experten nicht nur die Normen, sondern sind soweit anerkannt, daß ein Verzicht auf sie unmöglich erscheint. Wie soll so ein Verzicht auf die Experten also wirklich aussehen?

Es geht nicht um Verzicht, sondern darum, daß nicht nur dem angelernten und genormten Wissen, welches eine Ausbildung voraussetzt, Prestige gezollt wird, sondern daß der Erfahrung ein ebenso großer Stellenwert beigemessen wird. Der Schaden der rein schulischen Ausbildung besteht darin, daß so viel ausgegrenzt bleibt und nur eine ganz bestimmte Art der Erkenntnis und deren Umsetzung anerkannt wird.

Wenn Du zum Beispiel einen Artikel oder ein Buch schreibst, gibt Dir nicht einmal die Fußnote die Möglichkeit, Erfahrungen auszudrücken, so wie Du sie eben gemacht hast, so wie Du etwas in Deinen Horizont aufgenommen hast, so wie Du etwas gelernt, eben erfahren hast. Du darfst nicht etwa darauf verweisen, daß Du diese Einsicht von Deiner Mutter hast oder daß jene Erfahrung von Deinen Freunden stammt oder gar daß Du das eine oder andere eben gesehen hast. Du mußt Deinerseits einen Artikel oder ein Buch anführen, woraus Du zitierst. Diese Bücher werden aber wiederum von jemandem geschrieben, der nur darauf verweist, was er gelesen hat, denn alles andere wäre dem Vorwurf der Ignoranz und des Dilettantismus ausgesetzt.

Dagegen spricht der Alltag. Ein Mensch handelt nicht wie ein Experte, ein Professioneller, der sich an ein Buch klammert, sondern er teilt seine Erfahrung, teilt sie mit, wenn er sagt: »Mir ist das oder jenes geschehen, und so oder so habe ich das oder jenes gemacht.«

Die Diskrepanz von Alltagserfahrung und Expertise stellt für uns alle ein großes Problem dar, wenn ich da zum Beispiel an die Juristensprache denke oder an Bereiche wie die Atomenergie. Worin siehst Du dabei den Zusammenhang mit Entwicklungspolitik?

Eine sehr gängige Form, Entwicklungsprojekte zu evaluieren, besteht noch heute darin, Entwicklung gemäß der aufgewendeten Kosten zu diagnostizieren, bei uns bekannt unter dem Begriff »Presupuesto por Programa«. Die Theorie, die diesem Konzept zugrundeliegt, besteht darin, Entwicklung materialistisch in Geldaufwendungen zu bemessen und nicht an der Verbesserung von Lebensqualität, die vielleicht nicht das gleiche meint, was Experten für eine solche halten. Es gibt doch andere Faktoren, die sich nicht über den materiellen Einsatz ausdrücken lassen. Wenn es beispielsweise um Gesundheit geht, war das, was zählte – also ermittelt und gemessen wurde – die Anzahl der Ärzte oder die Zahl der Spitalsbetten oder die Anzahl von Arztbesuchen. Das drückt aber keineswegs aus, daß der Gesundheitszustand der Bevölkerung verbessert worden ist. Oft ist es sogar umgekehrt, oder? Wenn mehr Spitalsbetten belegt sind, bedeutet das doch, daß mehr Menschen krank sind. Damit wird doch nicht unabdingbar festgehalten, daß sich der Gesundheitszustand der Bevölkerung verbessert hat.

Daß wir mit derart reduzierenden Kategorien der Evaluierung von Versorgungsprogrammen mehr in die Irre geleitet als informiert werden, ist einsichtig. Wie aber soll man Gesundheit anders definieren und welche Indikatoren könnte man heranziehen, um eine Bestandsaufnahme einer bestimmten Region, jenseits der klassischen Entwicklungsevaluierung, durchzuführen?

In unserem Projekt in Chimalapas, Oaxaca, versuchen wir, Gesundheit komplett neu zu definieren. Meine Kritik an Entwicklung schlägt in dieselbe Kerbe wie unsere Kritik an der Art, wie Gesundheit definiert wird. In einer ausschließlich ökonomisch ausgerichteten Bestimmung von Entwicklung definiert sich der Gesundheitszustand am Abhängigkeitsgrad von den Gesundheitszentren. Die Anzahl solcher Einrichtungen bestimmt unter dem Strich die Qualität der Gesundheitsversorgung. Dazu kommt, daß die medizinische Definition von Gesundheit darauf hinausläuft, daß wir vom Mutterleib bis zum Tod unter ärztlicher Kontrolle stehen. Der Fötus soll schon im Leib der Mutter vom Arzt betreut werden, und das setzt sich fort bis zum Sterben, denn es ist der Arzt, der einen Tod bescheinigt und entscheidet, ob der Typ ins Grab gehört oder nicht.

Wir bestimmen Gesundheit als autonome Fähigkeit, sich auf Aggressionen der Umwelt einzustellen. Diese autonome Fähigkeit meint nicht individuelle Autonomie. Es gibt eine Ebene individueller Autonomie, wo wir einzeln auf Umwelteinflüsse reagieren, und es gibt die Ebene der kollektiven, gemeinschaftlichen Autonomie einer Gruppe, die für sich selbst ihr Gesundheitswesen lenkt. Wir lassen die Frage der ärztlichen Betreuung hinter uns als eine höchst marginale Erscheinung, die wir nicht selbst regeln können und die nur zu einem geringen Teil unseren Bedürfnissen entspricht.

Ich möchte ein Beispiel anführen, das dieses Argument hoffentlich erklärt: Das Fieber ist für uns ein Symptom von Gesundheit. Wenn ein gesunder Organismus Fieber hat, reagiert er auf den Feind, der als Mikrobe, Virus oder Bakterie den Körper angreift. Der Organismus reagiert zuallererst mit Fieber. Jemand, der sehr krank ist, kann kein Fieber haben. Er hat die Kraft nicht mehr, um mit Fieber zu reagieren. Wir entscheiden, unserem Organismus zunächst einmal drei Tage zu gewähren, damit er mit Fieber gegen die Krankheit ankämpfen kann. In meinem Fall hat das während der letzten acht bis zehn Jahre genügt. In drei Tagen konnte ich die Infektionen, die ich hatte, überwinden, ohne einen Arzt oder ein Antibiotikum zu brauchen.

Das ist keine religiöse oder fundamentalistische Opposition gegen Antibiotika. Ich weiß, wenn mein Körper innerhalb der drei Tage nicht in der Lage gewesen wäre, die Infektion zu bekämpfen, hätte ich zu Antibiotika greifen müssen, die dann auch notwendig sind. Am vierten Tag bin ich bereit, zu dieser Maßnahme überzugehen.

Das ist eine Art, die moderne Medizin oder die ärztliche Betreuung zu benützen. Eine der großen Errungenschaften der modernen Medizin ist sicher ihre Diagnosefähigkeit im Bereich der Blut- und Urinanalyse beziehungsweise der Röntgenologie – aber nur, wenn diese Fähigkeiten auch in den Händen der Leute und nicht nur in den Händen der Ärzte sind.

Wenn Du die autonome Handhabung von Blut- und Urinanalysen propagierst, überschreitest Du mit einer solchen Forderung nicht eine problematische Grenze, zumal die Diagnose eine Fähigkeit ist, der eine fachspezifische Ausbildung vorausgeht? Man braucht dazu doch Laboratorien und Fachkräfte.

Das kann man ändern. 90 Prozent der Analysen sind unglaublich einfach zu erstellen und können in kleinen Laboratorien überall durchgeführt werden. Wir denken daran, in Chimalapas kleine Laboratorien zu installieren, um etwa Blut- oder Urinproben zu analysieren.

Wer bürgt dann für die Richtigkeit dieser Analysen? Ich kann mich an den Kommentar eines Mannes aus Santa Maria Chimalapas erinnern, der sehr wohl eine mit einem Arzt ausgestattete Klinik für die Region forderte und darauf hinwies, daß die seit Jahren in dem bestehenden Klinikgebäude gelagerten Medikamente verrotten, weil kein Arzt da ist, der sie verabreichen könnte.

Natürlich hängt es davon ab, wer die Analysen macht und wem das Laboratorium gehört. Das Problem ist in diesem konkreten Fall sehr interessant. Was hat dieser Mann eigentlich wirklich gefordert? War es den Arzt, oder waren es die Medikamente? Die Medikamente einer öffentlichen Einrichtung, der Klinik, konnten nicht ausgegeben werden, obwohl sie vorhanden waren, weil eine bürokratische Bestimmung eine ärztliche Autorisierung verlangt. Die Angelegenheit erscheint in diesem Licht schon ganz anders. Der Mann meinte, daß man auch Zugang zu den Medikamenten haben sollte, wenn einmal kein Arzt zugegen ist. Das heißt nicht, daß die Leute in Chimalapas keinen Arzt haben wollen. Was sie aber wirklich fordern ist die Kontrolle über ihr Gesundheitswesen. Da geht es wieder um das Prinzip, wer was kontrolliert. Ist es der Arzt, der Deine Gesundheit kontrolliert, oder kontrollierst Du den Arzt? Was die Laboratorien betrifft, so geht es nicht an, daß sie sich ausschließlich in den Händen von öffentlichen oder privaten Institutionen befinden, denn diese folgen anderen Kriterien als wir und machen uns überdies von ihren Kriterien abhängig. Wenn etwa die pharmazeutische Industrie Laboratorien zur Verfügung stellt, verlangt sie natürlich auch, daß die von ihr produzierten Arzneimittel verwendet werden.

Wir stellen uns die Frage, wer die medizinische Technologie kontrolliert und wo ihre Grenzen liegen. Es gibt einen Moment, in dem die moderne medizinische Technologie einen Grad der Undurchsichtigkeit erreicht, wo sie sich der Kontrolle der Menschen, die behandelt werden, entzieht. Hier setzt konkret ihre Manipulationsmöglichkeit ein. Der Fall mit den Analyselaboratorien ist typisch. Ich glaube, daß nur ein ganz beschränkter Teil der Analysemethoden in die Hände von Spezialisten gehört. Der Großteil der Laboratorien sollten den Gemeinden (comunidades) gehören, denn nur so können die Menschen Kontrolle ausüben über die Qualität der Analysen und die Verwendung der damit gewonnenen Informationen.

Ein solcher Vorschlag, nicht nur verantwortungsbewußt mit der eigenen Gesundheit umzugehen, sondern auch ein autonomes Gesundheitswesen anzustreben, klingt bahnbrechend. Wie aber soll das konkret funktionieren?

Ich weiß nicht, wie das in Österreich aussehen würde beziehungsweise wie das mit meinen Freunden der Mittelklasse in Mexiko-Stadt funktionieren soll, das ist aber auch nicht mein Problem. Für den Großteil der Menschen in diesem Land ist das kein Problem. Mehr als 40 Millionen Mexikaner haben nie Zugang zur institutionalisierten Medizin gehabt. Auch wenn die Regierung oder die Gouverneure das immer versprechen, es gibt keine reale Möglichkeit, über 40 Millionen Menschen zusätzlich institutionell medizinisch zu versorgen. Für die nächsten zehn oder zwanzig Jahre kann die Regierung keinen ernstgemeinten Vorschlag unterbreiten, der verspricht, daß der Staat allen Mexikanern eine medizinische Versorgung bieten könne. Es geht einfach nicht, auch wenn wir natürlich nur von der Art von Gesundheitsversorgung ausgehen, wie es das Instituto Mexikano del Seguro Social (IMSS) vorsieht. Die Klinik in Santa Maria Chimalapas ist eine Klinik des IMSS, die seit zwei Jahren keinen Arzt hat. Das ist die Realität von tausenden Kliniken und Gesundheitszentren in diesem Land, denn die Regierung verfügt nicht über ausreichende Mittel, um Ärzte angemessen zu bezahlen. Für so einen Hungerlohn, wie ihn das IMSS zahlt, geht kein Arzt nach Chimalapas.

Die Sache mit den Ärzten und den IMSS-Kliniken gehören zur Frage der institutionellen Gesundheitsversorgung. Du sagst aber, daß diese Frage jenseits Eurer Überlegungen angesiedelt ist. Ich frage mich aber, wie das jetzt wirklich ist. Wollen die Leute in Chimalapas einen Arzt oder nicht?

Was ich ausdrücken will ist, daß die Leute fünfzig Jahre lang gelehrt worden sind, daß sie, um gesund zu sein, eine Klinik und ärztliche Betreuung bräuchten. Das wurde ihnen über eine systematische und langatmige Kampagne vermittelt, und viele Jahre hindurch glaubten die Leute, daß, wenn sie krank waren, das ihre Schuld und nicht die Schuld der Institution, des Prinzips, das dahintersteht, war. Wenn etwas in der Behandlung schief gelaufen ist, dann wurde bestenfalls der Arzt, nie aber die Institution verantwortlich gemacht. In den letzten zehn Jahren haben wir dank der keimenden Kritik und der allgemeinen wirtschaftlichen Situation ernsthaft damit begonnen, die Idee der medizinischen Institutionen zu hinterfragen. Wir sind in einem ständigen Prozeß der Umbewertung und Wiederbelebung der traditionellen Heilverfahren, zunächst auf persönlicher Ebene und anschließend auf der Ebene der Dorfgemeinschaft, wo wir unsere Culebreros[1] und Schamanen haben, die auf spirituelle Weise oder mit Heilkräutern behandeln. In Chimalapas ist es offensichtlich, daß die Leute auf diese althergebrachten Heilverfahren rekurrieren, die Schritt für Schritt mit bestimmten Elementen der moderenen Medizin kombiniert werden. Zum Beispiel gibt es in Chimalapas eine Schlange, die außergewöhnlich giftig und deren Biß tödlich ist. Die Culebreros haben dieses Problem nicht lösen können. Jemand, der von einer solchen Schlange gebissen worden ist, hatte nur zwei Möglichkeiten: Er konnte sich sofort den Teil des Körpers, wo er gebissen worden war, abschneiden, also eine grausame Selbstamputation durchführen, oder zehn Minuten nachdem er gebissen worden war, sterben. Viele Menschen, die sich durch einen Machetenhieb ein Glied abgeschlagen hatten, starben an den Folgen der Amputation. Der Culebrero konnte in beiden Fällen nichts tun. Heute weiß der Culebrero, daß es ein kompliziertes medizinisches Verfahren gibt, mit dem man einen Schlangenbiß kurieren kann. Die Culebreros von Chimalapas haben mittlerweile eine Blume entdeckt, die die Verbreitung des Giftes im Körper vorübergehend stoppt, aber nicht heilen kann. Das bedeutet, Zeit zu gewinnen, damit der Patient zum Arzt gebracht werden kann, wo dann die medizinische Behandlung einsetzt, die ihm das Leben retten kann. Diese Blume wird inzwischen in jedem Dorf in Chimalapas angepflanzt, das heißt, es wurde eine eigenständige Gesundheitsvorsorge getroffen, die es erlaubt, jedem Opfer eines Schlangenbisses eine Erste Hilfe-Maßnahme angedeihen zu lassen. Das ist eine gute Kombination von traditionellem Wissen und Schulmedizin. Es darf aber nicht vergessen werden, daß in den meisten Fällen die Leute keine Schulmedizin brauchen, denn meistens hat der Culebrero oder der Schamane eine erfolgreiche Heilmethode anzubieten. Er genießt Vertrauen, weil man ihn kennt, er sein Wissen oftmals erprobt hat und es für alle ersichtlich zuverlässig ist.

In vielen Teilen Mexikos liegt die Tragödie darin, daß die Schamanen, Heiler und Culebreros verboten wurden und nur heimlich arbeiten konnten. Das gleiche Schicksal betraf auch die Hebammen. Dieser Umstand schuf eine dramatische Verschlechterung der allgemeinen Gesundheitsversorgung, denn es wurde zwar immer die moderne Medizin angepriesen und versprochen, aber es gab keine funktionierenden medizinischen Einrichtungen. Die traditionelle Medizin aber war verboten, verletzt, mißachtet und marginalisiert. Erst in den letzten Jahren entsteht wieder ein neues Bewußtsein, und erst jetzt, da uns die Versprechungen der Regierung nicht mehr verführen können, wissen wir, was wir an unserer traditionellen Heilkunst haben. Mittlerweile haben wir sogar schon erreicht, daß sich das Instituto Nacional Indigenista (INI)[2] für die traditionelle Medizin interessiert und uns sogar finanziell unterstützt, um zum Beispiel ein regionales Treffen von Heilern, Schamanen und Culebreros zu organisieren. Wichtig ist, daß in diesem Forum Erfahrungen ausgetauscht werden, aber noch viel wichtiger ist, daß diese Veranstaltung ein Zeichen für die Neubewertung unserer Fähigkeiten sein wird. Das stiftet für die traditionellen Ärzte ein Selbstbewußtsein und schafft wieder Ansehen unter den Leuten. An diesem Beispiel können wir einmal mehr sehen, daß es eine authentische Tragödie war, diese Heilkünstler derart zu erniedrigen, daß sie selbst nicht mehr an sich glaubten und die Heilsuchenden erst recht nicht. Siehst Du, welche fürchterlichen Auswirkungen das

Konzept von Entwicklung, wie es uns immer präsentiert wird, zeitigen kann? Es wird viel Kraft kosten, unsere Traditionen wiederzubeleben, im Widerstand gegen die Experten und ihre Entwicklungsbulldozer, aber wir tun es für uns, und wenn Ihr dabei sein wollt, mitmachen wollt, dann seid alle herzlich willkommen. Nur den blindwütigen Experten und Professionellen werden wir, wenn sie uns nicht zuhören, den Weg weisen.

Du meinst also, daß Erfahrung und theoretisches Wissen zusammen den Umgang zwischen den sogenannten »Entwickelten« und den von uns noch immer als »Unterentwickelten« bezeichneten bestimmen sollen und die Umsetzung gemeinsames Lernen auslösen könnte. Ist die abendländische Selbsteinschätzung, Deiner Meinung nach, überhaupt dazu in der Lage? Ich meine hier den Faktor der Beherrschung.

Das Problem ergibt sich nicht bloß aus dem Faktor realer Machtausübung, denn wenn ich jemanden beherrsche, dann weiß ich wen, dann weiß ich, daß dieser jemand existiert. Der sogenannte »Unterentwickelte« existiert für den Experten nicht als der andere. Er fragt gar nicht nach seinen Wertvorstellungen und dem spezifischen Sinnzusammenhang seiner Existenz, sondern verdammt ihn in die Position dessen, der noch entwickelt werden muß. Beherrschung rüttelt nicht zwangsläufig an der Identität des anderen. Sie kann ihm das Leben zur Hölle machen, Dinge aufzwingen, Tribute abverlangen. Es gibt aber so etwas wie einen grundlegenden Respekt; wenigstens ist da Verständnis dafür, daß der andere, so wie er ist, existiert, und das stört den Herrscher eigentlich nicht. Die Mexícas, auch Azteken genannt, haben aus ihren tributpflichtigen Untertanen keine »Sub-Mexícas« gemacht, eher im Gegenteil versuchten sie, die kulturspezifischen Kenntnisse und Leistungen der Unterworfenen zu übernehmen und bereicherten sich so zusätzlich. Erst wenn ich anerkenne, daß die anderen als Menschen existieren und sich nicht in einer Art Larvenstadium befinden, erhält die Sorge um den anderen einen möglichen Zugang, indem wir, die Menschen, die für eine andere Beziehung miteinander eintreten, feststellen: Nicht daß der andere existiert, stört mich, sondern daß er seine Identität aufgeben muß, um in Bedingungen zu leben, die nicht die seinen und daher schlecht für ihn sind.

Wie erklärst Du das den Leuten in der Solidaritätsszene? Wir haben uns eine Wahrnehmungsweise angeeignet, die vielleicht jenseits von Beherrschung Verantwortung für die Zustände in der sogenannten »Dritten Welt« übernimmt, und wir setzen alles Erdenkliche daran, diesen Zustand zu verändern. Jetzt behauptest Du, daß damit etwas Schlimmeres hervorgerufen wird als Beherrschung. Kannst Du Deinen Standpunkt präzisieren?

Ja, da hilft uns vielleicht ein Beispiel: Einmal begleitete mich ein nordamerikanischer Freund, ein Spezialist für alternative Düngemittel, in den Tepito. Er bewunderte die Herrlichkeiten dieses Barrios, sah die Vecindades, die Kreativität und Improvisation – mit einem Wort, er war beeindruckt. Dann aber sagte er zu einem Tepiteño: »Trotz alledem seid Ihr doch sehr arm.« Der Mann antwortete: »Nein, wir sind nicht arm, wir sind Tepiteños!« Das mag sehr verrückt klingen, aber es ist ein Element einer bestimmten politischen Philosophie. Was war gemeint? Bezeichnungen wie arm oder reich, Elend oder Wohlstand ergeben sich einfach aus einem Vergleich mit meinem normativen Wertsystem, dessen, was ich als normal oder abnormal bezeichne. Wenn ich also ausdrücke, ich Reicher sage Dir, daß Du arm bist, muß ich mich fragen, wieso ich das behaupte. Ich Reicher meine also, daß Du zwar ein reichhaltiges Leben führst, sehr kreativ und voller Freuden, und trotzdem sage ich, Du bist arm, nur weil Du nicht so viele materielle Dinge besitzt wie ich.

Wenn ich Dich mit meinen Werten beurteile, würde ich sagen, Du bist arm, weil Du keine Zeit hast, nicht so viele Gelegenheiten zum Tanzen hast wie ich, nicht so viele Geschichten kennst wie ich und so fort. Die Antwort unseres Tepiteños meint aber etwas anderes. Er urteilt gerade nicht über Dich. Er hat nicht begonnen zu streiten und gesagt: »Ich bin reich, und Du bist arm.« Sondern er verwies darauf, daß mein Freund ein Amerikaner mit seinen Normen ist und er ein Tepiteño mit anderen Wertvorstellungen. Er respektiert diese Unterschiede. Die einen Normen gelten für die USA und die anderen eben für den Tepito. Da gibt es nichts zu urteilen.

Heißt das, auf Entwicklungspolitik umgemünzt, daß jeder bleiben soll, wo er ist, und keiner mehr etwas für den anderen tun soll? Daß also jede Art von Hilfe Einmischung ist und jeder auf die Art leben soll, die ihm eben möglich ist?

Nein, wenn ich als Verweigerer des klassischen Entwicklungsmythos auftrete, beziehe ich mich auf eine Entwicklungspolitik, wie sie auf institutioneller Ebene betrieben wird. Ich habe nichts gegen Hilfe, solange sie strikt auf persönlicher Ebene geschieht. Wenn mich etwas bewegt, das heißt, wenn sich etwas in mir bewegt, wenn ich jemanden auf der Straße liegen sehe und ich helfe ihm beim Aufstehen, weil ich mich schlecht fühle, wenn er so daliegt; wenn ich zu einem Freund komme, dessen Mutter gestorben ist, und sehe, daß er nicht das Geld hat, um sie zu begraben, und ich solidarisiere mich mit ihm, indem ich ihn unterstütze – dagegen habe ich nichts. Das sind menschliche Gefühle, Ausdruck einer konkreten Solidarität mit anderen. Das gibt es auf der Welt. So haben wir es eigentlich immer gehalten.

Aber da ist dieses andere, die Sache mit dem Proletariat und den Armen und Hungernden – rein abstrakte Kategorien, ja Anmaßungen – für mich ist das Narzißmus.

Wenn ich mich in meinem beheizten Haus in der Schweiz sorge, daß ich im Fernsehen – das eine Kolonialisierung der Erfahrung darstellt – obszöne Bilder von afrikanischen Kindern sehe und mich schlecht fühle, weil ich gut lebe und diese Kinder im Elend – was immer das heißen mag – und anschließend den Scheck zücke, um diesen an Caritas-Schweiz zu schicken, damit ich mich nicht mehr so schlecht fühle, dann ist das Narzißmus. Das ist kein humanes Gefühl realer Solidarität mit dem anderen. Das ist kriminell. Wir haben bereits Beweise, daß diese Art von Hilfe »für« Afrika tötet. Es ist hinreichend belegt, wie im Zeichen von organisierten Hilfsmaßnahmen Hunger geschaffen wurde.

Ich glaube, daß Solidarität in abstrakten Kategorien nicht existiert, aber es gibt eine konkrete Solidarität zwischen ganz konkreten Menschen.

Wenn die Europäer heute noch mehr sogenannte Entwicklungshilfegelder für Amazonien abstellen, weil sie um den Treibhauseffekt besorgt sind, ist das nicht wieder einer dieser schäbigen Ausdrücke des Narzißmus, der über Institutionen gängelt?

Die »Unterentwickelten« können ohne weiteres in eine bestimmte Richtung gelenkt werden, es sind ja die Europäer, die bestimmen, was Entwicklung ist. Wer hat eigentlich den Treibhauseffekt geschaffen? Wir wüßten schon, wie wir mit unserem Wald umgehen sollen. Das wußten wir schon lange, bevor uns die »Entwickler« zu unmündigen Handlangern der Zerstörung degradierten.

Finnland gibt in Europa relativ die meisten Gelder für sogenannte »Entwicklungsländer«. Ich sage meinen finnischen Freunden, vertraut uns. Laßt uns das alte Schema von Entwicklung verlassen und zu Kooperation, authentischer Kooperation übergehen. Es ist unser Wald und Euer Klima. Eine Sache, die uns beide interessiert. Laßt uns gemeinsam an diesem Problem arbeiten, weil es für uns und für Euch wichtig ist. Das ist Respekt, Respekt gegenüber unserer Würde. Du hast Geld, und ich habe Wälder – abgemacht.

Die von Dir erwähnte Regenwaldproblematik erinnert mich an eine Diskussion in Europa. Da wird ein Konzept der Förderung von Unterlassung besprochen, das Entwicklungshilfegelder für Nicht-Entwicklung vorschlägt. Ich halte eine solche Vorstellung für einen weiteren Ausdruck der Allmachtsphantasie der Mächtigen in den Industrieländern.

Ja, das besorgt mich auch sehr. Wenn die Europäer sagen: Unser Schicksal ist Euer aller Schicksal, dann taucht ein höchst gefährliches Element auf. Man gibt sich damit zufrieden, politische Macht zu gebrauchen, damit einige Dollars in den Süden geschickt werden, damit dort Eure/unsere Umwelt geschont wird. Ebenso könnte man einige Kriegsschiffe schicken und die Regierungen im Süden, die Eure/unsere Wälder bedrohen, unter handfesten militärischen Druck setzen. Es ist viel leichter, so etwas anzuordnen, als die eigene Gesellschaft zu verändern, die industrielle Produktion aufzuhalten, ihrem Wahnsinn Einhalt zu gebieten, die Kühlschränke abzuschaffen, was wirkliche Maßnahmen erfordern würde. So etwas ist schwierig, ernst, fast unmöglich. Einige Groschen in den Süden zu transferieren ist dagegen sehr einfach. Auf kurz oder lang kann daraus ein Kontroll- und Aggressionsmechanismus werden!

Neben Kontrolle und Aggression, die ein solcher Vorschlag provoziert, würde ich ihn zugleich als Ausdruck unglaublicher Privilegien bezeichnen: Privilegien einer bestimmten Zivilisation gegenüber anderen Lebensformen, Privilegien, die durch einen wirtschaftlichen und rechtlichen Rahmen abgesichert sind, Privilegien, die so alt sind wie das Patriarchat. Wir haben schon öfter darüber, was Du und Ivan Illich das Vorurteil der Gleichheit nennt, gesprochen. Könntest Du hier vielleicht noch einmal einhaken und uns Deine Position erklären?

Wenn wir heute über Formen der Gleichheit sprechen, wird uns immer bewußter, daß es dabei um einen Kampf gegen Privilegien und rechtliche Genehmigungen geht. Das Wort Privileg ist ein sehr starkes Wort und in allen Sprachen sehr konkret. Privileg hat einen klaren etymologischen Sinn, aber keinen sozialhistorisch konsolidierten. Privileg bedeutet im wesentlichen die Absegnung von Rechten für eine bestimmte Gruppe auf Kosten von anderen Gruppen. Demzufolge gibt es eine bestimmte Gruppe von Menschen, die eine sozial abgesegnete Berechtigung hat, sich über andere Personen zu stellen. Dieser Umstand trifft genau die Bedeutung von Gerechtigkeit, die wir gelernt haben, anzuerkennen, wie es uns der oben erwähnte Vorschlag zur Regenwaldproblematik deutlich vor Augen hält.

Wir aber wollen gerade die Bedingungen, aus denen Privilegien hervorgehen, unterdrücken. Wir wollen diese Bedingungen abschaffen oder zumindest dafür sorgen, daß sie für uns nicht mehr gültig sind. Wir wollen, daß die Möglichkeiten, andere auszubeuten, zu unterdrücken und zu unterjochen, unterbunden werden. Das wiederum impliziert nicht die Vorstellung, daß alle gleich sind.

Es bedeutet eigentlich nur, daß wir aufhören wollen, anderen etwas aufzuzwingen, was sie nicht wollen. Das stellt eine neue Form von Gerechtigkeit her. Wir wollen Freiheit, aber nicht Freiheit, wie sie von Gesetzen geschaffen wird. Unser Ideal besteht darin, autonom definierte Freiräume zuzulassen und uns sogar noch darüber zu freuen, daß sie existieren.

Wir suchen die Freiheit, die es uns ermöglicht, unser Zusammenleben selbst zu definieren. Damit würde aus der Möglichkeit der Pluralität eine manifeste konkrete Pluralität. Denn wenn Freiheit selbstbestimmt ist, wird sie kulturell bestimmt werden, und das bedeutet eine Unmenge von kulturellen Definitionen – das heißt eine Unzahl verschiedener Interpretationen und Definitionen von Freiheit. Das gleiche gilt für Gerechtigkeit: Wenn wir sie erst einmal in ihrer kulturellen Vielfalt definieren, werden viele Vorstellungen von Gerechtigkeit nebeneinander auftauchen. Ich bin davon überzeugt, daß es auch verschiedene Formen gibt, Gerechtigkeit wahrzunehmen. Diese Formen sind natürlich nicht klassenspezifisch zuzuordnen, denn das Bild einer bestimmten Klassenzugehörigkeit vermittelt uns die Fehlannahme, daß es uniforme Arten, Gerechtigkeit wahrzunehmen, gäbe. Ich persönlich habe festgestellt, daß es klassenunabhängig schon zwischen Frauen und Männern verschiedene Formen der Wahrnehmung von Gerechtigkeit gibt. Konkrete Ereignisse in der letzten Zeit haben mich viel darüber nachdenken lassen. Für mich persönlich habe ich herausgefunden, daß, obwohl ich ein Mann bin, mir die Art, wie Frauen etwas gerecht finden, immer besser zusagt als die männliche Wahrnehmung von Gerechtigkeit, die eher mit Forderungen und Gesetzen zu tun hat.

Man könnte bei Deinen Ausführungen zum Schluß kommen, daß Gerechtigkeit, wie sie von Männern vertreten wird, jene Art von Recht absegnet, das Privilegien schafft. Wie sieht das aus, wenn Frauen von Gerechtigkeit, was ja ein sehr abstrakter Ausdruck ist, sprechen, beziehungsweise woran erkennst Du die weibliche Gerechtigkeit, wie kommt sie zum Ausdruck?

Das ist eine berechtigte Frage, und der Schluß, den Du ziehst, könnte bis zu einem gewissen Grad richtig sein, zumal ja jedem Gesellschaftssystem eine Ordnung zugrundeliegt, die in den meisten Fällen von der männlichen Wahrnehmungsweise der gesellschaftlichen Realität bestimmt ist, wenngleich diese auch kulturell sehr viele verschiedene Varianten zuließe.

In all den Jahren, in denen ich mit Gemeinschaften zu tun hatte, sei es in der Stadt oder in Dörfern, habe ich beobachtet, daß es einen gravierenden Unterschied gibt, wenn Frauen etwas durchsetzen im Gegensatz dazu, wenn die Angelegenheiten des Gemeinwesens weiter von Männern geregelt werden. Schon der Ausdruck »die Frauen setzen etwas durch« stimmt eigentlich gar nicht. Eher nehmen sie sehr konkrete Belange in die Hand. Dabei geht es dann nicht mehr um »Machtausübung«, sondern es ist etwas ganz anderes, das da geschieht. Eigentlich konkretisieren sie ihre Wahrnehmung von Gerechtigkeit, wenn sie zum Beispiel die Schaufel in die Hand nehmen und beginnen, ihre Häuser, die beim Erdbeben zerstört worden sind, (wieder-)aufzubauen. Männer schaffen es, wochen- und monatelang mit irgendwelchen Behörden zu verhandeln, bevor sie beginnen, das Naheliegendste zu tun, nämlich zu handeln.

Wir haben schon einmal die »Trümmerfrauen« nach dem Zweiten Weltkrieg in Österreich mit den Gruppen von Frauen, die in Mexiko den Wiederaufbau nach dem großen Erdbeben leiten, verglichen. Was wir in »Campamentos Unidos« sehen, könnte eine ähnliche Form der Kooperation darstellen. In diesen Zeltlagern, mitten in der Stadt, ist eine Dynamik entstanden, die einfach faszinierend ist. Frauen haben keine Zeit zu warten, bis ihnen die Regierung vielleicht irgendwann neue Häuser hinstellt oder das Recht einräumt, selbst welche zu bauen. Sie haben angefangen, Häuser zu bauen, im wesentlichen aus dem Nichts. Sie haben alle zusammen geholfen, je nach ihren Kräften und Fähigkeiten, wie in einer Familie ist es dabei zugegangen. Ehrlich, ich habe nie eine dieser blöden Diskussionen gehört, wie sie bei entsprechenden Initiativen unter Männern gängig sind, wo man sich gegenseitig vorwirft, wer zu wenig Stunden gearbeitet hat und wer wieder die ganze Last für andere tragen mußte. Jede Frau – und bald auch Männer unter den Anweisungen von Frauen – hat mitgeholfen, so gut sie eben konnte. Alle haben eingesehen, daß man einer Alten oder Schwangeren nicht die gleich strapaziösen Arbeiten zumuten kann. Irgendwer mußte ja auch in den Zelten die Kleinkinder versorgen und das Essen bereiten. Für die Frauen waren das Hantieren mit schweren Baumaterialien und das Kochen gleichwertige Arbeitseinsätze, da gab es keine Diskussionen. Auch als die ersten Häuser fertig waren, sind nicht die als erste eingezogen, die am »schwersten gearbeitet hatten«, sondern diejenigen, die am dringendsten ein solides Dach über dem Kopf brauchten. Die Dringlichkeit wurde gemeinsam bestimmt, das ging ohne Statuten oder irgendwelche Umverteilungsschlüssel usw. Man brauchte keine Gesetze, die Privilegien geschaffen und abgesegnet hätten, sondern das, was als gerecht empfunden wurde, ist einfach gemacht worden. Hand aufs Herz, ich habe bis heute diesbezüglich keine einzige Klage von Frauen in »Campamentos Unidos« gehört.

Ich war selbst eine Zeitlang mit den Frauen von »Campamentos Unidos« zusammen und habe auch mitgearbeitet, was eine sehr schöne Erfahrung war. Ich habe mit einigen Frauen gesprochen. Die meisten haben bei dem Schritt, ihre Angelegenheiten selbst in die Hand zu nehmen, ihre Männer »verloren«. Die Ehemänner haben diesen Wandel einfach nicht mitgemacht. Darauf konnten die Frauen in ihrer prekären Situation keine Rücksicht nehmen, und so kam es zu vielen Trennungen. Wie siehst Du dieses Problem, wenn Du an die Möglichkeit pluralistischer Lebensformen, die eben einen solchen Wandel miteinschließen müssen, denkst?

Ja, meistens reden die Frauen nicht viel über Programme, bevorstehende Maßnahmen und Ähnliches. Dasselbe gilt für die Praktiken, die uns von Tepito und anderen sogenannten marginalisierten Barrios bekannt sind. Auch in dörflichen Gemeinden können wir beobachten, daß der Frage der rechtlichen Voraussetzung nicht viel Aufmerksamkeit gezollt wird. Die Leute machen einfach etwas anderes, und damit wird es mit dem Wandel, der Veränderung ernst! Plötzlich verhalten sie sich nicht mehr normenkonform – das heißt eigentlich gesetzeskonform – sondern tun einfach so, wie sie es eben können und sind dabei unglaublich erfinderisch. Das können die Männer in vielen Fällen nicht aushalten und stehen dem Wandel derart im Weg, daß eine Trennung unvermeidlich wird.

Was die Frauen betrifft, so leben sie meistens unter dem doppelten Druck des traditionellen Machismo und des neuen, ökonomischen Sexismus. Die Frauen von »Campamentos Unidos« und viele andere Initiativen haben sich gar nicht mehr auf Diskussionen eingelassen. Im Gegenteil, wenn sie an Versammlungen teilnahmen, waren sie meistens geradezu unbeteiligt und trollten sich oft schon vor Versammlungsschluß nach Hause, weil sie Wichtigeres zu tun hatten. Dann aber, als sie den Wandel vollzogen und wirkliche Veränderungen im Umgang miteinander provoziert hatten, war die Sache nicht mehr zu stoppen. Oft habe ich unter der Haut gespürt, daß sie auf eine Möglichkeit der Veränderung gewartet haben, und irgendwann ist der Augenblick dann gekommen. Ich glaube nicht, daß sich die Frauen erst zu diesem Stadium »hin-entwickeln« mußten, sondern daß es ihrer Wesensart und ihrer ureigensten Art, Gerechtigkeit zu vollziehen, entspricht!

Ich denke, das ist ein schönes Schlußwort und danke Dir für die vielen Gespräche, die zur Zusammenstellung dieses Dialogs geführt haben.

Anmerkungen

[1] Culebrero ist jemand, der sich auf die Behandlung von Schlangenbissen versteht und sich mit einer Vielzahl von Schlangenarten auskennt.

[2] Das INI ist eine staatliche Einrichtung, die unter Präsident Lázaro Cárdenas geschaffen wurde und der Politik der Staatspartei PRI (Partei der Institutionalisierten Revolution) dient und die in klassischer entwicklungspolitischer Absicht darauf abzielt, die ca. 56 noch bestehenden indianischen Gruppen in Mexiko in die nationale Gesellschaft zu integrieren.

Martina Kaller
Zur Person Gustavo Esteva

Gustavo Esteva beschreibt sich selbst als »deprofessionalisierten Intellektuellen« und »nomadisierenden Geschichtenerzähler«. Sein Werdegang ist mindestens ebenso ausgefallen wie seine selbstgewählten Berufsbezeichnungen, denn sein Weg läßt sich nicht als Karriere im landläufigen Sinn nachzeichnen, weil sich Esteva jenseits von Diplomen, Auszeichnungen und Institutionen in einer Welt der Bauern und sogenannten Marginalisierten in Mexiko eingerichtet hat und schon in jungen Jahren die ausgetretenen Pfade des einschlägigen Erfolgs verlassen hat.

Vierundzwanzigjährig entzog er sich den Verlockungen eines Lebens als gut situierter Jungunternehmer und suchte die aktive politische Auseinandersetzung in verschiedenen linken Gruppen. In den Köpfen der jungen Revolutionäre Lateinamerikas hatte sich in den sechziger Jahren die Hoffnung, über eine radikale Kritik der herrschenden Paradigmen eine gerechtere Gesellschaft zu schaffen, genährt. Bald aber mußte auch Esteva erfahren, wie starr und unerbitterlich der revolutionäre Kampf geführt wurde, wie sehr es dabei um das Prestige der Akteure und wie wenig um die Verwirklichung eines gesellschaftlichen Ziels ging.

Bis 1965 schrieb Esteva regelmäßig in der mexikanischen Wirtschaftszeitschrift *Comercio Exterior*, was ihm, im Reigen der anerkanntesten Wirtschaftspublizisten Lateinamerikas, Gelegenheit bot, sich theoretisch mit Wirtschaftsfragen auseinanderzusetzen. Zusammen mit einigen Freunden versuchte er sich in den folgenden Jahren an der praktischen Umsetzung seiner Erkenntnisse, wobei er die Hoffnung schürte, daß die staatlichen Apparate verwendet werden könnten, um wirtschaftlich benachteiligte Bevölkerungsgruppen sinnvoll zu unterstützen. Eingebunden in die staatliche Bürokratie begann Gustavo, sich vor allem der Situation von Bauern zu widmen, die im Verlauf der rigorosen Entwicklungsanstrengungen im landwirtschaftlichen Bereich dem größten Veränderungsdruck ausgesetzt waren. Die Probleme dieser Leute machten den jungen Entwicklungsexperten hellhörig für die Widersprüche zwischen der im Zuge der »Grünen Revolution« im großen Maßstab angestrebten Modernisierung der Nahrungsmittelproduktion und der traditionellen bäuerlichen Lebensform, die auf Selbstversorgung ausgerichtet war. Bald rührten sich bei ihm die ersten Zweifel am Universalitätsanspruch eines Wirtschaftskonzepts, das über die Köpfe der kleinen Produzenten hinweg Bedarf diagnostizierte und die Bedürfnisse und Fähigkeiten der Leute übersah, die in keinem modernen Lebenskontext standen, den sie »auch noch« verteidigten. Wieso fühlten sich diese Menschen von den an Schreibtischen entworfenen, modernen Lösungen der Agrarprobleme bedroht? Esteva artikulierte seine Bedenken in seinem ersten Buch *Economía y enajenación*, für das er erst Jahre später einen Verleger fand. In marxistischer Terminologie versuchte er, die Wirtschaftlichkeit bestimmter Entwicklungsprozesse zu kritisieren, hinterfragte in Wirklichkeit aber die Ökonomie selbst, die unbestritten als alleiniger Maßstab für Fortschritt auftrat.

Den Höhepunkt seines »politisch-bürokratischen« Engagements stellte seine Arbeit in CONASUPO (Comisión Nacional de Subsistencia Popular) dar – einer Einrichtung der Regierung Echeverría, die die Sektoren traditioneller Subsistenzwirtschaft mit Krediten und preisgeregelten Abnahmeverträgen stützen sollte. Damit gelangte Esteva an die Schalthebel der staatlichen Entwicklungshilfeprogramme, die er zum Teil selbst entwarf und der Öffentlichkeit in verschiedenen einschlägigen Publikationen und Vorträgen präsentierte. Er gehörte zum engsten Kreis der politischen Berater des Präsidenten Lopéz Portillo, als er im Jahr 1976 seine Bürokratenlaufbahn abrupt und unwiderruflich abbrach, denn trotz – oder gerade wegen – der Erfolge von CONASUPO erkannte er die Grenzen staatlicher Entwicklungsprogramme und ihre gegen die Bauern gerichteten Auswirkungen.

In der Folge beriet Esteva zwar noch die Regierung besonders in Landwirtschaftsfragen, doch sein hauptsächliches Engagement galt der Gründung einer großen Anzahl von Nicht-Staatlichen-Organisationen (NGOs), die in einem bürokratisch weniger aufwendigen Stil versuchten, Entwicklungsprogramme flexibler anzuwenden. Um auch den Erfahrungsaustausch effektiv zu gestalten, richteten Esteva und seine Mitstreiter ein Informationsnetz (ANADEGES:

Autonomía, Decentralismo y Gestión) ein, das sich zunächst der Analyse, Entwicklung und Durchführung widmen sollte, sich aber schon bald als eine Koordinationsnetz für Autonomie, Dezentralisierung und deren Realisierung verstand. Im vorliegenden Aufsatz »Den menschlichen Lebensraum wiedererlangen oder: Die Hängematte« schreibt Esteva über die Erfahrungen mit diesem »Netz«, das er als »Hängematte« bezeichnet, weil es keinen traditionellen Koordinationsstrukturen entsprach, sondern sich als so wandlungsfähig erwies, wie es die »Vernetzten« gerade benötigten, um sich darin bequem einzurichten und ihre Anliegen effektiv zu verwirklichen. Esteva hatte sich in Mexiko damit einen unüberhörbaren Namen gemacht, doch trotz offizieller Anerkennung (Nationalpreis für Politische Ökonomie, 1978) und einiger international geförderter Studien und Publikationen (zusammen mit David Barkin: *Inflación y Democracia*), fand sich Esteva mit den vielen Widersprüchen nicht ab, welche die rapide Ökonomisierung unter dem Einfluß moderner Entwicklungsstrategien, denen die mexikanische Gesellschaft ausgesetzt war, hervorriefen.

Anfang der achtziger Jahre begann er mit international anerkannten Kollegen ein ehrgeiziges Forschungsprojekt über den sogenannten »informellen Sektor« und lenkte damit sein Augenmerk auf die »Marginalisierten«, die er bald die »direkten Arbeiter an der gesellschaftlichen Fabrik« nannte. Der »Homo Communis« verhält sich anders als zum Beispiel der traditionelle Bauer. Obwohl sie ähnlich leben, reagieren die »Marginalisierten« bewußt auf ihre Ausgrenzung, indem sie ihre sozialen Beziehungen nicht ökonomisch rationalisieren und sich damit von den Richtlinien der Wirtschaft unabhängig machen. Das heißt, daß sie sich nicht unter das Diktat von Entwicklung, Fortschritt und Wachstum stellen – Zielvorstellungen, die Esteva als reaktionäre Mythen, etwa im vorliegenden Aufsatz: »Hilfe und Entwicklung stoppen! – Eine Antwort auf den Hunger« entlarvt. Die Idee von Entwicklung zielt darauf ab, jede Frau und jeden Mann in eine institutionalisierte, moderne Gesellschaft zu integrieren und Subsistenz durch Serviceleistungen zu ersetzen. Dieses Projekt hat versagt und in vieler Hinsicht unermeßlichen Schaden angerichtet. Der »Homo Communis« weiß um die Bedrohung, die Entwicklung auslöst, am besten Bescheid, denn es war sein ursprünglicher Lebensraum, der im Namen dieses weltweiten politischen Designs von Bulldozern überrollt wurde.

In seinem jahrelangen Einsatz für die Opfer des Erdbebens in Mexiko-Stadt 1985 hat Esteva selbst miterlebt, wie erfolgreich die »Ausgegrenzten«, die »Marginalisierten« mit den Problemen nach der totalen Zerstörung umgingen und »tausende Tricks« ersannen, um sich wieder ein Leben in Würde zu schaffen. Esteva schrieb unermüdlich über die erstaunlichen Erfolge dieser Menschen in der Wochenendbeilage (*El Gallo Ilustrado*) der Tageszeitung *El Día*.

1983 hatte er Ivan Illich kennengelernt, der ihn ermutigte, mit seinen Erfahrungen auch an ein internationales Publikum heranzutreten. Illich half Esteva mit seinen rigorosen Forschungen, seinen konkreten Eindrücken bei der Zusammenarbeit mit Bauern und »Marginalisierten« ein kohärentes Profil zu verleihen, was in dem sehr schönen, gemeinsam erarbeiteten Buch *Alternativas II* zum Ausdruck kommt. Esteva erinnert sich gerne daran, wie er zusammen mit Illich definierte, was »jenseits von Entwicklung« kommt und wie die beiden Freunde begannen, den Begriff »Gastlichkeit« auszuloten, der mittlerweile für beide zum fixen Bestand ihrer alternativen Vorschläge geworden ist.

Heute gilt Esteva auch international als einer der großen Entwicklungskritiker Lateinamerikas. Man hört ihm in NGOs, bei staatlichen Planungsstellen, an Universitäten und »sogar« in UN-Kreisen zu, was man angesichts der Proklamationen für die vierte Entwicklungsdekade gar nicht glauben möchte! Esteva gibt nicht viel auf seine »Hoffähigkeit«, sondern vertiefte seine Arbeit in den letzen Jahren dergestalt, daß er die letzen »heiligen Kühe« – NGOs, Menschenrechtsaktivismus usw. – theoretisch schlachtet.

Der Autor hat sich mittlerweile selbst »dezentralisiert« und in einem kleinen Dorf nahe der Provinzhauptstadt Oaxaca niedergelassen, wo er im letzten relativ intakten tropischen Waldgebiet Mexikos, den Chimalapas, zusammen mit den dort ansässigen Bauern einen alternativen Überlebensplan für Mensch und Umwelt erarbeitete (*Tequio por Chimalapas*), der über herkömmliche Entwicklungsplanungen hinaus geht.

Zur Zeit schreibt Esteva an einem Buch über das Ende der ökonomischen Gesellschaften. Nach eigenen Worten hat er seinen »deliranten Aktivismus« auf ein Minimum reduziert, um sich auf die systematische Reflexion seiner Erfahrungen zu konzentrieren, wobei wir ihm, schon aus eigennütziger Neugierde, viel Erfolg wünschen.

Markus Brunner
Annotierte Bibliographie

Die vorliegende Bibliographie zu *Entwicklung* stützt sich einerseits auf die von Gustavo Esteva als Anhang zu seinem Text »Development« verfaßte Bibliographie, die in dem von Wolfgang Sachs herausgegebenen *Development: A Polemical Dictionary* Ende 1991 bei Zed Books in London erscheint, andererseits auf eigene Studien und Erfahrungen. Es versteht sich von selbst, daß eine Bibliographie zu diesem Thema nur einen streiflichtartigen Überblick bieten kann, der Anspruch auf Repräsentativität, geschweige denn Vollständigkeit wird daher nicht gestellt.

Ohne jetzt weiter auf die Vorgeschichte von *Entwicklung* einzugehen, wenden wir uns gleich der Phase nach dem Zweiten Weltkrieg zu, als die Sozialwissenschaften den Begriff in der uns heute geläufigen Form, in der konzeptuellen Verschränkung von Entwicklung und Unterentwicklung, verwendet haben. Die Texte aus dieser Zeit stammen vorwiegend von Ökonomen und Soziologen, waren also sozio-technokratische Vorschläge, wie denn eine Gesellschaft, so sie den Kriterien »entwickelt« und »zivilisiert« entsprechen sollte, auszusehen hätte. Daß ein Großteil der heute publizierten Literatur immer noch zu dieser Gruppe gehört, sei nur am Rande bemerkt.

Die Unzahl von Texten über Entwicklung läßt sich grob in drei Kategorien einteilen:

a) jene der *traditionellen Entwickler*, d. h. die Texte derer, die an Entwicklung verdienen, aktiv darin involviert sind oder zu den Apologeten herrschender Konzepte gehören (zum Beispiel Rostow, der in der Zeit, als er sein *Stages of Economic Growth. A Non-Communist Manifesto* veröffentlichte, für die CIA arbeitete).

b) jene der *Kritiker*, d.h. jener Menschen, die an Entwicklung verdienen wollen, dabei aber die gängigen Konzepte von Entwicklung ablehnen und glauben, eine »schönere«, »bessere«, also eine alter-

180

native Entwicklung anbieten zu können (zum Beispiel die lateinamerikanischen Dependenztheoretiker oder deren europäische Variante, allen voran Dieter Senghaas).

c) jene der *Verweigerer*, d.h. die ständig wachsende Zahl derer, die Entwicklung und das Geschäft damit fundamental zurückweisen, die sich in ihren Arbeiten auf eine »Archäologie von Entwicklung« (Esteva) beschränken und ansonsten bereits in das Post-Entwicklungszeitalter aufgebrochen sind (etwa Ivan Illich, Claude Alvares, Claudia von Werlhof, Gustavo Esteva...) oder das partikularistische und ethnozentrische Konzept von Entwicklung verworfen haben und zu einer Neuinterpretation der Geschichte gelangt sind – genannt sei hier etwa Immanuel Wallerstein als Exponent der Weltsystemtheorie.

Zu den Klassikern der beiden ersten Gruppen zählen unter anderem ROSTOW, W. W.: *The Stages of Economic Growth. A Non-Communist Manifesto*; Cambridge, 1960, HIRSCHMAN, Albert O.: *Strategy of Economic Development;* New Haven, 1958, LEWIS, Arthur W.: *The Theory of Economic Growth*; London, 1955, die Aufsatzsammlung von AGARWALAS, A. N. und SINGH, S. P.: *Economics of Underdevelopment;* New York, 1963 oder aus neuerer Zeit ISENMAN, Paul et al.: *Poverty and Human Development, A World Bank Publication*; New York, 1980, die jährlich erscheinenden Weltentwicklungsberichte der Weltbank, der von Dudley SEERS und Gerald MEIER herausgegeben Sammelband: *Pioneers on Development*; Oxford, 1984, in dem einige Größen der Entwicklungstheorie Bilanz über ihre früheren Arbeiten ziehen, und MEIER, Gerald: *Leading Issues in Economic Development*; Oxford, 1984.

Die Kritik, die sich alsbald an diesen simplifizierenden Theorien und Strategien entspann und vorwiegend von »linken« Theoretikern formuliert wurde, spiegelt die Ambivalenz in der Wahrnehmung von Entwicklung und Unterentwicklung wieder. An der Auffassung, daß es so etwas wie Unterentwicklung gibt, daß es eine Norm gibt – die westliche, industrialisierte –, an der man sie konstatieren kann, wurde nicht gerüttelt. Deshalb führte auch die Kritik – trotz der theoretischen Einsichten, die sie zweifelsohne brachte – in eine Sackgasse, wie die siebziger und achtziger Jahre mit ihrer Inflation an immer neuen Konzepten und ihrer Verwirrung im

Bereich der Theorien recht drastisch bewiesen haben. Beispiele hierfür sind BARAN, Paul: *The Political Economy of Growth*; New York, 1957, der absolute Klassiker der lateinamerikanischen Dependenztheorie, CARDOSO, Fernando H. und FALETTO, Enzo: *Abhängigkeit und Unterentwicklung in Lateinamerika*; Frankfurt, 1976, verschiedene andere Arbeiten aus dem Kreis um Raul Prebish's CEPAL-Schule und deren Kritiker, über die Cristobal KAY in: *Latin American Theories of Development and Underdevelopment*; London/New York, 1989 einen ausgezeichneten und umfassenden Überblick gibt, die Publikationen der zweiten Welle von Modernisierungstheoretikern, etwa SENGHAAS, Dieter: *Von Europa lernen. Entwicklungsgeschichtliche Betrachtungen*; Frankfurt a.M., 1982 oder derselbe: *Weltwirtschaftsordnung und Entwicklungspolitik. Plädoyer für Dissoziation*; Frankfurt a.M., 1977 und das in entwicklungspolitischen Arbeitskreisen und zu didaktischen Zwecken beliebte, aber auf irreführende Weise vereinfachende Buch von STRAHM, Rudolf H.: *Warum sie so arm sind*; Wuppertal, 1987.

Der Übergang von der Kritik am herrschenden Konzept von Entwicklung und der Formulierung alternativer Entwicklungstheorien und -strategien hin zu einem Bruch mit Entwicklung vollzog sich natürlich nicht plötzlich, nicht von einem Tag auf den anderen. So gibt es eine Reihe von Diskussionen, die sich zwischen den hier idealtypisch entworfenen Kategorien der Kritiker und der Verweigerer bewegen. Als Beispiel dafür mag die Debatte um die Grenzen des Wachstums gelten, die von Vertretern des ganzen ideologischen Spektrums geführt wird. Die berühmteste Studie aus dem technokratisch-konservativen Lager ist die vom Club of Rome in Auftrag gegebene Arbeit einer Gruppe von Wissenschaftern unter der Leitung von MEADOWS, Dennis: *Die Grenzen des Wachstums;* Stuttgart 1972. Weitere interessante Bücher mit einem anderen theoretischen Schwerpunkt stammen von OTMANS, Willem L. (Hg.): *On Growth. The Crisis of Exploding Population and Resource Depletion*; Utrecht, 1973, HODSON, H. V.: *The Diseconomics of Growth*; New York, 1972 und HIRSCH, Fred: *Social Limits to Growth*; Cambridge, 1980.

Eine radikale Kritik schließlich, die Verweigerung, mit dem Konzept von Entwicklung – sei es das traditionelle, sei es ein alternatives – weiterzuarbeiten, findet sich unter anderem in ILLICH,

Ivan: *Celebration of Awareness*; London, 1971, und ders.: *Toward a History of Needs*; New York, 1977, RIST, Gilbert et al.: *Il était une fois le developpement* ...; Lausanne, 1986, VERHELST, Th.: *No Life Without Roots*; London, 1989, VACHON, Robert et al.: *Alternatives au Developpement*; Montreal, 1988, LATOUCHE, Serge: *Faut-il refuser le developpement?* Paris, 1985 und natürlich in den Arbeiten von Gustavo Esteva, die beispielhaft den Schritt von der Kritik *an* Entwicklung zu einem Bruch *mit* Entwicklung aufzeigen.

Ein weiterer, ob seiner theoretischen Inkonsequenz und editorischer Mangelhaftigkeit aber etwas verwirrender Beitrag zu dieser Diskussion ist DIRMOSER, GRONEMEYER, RAKELMANN (Hg.): *Mythos Entwicklungshilfe. Entwicklungsruinen: Analysen und Dossiers zu einem Irrweg*; Gießen, 1991.

Interessante Einblicke in die konzeptuelle Geschichte von Entwicklung liefern neben den Lexika die Publikationen von ARNDT, H. W.: *The Rise and Fall of Economic Growth. A Study in Contemporary Thought*; Chicago/London, 1978, ROSENTHAL, Peggy: *Words and Values. Some Leading Words and Where They Lead Us;* Oxford, 1984, LORD ROBBINS: *The Theory of Economic Development in the History of Economic Thought*; London, 1968, ESCOBAR, Arturo: *Power and Visibility. The Invention and Management of Development in the Third World*; Berkeley, 1987 (Diss.), SACHS, Wolfgang: *On the Archeology of the Development Idea;* Pennsylvania, 1989 und der ausgezeichnete, Ende 1991 bei Zed Books in London und 1992 bei Rowohlt erscheinende Sammelband: *Development. A Polemical Dictionary*; herausgegeben von Wolfgang SACHS, mit Beiträgen zu einer Reihe von Reizwörtern der letzten 40 Jahre wie Entwicklung (Gustavo Esteva), Umwelt (Wolfgang Sachs), Hilfe (Marianne Gronemeyer), Bedürfnisse (Ivan Illich), Bevölkerung (Barbara Duden) und vielen mehr.

Parallel zu dieser Kritik, oftmals mit ihr zusammenlaufend und sich gegenseitig überlappend, verliefen die Diskussionen um die feministische Kritik an den patriarchalen Konzepten von Herrschaft und Entwicklung (im deutschen Sprachraum vor allem von Maria Mies, Claudia von Werlhof) und jene um die historische Plausibilität der von den Modernisierungstheoretikern vorgelegten Analyse. Da auch die Dependenztheorie keine zufriedenstellenden Antworten geben konnte und durch eine Reihe von Beispielen empirisch widerlegt wurde, tauchten ab Anfang der siebziger Jahre neue Konzepte auf, die ein umfassenderes Verständnis sozialer Prozesse im Weltsystem ermöglichten. Als profiliertester Vertreter dieser Richtung gilt Immanuel WALLERSTEIN, der mit seinen drei Bänden zur Geschichte des kapitalistischen Weltsystem (New York, 1974, 1980, 1989) den Grundstein für eine Reihe von Forschungen im theoretischen Konzept des Weltsystems legte, die Entwicklung – wenn der Begriff überhaupt noch vorkommt – ausschließlich im Sinne der Theorie der kapitalistischen Entwicklung gebrauchen, die von Anfang an die Entwicklung des Weltsystems war und nicht etwa die von nationalen politischen Ökonomien, nicht die von bestimmten Völkern oder Regionen, nicht die einer internationalen Ökonomie.